Le Petit Larousse

CUISINIER

Direction de la publication
Isabelle Jeuge-Maynart et Ghislaine Stora

Direction éditoriale
Catherine Maillet

Édition
Ewa Lochet

Mise en page
Else

Fabrication
Anne Raynaud

Couverture
Émilie Laudrin

Illustrations
Alain Boyer

Larousse, 21 rue du Monparnasse 75283 Paris Cedex 06

ISBN : 978-2-03-589533-2

Pour les Éditions Larousse, le principe est d'utiliser des papiers composés de fibres naturelles, renouvelables,
recyclables et fabriquées à partir de bois issus de forêts qui adoptent un système d'aménagement durable.
En outre, les Éditions Larousse attendent de leurs fournisseurs de papier qu'ils s'inscrivent dans une démarche
de certification environnementale reconnue.

LE *Petit* LAROUSSE

ÉDITION COLLECTOR

CUISINIER

LA RÉFÉRENCE DE LA CUISINE

12
UNIS
58 L C
FRANCE

SOMMAIRE

ATELIER DE CUISINE

À L'HEURE DE L'APÉRITIF

VERRINES À L'AVOCAT ET AUX DEUX TOMATES

POUR 12 VERRINES
PRÉPARATION : 20 min

- 2 avocats bien mûrs
- 1 oignon blanc
- le jus de 1 citron vert
- le jus de 1/2 citron
- 1 c. à café de piment de Cayenne
- quelques feuilles de coriandre
- quelques feuilles de menthe + pour décorer
- 200 g de tomates
- 1 c. à soupe de paprika
- 4 c. à soupe d'huile d'olive
- 120 g de tomates mi-sèches
- une poignée de germes d'alfalfa (facultatif)
- sel, poivre

Coupez les avocats en deux, retirez le noyau et prélevez la chair à l'aide d'une cuillère. Taillez l'oignon blanc en quartiers.

Dans le bol d'un robot, réunissez l'avocat, l'oignon blanc, le jus des citrons et le piment de Cayenne, puis mixez le tout. Salez et réservez au frais.

Ciselez les feuilles de coriandre et de menthe. Coupez les tomates en petits dés et mélangez-les délicatement avec le paprika, l'huile d'olive et les aromates. Salez et poivrez. Détaillez les tomates mi-sèches en petits dés.

Disposez dans chaque verrine une couche du mélange à la tomate, puis une couche du mélange à l'avocat et terminez par les dés de tomates mi-sèches. Parsemez de feuilles de menthe et, éventuellement, de germes d'alfalfa. Servez bien frais.

CONSEIL Pour une recette encore plus légère, mais tout aussi savoureuse, remplacez la moitié d'un avocat par 1 cuillerée à soupe de fromage blanc à 0 % ou 20 % de matière grasse.

GRESSINS MAISON EN ROBE DE JAMBON CRU

POUR 24 GRESSINS
PRÉPARATION : 15 min
CONGÉLATION : 20 min
CUISSON : 20 min

- > 100 g d'emmental
- > 1 pâte feuilletée préétalée
- > 3 c. à soupe de graines de cumin
- > 3 c. à soupe de graines de sésame
- > 1 jaune d'œuf
- > 12 tranches très fines de jambon cru

Râpez l'emmental.

Déroulez la pâte feuilletée sur le plan de travail. Découpez-la en 12 bandes de 1 cm de large, puis recoupez celles-ci en deux. Vrillez les bandes de pâte sur elles-mêmes – elles doivent mesurer environ 10 cm de long.

Disposez les bandes de pâte sur une feuille de papier sulfurisé et saupoudrez-en un tiers de graines de cumin, un autre tiers de graines de sésame et le dernier tiers d'emmental râpé. Placez-les au congélateur pendant 20 minutes.

Préchauffez le four à 200 °C (therm. 6-7).

Disposez les bandes de pâte sur une plaque de cuisson et badigeonnez-les de jaune d'œuf battu. Faites cuire pendant 20 minutes, jusqu'à ce que les gressins soient dorés. Laissez-les refroidir sur une grille, puis servez-les à température ambiante enveloppés de jambon cru.

MINI-FEUILLETÉS À L'EMMENTAL ET AU ROQUEFORT

POUR 24 FEUILLETÉS
PRÉPARATION : 20 min
CONGÉLATION : 30 min
CUISSON : 12 min

- 200 g d'emmental
- 200 g de roquefort
- 2 pâtes feuilletées préétalées
- 1 jaune d'œuf

Râpez l'emmental. Écrasez le roquefort à l'aide d'une fourchette.

Déroulez les deux pâtes feuilletées et coupez leur bord pour obtenir des carrés. Étalez le roquefort sur toute la surface de la première pâte, puis roulez celle-ci en cylindre, en serrant bien. Parsemez la deuxième pâte d'emmental râpé, puis roulez-la en cylindre, en serrant bien. Placez les deux cylindres au congélateur pendant 20 minutes.

Tapissez une plaque de cuisson de papier sulfurisé. Sortez les rouleaux du congélateur, puis coupez-les en tranches de 5 mm d'épaisseur. Disposez celles-ci sur la plaque de cuisson.

Préchauffez le four à 200 °C (therm. 6-7).

Délayez le jaune d'œuf avec 1 cuillerée à café d'eau, puis badigeonnez-en les feuilletés. Placez-les de nouveau 10 minutes au congélateur.

Enfournez les feuilletés pour 12 minutes. Laissez-les refroidir pendant quelques minutes avant de déguster.

CONSEIL Vous pouvez parsemer les feuilletés de quelques graines de sésame ou de pavot avant de les enfourner.

GUACAMOLE

POUR 450 G ENVIRON
PRÉPARATION : 15 min
RÉFRIGÉRATION : 1 h

- 1 petit oignon
- 1/2 bouquet de coriandre
- 1 tomate
- 4 avocats moyens
- le jus de 1 citron vert
- 1/2 c. à café de Tabasco®
- sel, poivre

Pelez et hachez l'oignon. Ciselez la coriandre.

Plongez la tomate pendant 20 secondes dans de l'eau bouillante, puis rafraîchissez-la à l'eau froide. Pelez-la, épépinez-la et coupez-la en dés.

Coupez les avocats en deux, retirez le noyau, prélevez la chair et mixez-la avec le jus de citron. Ajoutez l'oignon, la coriandre, le Tabasco®, salez et poivrez.

Dans un bol, mélangez les dés de tomate avec la purée d'avocats. Placez le guacamole au réfrigérateur pendant 1 heure avant de servir.

AÏOLI

POUR 25 CL ENVIRON
PRÉPARATION : 15 min

- 4 gousses d'ail
- 1 jaune d'œuf
- 25 cl d'huile
- sel, poivre

Pelez et dégermez l'ail. Dans un bol (ou, mieux, dans un mortier), écrasez-le avec 1 pincée de sel. Ajoutez le jaune d'œuf et mélangez pendant 2 minutes. Laissez reposer 5 minutes.

Versez l'huile en un mince filet en tournant toujours dans le même sens. Salez, poivrez éventuellement.

ASTUCE Si, en cours de préparation, l'aïoli se liquéfie, recommencez avec un autre jaune d'œuf en ajoutant peu à peu l'aïoli liquéfié.

TAPENADE

POUR 300 G ENVIRON
PRÉPARATION : 15 min

- 20 filets d'anchois salés
- 250 g d'olives noires
- 50 g de câpres
- 15 cl d'huile d'olive
- le jus de 1/2 citron

Dessalez les filets d'anchois sous l'eau froide. Dénoyautez les olives, coupez-les en quatre et mixez-les avec les anchois et les câpres.

Ajoutez l'huile d'olive et le jus de citron en mélangeant bien comme pour une mayonnaise.

CONSEIL La tapenade se garde dans un petit bocal au réfrigérateur. Elle accompagne les crudités ou se tartine sur du pain grillé.

CRACKERS SUÉDOIS MAISON

POUR 6 PERSONNES
PRÉPARATION : **20 min**
CUISSON : **10 min**

- 300 g de farine de seigle
- 1/2 c. à café de sel
- 1 c. à café de sucre en poudre
- 1/2 sachet de levure chimique (5,5 g)
- 1 pincée de graines de sésame ou de pavot ou de romarin finement haché

Préchauffez le four à 200 °C (therm. 6-7).

Dans un saladier, mélangez la farine avec le sel, le sucre et la levure. Ajoutez 20 cl d'eau, puis pétrissez jusqu'à obtenir une boule lisse. Séparez celle-ci en pâtons.

À l'aide d'un rouleau à pâtisserie, étalez chaque pâton le plus finement possible sur un plan de travail fariné. Parsemez de graines ou d'herbes de votre choix, puis passez une fois de plus le rouleau pour bien les faire adhérer.

Étalez les disques de pâte sur une feuille de papier sulfurisé, puis enfournez pour 10 minutes jusqu'à ce qu'ils soient bien croustillants.

Cassez les crackers et servez-les avec du guacamole (VOIR p. 14) ou avec un dip.

CRACKERS À L'AVOCAT ET AU MASCARPONE

POUR 12 CRACKERS
PRÉPARATION : **20 min**

- 4 c. à soupe de graines de courge
- 6 c. à soupe de mascarpone
- 6 c. à soupe de fromage blanc
- 3 c. à soupe d'huile d'olive
- 12 crackers de votre choix (au sarrasin, par exemple)
- 3 avocats bien mûrs
- le jus de 1 citron
- 75 g de graines germées (de poireaux et de radis, par exemple)
- sel, poivre

Dans une poêle antiadhésive, faites revenir les graines de courge, puis réservez-les.

Dans un saladier, réunissez le mascarpone, le fromage blanc et l'huile d'olive. Assaisonnez de sel et de poivre, puis mélangez bien le tout. Tartinez généreusement les crackers de cette préparation.

Coupez les avocats en deux, puis ôtez la peau et le noyau. Détaillez la chair en fines lamelles et arrosez-les du jus de citron. Répartissez-les sur les crackers, puis déposez une pincée de graines germées sur le dessus. Parsemez de graines de courge, salez, poivrez et servez sans attendre.

MINI-CAKES AUX OLIVES NOIRES ET VERTES

POUR 12 MINI-CAKES
PRÉPARATION : **20 min**
CUISSON : **30 min**

- 100 g de beaufort
- 50 g de feta
- 4 œufs
- 15 cl d'huile végétale
- 15 cl de vin blanc sec
- 250 g de farine tamisée
- 1 sachet de levure chimique (11 g)
- 50 g d'olives noires dénoyautées
- 50 g d'olives vertes dénoyautées
- sel, poivre

Préchauffez le four à 170 °C (therm. 5-6).

Râpez le beaufort et émiettez la feta.

Dans un saladier, battez les œufs, puis incorporez l'huile et le vin. Ajoutez la farine, la levure, le beaufort, la feta ainsi que les olives noires et vertes, puis mélangez délicatement le tout jusqu'à obtenir une pâte lisse et homogène. Salez et poivrez.

Beurrez et farinez 12 petits moules à cake, puis versez-y la pâte en les emplissant aux trois quarts. Enfournez pour 30 minutes – les cakes sont cuits lorsque la pointe d'un couteau piquée au cœur en ressort propre.

Sortez-les du four, laissez-les tiédir un peu, puis démoulez-les sur une grille. Servez-les tièdes.

CONSEIL Pour apporter encore plus de touches méditerranéennes, ajoutez à la pâte quelques pétales de tomates confites et 2 cuillerées à soupe de pignons de pin. Et utilisez de l'huile d'olive !

MINI-TATINS DE TOMATES CERISES

POUR 12 TARTELETTES
PRÉPARATION : 25 min
CUISSON : 20 min

- 4 c. à soupe de sucre en poudre
- 3 c. à café de vinaigre balsamique
- 400 g de tomates cerises
- 150 g de mozzarella
- 2 pâtes feuilletées préétalées
- 5 brins de basilic

Préchauffez le four à 200 °C (therm. 6-7).

Beurrez le fond de 12 moules à tartelette, puis saupoudrez de la moitié du sucre et arrosez de vinaigre balsamique. Déposez les tomates cerises bien alignées les unes contre les autres dans les moules, saupoudrez du reste de sucre, puis enfournez pour 5 minutes.

Sortez les moules du four, éliminez l'eau rendue par les tomates et réservez.

Coupez la mozzarella en lamelles et répartissez celles-ci sur les tomates. Déroulez les pâtes feuilletées. À l'aide d'un emporte-pièce, découpez des disques de 10 cm de diamètre puis déposez-les sur les tomates. Enfournez pour 15 minutes.

Laissez les tartelettes tiédir avant de les démouler. Parsemez de feuilles de basilic frais et servez.

MOUSSELINE DE TOPINAMBOURS ET ŒUFS DE CAILLE

POUR 12 CUILLÈRES
PRÉPARATION : 30 min
CUISSON : 30 min

- 250 g de topinambours
- le jus de 1 citron
- 50 cl de bouillon de volaille
- 50 g de beurre
- 12 œufs de caille
- 1 pincée de fleur de sel
- 3 c. à soupe d'huile de truffe ou d'huile de noix
- 1 truffe
- petites pousses de betterave

Épluchez les topinambours. Arrosez-les du jus de citron.

Dans une casserole, mettez le bouillon de volaille à chauffer, puis ajoutez les topinambours et faites-les cuire pendant 20 minutes, jusqu'à ce qu'ils soient tendres. Égouttez-les et mixez-les au robot, jusqu'à obtenir une purée.

Faites chauffer la purée de topinambours à feu doux et travaillez-la à la spatule pour qu'elle soit onctueuse en incorporant le beurre morceau par morceau. Ôtez du feu et laissez refroidir.

Portez une casserole d'eau à ébullition. Placez-y les œufs de caille et laissez-les durcir 4 minutes à petite ébullition. Refroidissez les œufs dans un saladier d'eau glacée, puis écalez-les délicatement.

Remplissez une poche à douille de mousseline de topinambours. Dressez-en une noix sur chaque cuillère, puis disposez un œuf de caille sur le dessus. Saupoudrez de fleur de sel et arrosez d'une goutte d'huile de truffe.

Râpez la truffe en fins copeaux et décorez-en chaque cuillère. Parsemez de petites pousses de betterave et servez aussitôt.

BON À SAVOIR

Choisissez des topinambours qui ont peu d'excroissances : ils seront plus faciles à éplucher.

MINI-BROCHETTES DE LÉGUMES

POUR 12 BROCHETTES
PRÉPARATION : 20 min
CUISSON : 15 min

- 3 courgettes
- 1 poivron rouge
- 1 poivron jaune
- 2 gros oignons
- 12 tomates cerises (rouges et jaunes)
- 3 c. à soupe d'huile d'olive
- quelques brins de cerfeuil
- 190 g de pesto de basilic
- sel, poivre

Lavez les légumes et séchez-les avec du papier absorbant. Coupez les courgettes en rondelles d'environ 1 cm d'épaisseur. Coupez les poivrons en deux, ôtez les pépins et les membranes blanches, puis détaillez chaque moitié en lanières de 1 cm d'épaisseur. Épluchez les oignons, puis émincez-les.

Enfilez les légumes sur des mini-piques en bois. Dans une poêle, mettez à chauffer l'huile d'olive et faites-y dorer les légumes. Salez, poivrez, puis laissez cuire environ 10 minutes.

Ciselez le cerfeuil. Au moment de servir, parsemez-en les brochettes et dégustez avec du pesto froid.

MINI-BROCHETTES SUCRÉES-SALÉES

POUR 12 BROCHETTES
PRÉPARATION : 10 min

- 12 radis
- 120 g de chèvre frais un peu ferme
- 12 abricots secs
- poivre

Lavez les radis et ôtez leurs feuilles. Déposez du poivre fraîchement moulu dans une soucoupe. Façonnez des boules de fromage de chèvre avec vos mains, puis roulez-les dans le poivre et réservez au frais.

Enfilez les radis, les abricots secs et les boules de fromage de chèvre sur des piques en bois ou sur des piques métalliques et servez.

GOUGÈRES

POUR 24 GOUGÈRES
PRÉPARATION : 15 min
CUISSON : 35 min

- 100 g de beurre salé
- 150 g de farine
- 4 œufs
- 150 g d'emmental

Préchauffez le four à 200 °C (therm. 6-7). Tapissez une plaque de cuisson de papier sulfurisé.

Dans une casserole, faites fondre le beurre salé à feu doux, puis ajoutez 25 cl d'eau et portez à ébullition. Ôtez la casserole du feu, puis versez la farine en une seule fois et mélangez vivement le tout à la spatule. Remettez la pâte à chauffer jusqu'à ce qu'elle se détache des parois de la casserole.

Hors du feu, incorporez les œufs un par un à l'aide d'une spatule. Râpez l'emmental, puis mélangez-le soigneusement à la pâte.

À l'aide d'une cuillère à soupe, dressez des boules de pâte sur la plaque de cuisson, puis enfournez pour 25 minutes. Servez chaud.

GOUGÈRES AU CÉLERI, CRÈME DE CAVIAR

POUR 24 GOUGÈRES
PRÉPARATION : 15 min

- 24 gougères
- 1 salade frisée
- 1 citron
- 100 g de céleri-rave
- 100 g de céleri-branche
- 20 cl de crème liquide, bien froide
- 30 g de caviar
- sel, poivre

Préparez les gougères (VOIR ci-dessus) et laissez-les refroidir. Tranchez-les en deux horizontalement.

Triez, lavez et ciselez grossièrement la salade frisée. Pressez le citron. Assaisonnez la salade de sel, de poivre et de jus de citron.

Lavez les céleris et coupez-les en très fins bâtonnets.

Fouettez la crème et ajoutez-y la salade et les céleris. Incorporez le caviar en travaillant délicatement avec deux fourchettes pour ne pas écraser les œufs de poisson.

Garnissez les demi-gougères à fond plat avec la crème de caviar, recouvrez avec les demi-gougères bombées et servez.

VARIANTE Vous pouvez remplacer le caviar soit par des œufs de saumon, soit par des œufs de lump.

SUCETTES DE CHÈVRE FRAIS AUX GRAINES

POUR 12 SUCETTES
PRÉPARATION : 15 min
RÉFRIGÉRATION : 1 h

- 125 g de chèvre frais
- 2 c. à soupe de crème fraîche épaisse
- 1 c. à soupe d'huile de noisette
- 60 g de mélange de graines (lin, tournesol, pavot, etc.)
- sel, poivre

Dans un saladier, travaillez le fromage de chèvre à la cuillère, puis incorporez la crème fraîche. Salez, poivrez et versez l'huile de noisette, puis mélangez bien le tout. Réservez au réfrigérateur pendant 1 heure.

Versez le mélange de graines dans une assiette creuse. Formez à la main, avec la préparation au fromage, des boulettes régulières de la taille d'une petite noix. Roulez-les rapidement dans les graines. Plantez une petite pique en bois dans chaque boulette et servez.

PRUNEAUX AU ROQUEFORT

POUR 20 PRUNEAUX
PRÉPARATION : 25 min
RÉFRIGÉRATION : 2 h

- 20 pruneaux d'Agen dénoyautés
- 80 g de roquefort
- 2 c. à soupe de noisettes hachées
- 1 grosse c. à soupe de crème fraîche
- 2 c. à café de porto
- poivre

Ouvrez les pruneaux et aplatissez-les bien avec le plat d'un large couteau ou avec le dos d'une cuillère à soupe.

À l'aide d'une fourchette, émiettez finement le roquefort dans un bol. Ajoutez les noisettes, la crème fraîche et le porto. Poivrez.

À l'aide d'une petite cuillère, déposez une noix de ce mélange au centre de chaque pruneau. Reformez les pruneaux et maintenez-les fermés avec de petites piques en bois. Placez-les au réfrigérateur pendant 2 heures avant de servir.

TORTILLA À LA POMME DE TERRE ET AU CHORIZO

POUR 12 CARRÉS
PRÉPARATION : **15 min**
CUISSON : **10 min**

- 100 g de chorizo
- 1 oignon
- 1 pomme de terre
- 4 c. à soupe d'huile d'olive
- 3 œufs
- sel, poivre

Coupez le chorizo en tranches fines. Épluchez l'oignon et émincez-le. Pelez la pomme de terre et coupez-la en fines rondelles.

Plongez la pomme de terre et l'oignon dans de l'eau bouillante salée et laissez cuire pendant 5 minutes. Égouttez et réservez.

Dans une poêle, mettez à chauffer l'huile d'olive et faites-y revenir la pomme de terre, l'oignon et le chorizo pendant 2 minutes.

Dans un saladier, battez les œufs, assaisonnez légèrement de sel et de poivre, puis versez-les dans la poêle, sur la pomme de terre et l'oignon. Laissez cuire à feu doux pendant 5 minutes de chaque côté, en retournant la tortilla à mi-cuisson.

Découpez la tortilla en carrés. Servez-la tiède ou froide, avec des piques en bois.

VARIANTE Vous pouvez remplacer le chorizo par du jambon cru (type Serrano) et ajouter quelques copeaux de tomme de brebis.

MINI-CAKES AU FROMAGE ET AU BACON

POUR 8-10 MINI-CAKES
PRÉPARATION : 25 min
CUISSON : 20-25 min

- 150 g de comté
- 150 g de mimolette
- 150 g de bacon
- 4 œufs
- 200 g de farine
- 1 sachet de levure chimique (11 g)
- 10 cl de lait
- 15 cl d'huile d'olive
- sel, poivre

Préchauffez le four à 180 °C (therm. 6).

Râpez le comté et la mimolette. Coupez le bacon en petits bâtonnets.

Dans un saladier, battez les œufs, ajoutez la farine et la levure, salez, poivrez, puis mélangez bien le tout. Incorporez progressivement le lait et l'huile d'olive jusqu'à obtenir une pâte lisse. Ajoutez le comté, la mimolette et le bacon, puis mélangez délicatement.

Beurrez et farinez des petits moules à cake, puis remplissez-les de pâte aux trois quarts. Enfournez et faites cuire de 20 à 25 minutes – les cakes sont cuits lorsque la pointe d'un couteau piquée au cœur en ressort propre.

Sortez les cakes du four, laissez-les tiédir un peu, puis démoulez-les sur une grille. Servez-les tièdes.

MUFFINS AU SPECK ET À LA RICOTTA

POUR 12 MUFFINS
PRÉPARATION : 25 min
CUISSON : 20 min

- 100 g de speck
- 2 c. à café de ciboulette
- 2 œufs
- 100 g de farine de sarrasin
- 100 g de farine de blé
- 1 sachet de levure chimique
- 15 cl de vin blanc
- 10 cl d'huile d'olive
- 100 g de ricotta
- sel, poivre

Préchauffez le four à 180 °C (therm. 6). Beurrez et farinez 12 petits moules à muffins ou tapissez une plaque à muffins de 12 caissettes en papier.

Coupez le speck en morceaux. Lavez et ciselez la ciboulette.

Dans un saladier, battez les œufs, ajoutez les deux farines et la levure, mélangez bien le tout, puis incorporez le vin blanc, l'huile d'olive, la ricotta, la ciboulette et le speck. Mélangez de nouveau et assaisonnez selon votre goût.

Répartissez la pâte dans les moules en les emplissant aux trois quarts. Enfournez pour 20 minutes.

Sortez les muffins du four, laissez-les tiédir pendant 2 minutes, puis démoulez-les. Servez-les tièdes.

BROCHETTES DE JAMBON, FIGUES ET MELON

LÉGER

POUR 12 BROCHETTES
PRÉPARATION : 15 min

- 1 gros melon
- 6 tranches fines de jambon cru
- 6 figues fraîches
- 1 petit bouquet de menthe fraîche
- sel, poivre

Coupez le melon en deux et épépinez-le. À l'aide d'une cuillère à melon, prélevez des billes dans sa chair et réservez-les.

Coupez les tranches de jambon cru en trois et les figues en quatre.

Enfilez billes de melon, morceaux de jambon, de figue et feuilles de menthe sur des piques en bois en alternant les ingrédients. Salez et poivrez, puis servez.

BROCHETTES DE PORC À L'ANANAS

POUR 12 BROCHETTES
PRÉPARATION : 25 min
MARINADE : 30 min
CUISSON : 15 min

- 400 g de filet de porc
- 2 ananas Victoria (ou 1 gros)
- 3 c. à soupe de graines de sésame
- 4 c. à soupe d'huile d'olive
- 2 c. à soupe de sauce soja
- 2 c. à soupe de sucre
- 1 petit bouquet de coriandre
- poivre

Coupez le filet de porc en cubes. Enlevez la base et le sommet des ananas, puis ôtez leur écorce et détaillez leur chair en cubes, en retirant la partie centrale et en recueillant le jus.

Dans un saladier, versez le jus d'ananas recueilli, ajoutez les graines de sésame, les cubes de viande, puis assaisonnez d'un tour de moulin à poivre. Réservez au réfrigérateur pendant 30 minutes.

Enfilez alternativement des morceaux de viande et d'ananas sur des piques en bois. Dans une poêle, mettez à chauffer l'huile d'olive à feu moyen, puis déposez les mini-brochettes et faites-les cuire pendant 5 minutes en les retournant régulièrement. Versez la sauce soja et le sucre, puis prolongez la cuisson de 10 minutes.

Parsemez les mini-brochettes de feuilles de coriandre et servez chaud.

VARIANTE Vous pouvez remplacer le filet de porc par des blancs de poulet, et la sauce soja par du miel liquide ou du sirop d'érable.

MUFFINS AU MAGRET DE CANARD ET AUX PRUNEAUX

POUR 12 MUFFINS
PRÉPARATION : 25 min
CUISSON : 15 min

- 8 pruneaux dénoyautés
- 150 g de magret fumé
- 100 g de beurre ramolli
- 3 œufs
- 225 g de farine
- 3/4 de sachet de levure chimique (soit 2 c. à café rases)
- sel

Préchauffez le four à 180 °C (therm. 6). Beurrez et farinez 12 petits moules à muffins ou tapissez une plaque à muffins de 12 caissettes en papier.

Hachez grossièrement les pruneaux et le magret au couteau.

Dans un saladier, mélangez le beurre avec les œufs, puis incorporez soigneusement la farine et la levure tamisées. Ajoutez le magret et les pruneaux ; salez selon votre goût.

Répartissez la pâte dans les moules en les emplissant aux trois quarts. Enfournez pour 15 minutes.

Sortez les muffins du four, laissez-les tiédir pendant 2 minutes, puis démoulez-les délicatement à l'aide d'un couteau à lame lisse. Servez-les tièdes.

VARIANTE Remplacez les pruneaux par des abricots séchés.

Vous pouvez également proposer cette recette en version « cake » : idéal en entrée, avec une belle salade verte aux pignons de pin, ou à l'occasion d'un pique-nique. Comptez 35 minutes pour la cuisson du cake.

BOUCHÉES DE FOIE GRAS EN PANURE DE PAIN D'ÉPICES

POUR 12 BOUCHÉES
PRÉPARATION : 10 min
CUISSON : 12 min

- 5 tranches de pain d'épices
- 1/2 c. à café de poivre du moulin
- 1/2 c. à café de quatre-épices
- 200 g de foie gras cuit (entier ou en bloc)

Préchauffez le four à 180 °C (therm. 6) et tapissez une plaque de cuisson de papier sulfurisé.

Coupez le pain d'épices en morceaux. Mettez ceux-ci dans le bol d'un robot avec le poivre et le quatre-épices. Mixez le tout jusqu'à obtenir une sorte de chapelure. Étalez-la sur la plaque de cuisson et enfournez pour 12 minutes. Laissez refroidir.

Coupez le foie gras en cubes de 2 cm de côté et passez ceux-ci dans la chapelure en pressant bien pour la faire adhérer. Servez aussitôt.

CONSEIL Optez de préférence pour un pain d'épices maison, pas trop sucré, pour éviter d'écraser la saveur du foie gras.

CANAPÉS DE PAIN D'ÉPICES AU FOIE GRAS ET AUX FIGUES

POUR 20 CANAPÉS
PRÉPARATION : 15 min
CUISSON : 1 min

- 1 pain d'épices ou 1 pain de seigle
- 1 ou 2 figues fraîches
- 150 g de foie gras environ
- mélange aux cinq baies
- fleur de sel

À l'aide d'un couteau-scie, coupez le pain d'épices en tranches d'environ 5 mm d'épaisseur. Découpez ensuite des canapés en forme de rectangle de 4 cm x 6 cm. Toastez-les légèrement.

Coupez le foie gras en tranches de la même dimension que celle des tranches de pain et répartissez-les sur les toasts.

Rincez et séchez les figues. Coupez-les en fines lamelles et disposez-les sur le foie gras. Saupoudrez de mélange aux cinq baies et d'un peu de fleur de sel.

VARIANTE En dehors de la saison des figues, remplacez les fruits frais par du chutney de figue.

TARTINADES AU MAQUEREAU FUMÉ ET AUX RADIS ROSES

POUR 24 TARTINADES
PRÉPARATION : 20 min

- 1/2 bouquet d'aneth
- 1 botte de radis roses
- 2 filets de maquereau fumé (environ 200 g)
- 100 g de fromage frais à tartiner
- 2 c. à soupe d'huile d'olive
- le jus de 1 citron
- 12 tranches de pain de seigle
- poivre

Lavez et séchez l'aneth. Lavez et équeutez les radis, puis coupez-les en fines rondelles.

Dans un bol, émiettez le maquereau, ajoutez-y le fromage frais, puis écrasez le tout à la fourchette (ou mixez très rapidement au robot pour conserver une texture assez épaisse). Incorporez l'huile d'olive et le jus de citron à ces rillettes de maquereau et poivrez.

Coupez les tranches de pain en deux. Tartinez-les de rillettes, recouvrez-les de rondelles de radis ainsi que de brins d'aneth et servez.

VARIANTE Essayez des tartinades au thon. Pour cela, mixez 190 g de thon au naturel avec 3 cuillerées à soupe de fromage frais à tartiner. Assaisonnez selon votre goût avec du jus de citron et du poivre. À la place des radis, utilisez du céleri-branche finement émincé ou des rondelles de tomates cerises. Servez sur du pain ou sur des crackers nature.

SAMOSAS DE THON

POUR 6 PERSONNES
(18 SAMOSAS)
PRÉPARATION : 30 min
CUISSON : 1 h environ

- 1 grosse pomme de terre
- 100 g de petits pois
- 2 oignons
- 2 c. à soupe d'huile d'olive
- 1 c. à café de pâte de curry
- 160 g de thon au naturel
- 9 feuilles de brick
- 1 c. à soupe de graines de sésame
- sel

Faites cuire la pomme de terre 15 minutes environ dans de l'eau bouillante salée. Pelez-la et coupez-la en cubes. Faites cuire les petits pois à l'eau bouillante salée pendant 10 minutes.

Pelez les oignons, hachez-les et faites-les revenir de 10 à 12 minutes dans 1 cuillerée à soupe d'huile avec la pâte de curry.

Préchauffez le four à 200 °C (therm. 6-7).

Dans un saladier, rassemblez le thon égoutté, les oignons, la pomme de terre et les petits pois. Mélangez bien et rectifiez l'assaisonnement.

Coupez en deux les feuilles de brick pour obtenir 18 demi-cercles. Prenez l'une de ces demi-feuilles et repliez-en la partie arrondie vers la partie rectiligne pour obtenir une bande. Garnissez l'extrémité de cette bande d'une cuillerée de farce au thon et repliez l'ensemble en forme de triangle.

Déposez le samosa sur la plaque du four préalablement recouverte de papier sulfurisé. Préparez de même les autres samosas.

Huilez les triangles au pinceau et parsemez-les de graines de sésame. Enfournez pour 25 à 30 minutes environ. Servez tiède ou chaud.

Comment plier les samosas

1 Mélangez tous les ingrédients de la farce. Goûtez et rectifiez l'assaisonnement.

2 Pliez chaque demi-feuille de brick de façon à obtenir une bande rectiligne. Repliez l'une des extrémités et déposez 1 cuillerée de farce dans la poche triangulaire qui s'est formée.

3 Faites un nouveau pli en retournant le triangle sur la bande. Pliez de nouveau, de la même manière, deux fois de suite, jusqu'à ce que vous parveniez au bout de la bande. Coincez la partie qui dépasse à l'intérieur du triangle.

MINI-CAKES AU THON ET AUX TOMATES SÉCHÉES

POUR 12 MINI-CAKES
PRÉPARATION : 20 min
CUISSON : 15 min

- 8 tomates séchées à l'huile
- 250 g de thon à la catalane en conserve
- 225 g de farine
- 3/4 de sachet de levure chimique (soit 2 c. à café rases)
- 5 c. à soupe d'huile d'olive
- 3 œufs
- sel, poivre

Préchauffez le four à 180 °C (therm. 6). Beurrez et farinez 12 petits moules à cake.

Hachez grossièrement les tomates séchées au couteau et égouttez le thon.

Dans un saladier, mélangez la farine et la levure, puis incorporez l'huile d'olive ainsi que les œufs, un à un. Ajoutez le thon et les tomates, puis mélangez délicatement le tout en conservant quelques morceaux de thon entiers dans la préparation. Salez légèrement et poivrez.

Versez la pâte dans les moules en les remplissant aux trois quarts. Enfournez pour 15 minutes.

Sortez les mini-cakes du four, laissez-les tiédir, puis démoulez-les sur une grille. Servez-les tièdes.

BLINIS AUX ŒUFS BROUILLÉS ET AUX ŒUFS DE SAUMON

POUR 12 BLINIS
PRÉPARATION : 15 min
CUISSON : 10 min

- 30 g de beurre
- 1 c. à soupe de ciboulette
- 8 œufs très frais
- 2 c. à soupe de porto
- 12 mini-blinis
- 1 pot d'œufs de saumon
- sel, poivre

Coupez le beurre en petits morceaux. Lavez et ciselez la ciboulette.

Dans une casserole à fond épais, cassez les œufs, salez, poivrez, puis ajoutez la moitié du beurre. Faites cuire à feu moyen, pendant 8 à 10 minutes, en fouettant constamment jusqu'à ce que les œufs prennent une consistance crémeuse. Retirez du feu et incorporez le beurre restant. Versez le porto, puis fouettez encore quelques instants.

Faites tiédir les blinis sous le gril du four, puis garnissez-les de 1 cuillerée à café d'œufs brouillés. Parsemez d'œufs de saumon et de ciboulette. Servez aussitôt.

Pour réussir parfaitement les œufs brouillés, faites-les cuire à feu très doux, ou mieux, au bain-marie, et remuez sans cesse en raclant le fond de la casserole et en ramenant les bords vers le centre.

MOUSSE DE SAUMON FUMÉ ET PURÉE DE CONCOMBRE

POUR 12 VERRINES
PRÉPARATION : **20 min**
RÉFRIGÉRATION : **30 min**

- 10 cl de crème fraîche liquide
- 1 petit concombre non pelé
- 1 pincée de baies roses
- 280 g de saumon fumé
- 100 g de pousses de betterave
- sel

Versez la crème liquide dans un saladier et laissez-la reposer au froid pendant 30 minutes.

Coupez le concombre en morceaux, puis hachez ceux-ci au robot. Salez, parsemez de baies roses, puis réservez.

Mixez le saumon fumé jusqu'à obtenir une purée. Fouettez la crème liquide en chantilly ferme et incorporez-la au saumon.

Répartissez le concombre dans le fond des verrines, puis garnissez de mousse de saumon. Parsemez de pousses de betterave et servez frais.

BOUCHÉES DE CONCOMBRE AU CRABE

POUR 10 BOUCHÉES
PRÉPARATION : **15 min**

- 1 concombre moyen
- 80 g de chair de crabe (frais ou en conserve)
- 1 c. à soupe de crème fraîche épaisse
- 1 c. à soupe de pulpe de tomate
- 1 c. à café de ciboulette ciselée
- sel, poivre

Lavez le concombre. Coupez largement les extrémités pour obtenir un cylindre et tracez des bandes régulières sur la peau avec un épluche-légumes. Coupez-le en tronçons de 2 cm d'épaisseur. Creusez l'intérieur de chaque morceau jusqu'à mi-hauteur à l'aide d'une cuillère parisienne, salez légèrement. Retournez les tronçons au fur et à mesure sur une grille pour les faire dégorger.

Mélangez la chair de crabe avec la crème fraîche, la pulpe de tomate et la ciboulette ; salez et poivrez.

Garnissez chaque tronçon de concombre de la garniture en formant un petit dôme. Rangez les bouchées au fur et à mesure sur un plat et mettez au réfrigérateur en attendant de servir.

PETITES SARDINES SUR TOASTS

POUR 12 TOASTS
PRÉPARATION : 35 min
MARINADE : 2 h

- 6 oranges
- 1 citron
- 2 gousses d'ail
- 6 sardines fraîches
- 2 c. à soupe de persil ou de cerfeuil
- 1 c. à café de sel fin
- 3 c. à café de baies roses
- 3 c. à soupe d'huile d'olive
- 1 baguette au sésame
- 100 g de roquette

Pressez les jus de 2 oranges et du citron, puis versez-les dans un plat creux. Pelez et hachez les gousses d'ail.

Passez les sardines sous un filet d'eau froide. Séchez-les avec du papier absorbant et coupez-les en deux dans l'épaisseur.

Lavez et ciselez le persil ou le cerfeuil. Mettez-le dans le plat contenant les jus, ajoutez le sel, les baies roses, l'huile et l'ail. Disposez les filets de sardine dans ce jus d'agrumes et laissez mariner 2 heures au frais, en les retournant plusieurs fois.

Préchauffez le gril du four.

Découpez la baguette en 12 tranches, puis passez celles-ci sous le gril, jusqu'à ce qu'elles soient légèrement dorées. Pelez à vif les oranges restantes et prélevez les quartiers.

Disposez sur chaque tranche de pain 1 ou 2 quartiers d'orange, 1 filet de sardine et 1 feuille de roquette. Servez aussitôt.

BON À SAVOIR

Choisissez des sardines de toute première fraîcheur : elles doivent être bien fermes, avec l'œil brillant et sans tâche de sang au niveau des ouïes. Un opercule argenté sur la tête et les yeux est un gage supplémentaire de fraîcheur.

BEIGNETS DE LANGOUSTINES

POUR 4-6 PERSONNES
PRÉPARATION : 20 min
REPOS DE LA PÂTE : 1 h
CUISSON : 5 min

- 16 ou 24 langoustines
- 2 gros oignons
- huile de friture
- 2 ou 3 citrons

Pour la pâte à beignets

- 250 g de farine
- 3 jaunes d'œufs
- 5 g de sel fin
- 25 cl de bière ou de lait
- 1 c. à café d'huile
- 1 blanc d'œuf

Préparez la pâte à beignets. Versez la farine dans une terrine en la tamisant, creusez un puits et mettez-y les jaunes d'œufs, le sel, la bière (ou le lait) et l'huile. Mélangez pour obtenir une pâte lisse. Laissez-la reposer pendant au moins 1 heure.

Plongez les langoustines 2 ou 3 minutes dans de l'eau bouillante salée. Égouttez-les, laissez-les refroidir, décortiquez-les en laissant le bout de la queue intact.

Pendant que les queues refroidissent, coupez les oignons en rondelles et défaites les anneaux. Faites chauffer l'huile de friture.

Montez le blanc d'œuf en neige ferme et incorporez-le à la pâte à beignets.

Trempez les rondelles d'oignon et les queues de langoustine dans la pâte à beignets. Faites-les frire à 180 °C pendant quelques secondes. Procédez par petites quantités pour que les beignets aient la place de gonfler en dorant.

Égouttez sur du papier absorbant et servez aussitôt avec des quartiers de citron.

1

Pour réussir les beignets

1 Incorporer des blancs d'œufs à la pâte la rend plus légère et lui permet de mieux gonfler. Soulevez la pâte très délicatement sans fouetter ni tourner.

2 Plongez les queues de langoustine rapidement dans la pâte en vous aidant d'une cuillère ou bien en tenant chaque langoustine par le bout de la queue.

3 Attendez que la pâte ait gonflé et soit bien dorée avant de sortir les beignets avec une écumoire. Posez-les aussitôt sur du papier absorbant.

BARQUETTES À LA CRÈME D'AVOCAT ET AUX CREVETTES

POUR 10 BARQUETTES
PRÉPARATION : 25 min
CUISSON : 15-20 min

- 10 à 20 crevettes cuites (selon la taille)
- 1 pâte brisée préétalée
- 1 avocat
- le jus de 1/2 citron
- piment de Cayenne
- 4 c. à soupe de mayonnaise
- sel, poivre

Décortiquez les crevettes en laissant la queue intacte.

Préchauffez le four à 180 °C (therm. 6). Beurrez des moules à barquette de 6 à 8 cm de long.

Découpez dans la pâte dix morceaux au format des moules. Garnissez-en ces derniers, piquez le fond de pâte avec une fourchette et faites précuire pendant 15 à 20 minutes. Laissez refroidir.

Coupez l'avocat en deux, retirez le noyau. Prélevez la chair à l'aide d'une petite cuillère et mettez-la sur une assiette plate. Arrosez-la de jus de citron et, avec une fourchette, écrasez-la en purée épaisse. Salez, poivrez et relevez de piment de Cayenne. Ajoutez la mayonnaise et mélangez.

Garnissez les barquettes de cette crème et lissez le dessus. Déposez dans chaque barquette 1 crevette (ou 2 si elles sont petites). Servez très frais.

CONSEIL Vous pouvez ajouter sur chaque barquette un demi-segment de pamplemousse rose, débarrassé de sa membrane, et quelques feuilles d'aneth ou de coriandre fraîche.

ACRAS DE CREVETTES

POUR 24 ACRAS • PRÉPARATION : 30 min • CUISSON : 25 min

200 g de pommes de terre • 1/2 bouquet de persil • 1/2 bouquet de menthe • 150 g de crevettes décortiquées • 200 g de filets de cabillaud • 1 grosse pincée de piment de Cayenne • 1 œuf • huile végétale pour la friture • 50 g de farine •sel

1 Pelez les pommes de terre.

2 Faites cuire les pommes de terre 20 minutes à l'eau bouillante salée. Égouttez-les.

3 Écrasez les pommes de terre à la fourchette ou au presse-purée.

4 Hachez finement le persil et la menthe.

5 Dans le bol d'un robot, mixez les crevettes et les filets de cabillaud.

6 Ajoutez le piment de Cayenne, le persil et la menthe, puis l'œuf entier. Assaisonnez de sel et mixez le tout à nouveau pendant 30 secondes.

7 Versez la préparation dans un saladier et incorporez la purée de pommes de terre.

8 Formez, à la main, des petites boules de pâte de la taille d'une noix.

9 Roulez les boules de pâte dans la farine.

10 Mettez à chauffer l'huile à 180 °C dans une casserole à fond épais. Faites-y frire les boulettes pendant 2 ou 3 minutes.

11 Déposez les acras sur du papier absorbant pour les égoutter. Servez chaud avec des piques en bois.

GASPACHO VERT AUX ÉCREVISSES

POUR 12 VERRINES
PRÉPARATION : 15 min

- 2 oignons nouveaux
- 600 g de concombre
- 300 g de fenouil
- 6 c. à soupe d'huile d'olive
- 3 c. à soupe de vinaigre de xérès
- 200 g d'écrevisses décortiquées
- sel, poivre

Prélevez un tronçon de 6 cm de long dans la partie verte de chaque oignon nouveau. Détaillez ces tronçons en fins bâtonnets, puis placez-les dans un bol d'eau froide au réfrigérateur.

Lavez et essuyez le concombre et le fenouil. Coupez-les en morceaux ainsi que le reste des oignons.

Dans un blender, réunissez le concombre, le fenouil et les morceaux d'oignon. Versez 30 cl d'eau, l'huile d'olive et le vinaigre, puis mixez le tout. Salez et poivrez selon votre goût.

Égouttez les bâtonnets d'oignon. Répartissez le gaspacho dans les verrines et disposez les écrevisses sur le dessus. Décorez avec les bâtonnets d'oignon et servez.

VARIANTES Vous pouvez remplacer les écrevisses par des crevettes, des miettes de crabe ou encore des lamelles de surimi.

MINI-BROCHETTES DE SAINT-JACQUES AU CHORIZO

POUR 12 BROCHETTES
PRÉPARATION : 15 min
CUISSON : 3 min environ

- 12 noix de saint-jacques parées
- 2 c. à soupe d'huile d'olive
- 3 c. à soupe de jus d'orange
- 120 g de chorizo doux
- poivre

Séchez les noix de saint-jacques avec du papier absorbant, puis mettez-les dans un bol avec l'huile d'olive et le jus d'orange.

Coupez le chorizo en 24 tranches très fines.

Sur des piques en bois, enfilez chaque noix de saint-jacques entre deux tranches de chorizo.

Dans une poêle antiadhésive, faites griller les mini-brochettes pendant 30 secondes de chaque côté. Assaisonnez d'un tour de moulin à poivre et servez.

CANAPÉS AUX SAINT-JACQUES MARINÉES

POUR 12-15 CANAPÉS
MARINADE : 1 h
CUISSON : 5 min

- 12 noix de saint-jacques
- 3 c. à soupe d'huile d'olive
- 1 c. à soupe de jus de citron
- 10 brins de ciboulette
- 1 petit pain de seigle tranché
- fleur de sel, poivre

Rincez rapidement les noix de saint-jacques, épongez-les sur du papier absorbant et détaillez-les en lamelles d'environ 2 mm d'épaisseur. Disposez-les sur un grand plat. Arrosez-les avec l'huile d'olive et le jus de citron, poivrez et parsemez d'un peu de ciboulette ciselée. Couvrez d'un film alimentaire et laissez mariner au réfrigérateur environ 1 heure.

Découpez des canapés ronds de 4 à 5 cm de diamètre dans le pain et faites-les légèrement griller. Répartissez le carpaccio de saint-jacques sur les canapés, parsemez d'un peu de fleur de sel et servez.

ASTUCE Pour gagner du temps, utilisez du pain de seigle cylindrique « spécial canapés » prétranché, qu'on trouve dans les supermarchés.

SAVOUREUSES ENTRÉES

GASPACHO ANDALOU

POUR 4 PERSONNES
PRÉPARATION : 25 min
RÉFRIGÉRATION : 2 h

- 4 tomates
- 1 poivron rouge
- 1 poivron vert
- 150 g de concombre
- 1 oignon
- 2 gousses d'ail
- 1 c. à soupe de concentré de tomate
- 1 c. à soupe de câpres
- 1 brin de thym frais
- 2 c. à soupe de vinaigre
- 10 feuilles d'estragon
- 1 citron
- 3 c. à soupe d'huile d'olive
- sel, poivre

Plongez les tomates pendant 20 secondes dans de l'eau bouillante, puis rafraîchissez-les aussitôt à l'eau froide. Pelez-les, épépinez-les et taillez-les en dés. Faites de même avec les poivrons.

Épluchez le concombre et détaillez-le en cubes. Épluchez et hachez l'oignon et l'ail.

Réunissez ces légumes dans un saladier, ajoutez le concentré de tomate, les câpres égouttées, le thym effeuillé et le vinaigre.

Versez 1 litre d'eau froide dans le saladier et passez toute la préparation au mixeur.

Ciselez l'estragon, pressez le citron et ajoutez-les dans le saladier ainsi que l'huile d'olive. Salez, poivrez et mélangez.

Mettez le gaspacho au réfrigérateur pendant au moins 2 heures avant de le servir dans des assiettes creuses bien froides.

LÉGER

CONSEIL Ce gaspacho sera encore meilleur si vous faites mariner la préparation 12 heures avant de la mixer (ajoutez le vinaigre au dernier moment).

SALADE D'AVOCATS ET D'AGRUMES

POUR 6 PERSONNES
PRÉPARATION : 15 min
RÉFRIGÉRATION : 30 min
CUISSON : 1 min environ

- 2 citrons
- 2 avocats
- 2 oranges
- 1 pamplemousse rose
- 1 pamplemousse blanc
- 1 petit bouquet de menthe
- 5 c. à soupe d'huile d'olive
- 1 pincée de sucre
- 2 c. à soupe de pignons
- 6 olives noires
- sel, poivre

Pressez les citrons. Pelez les avocats, coupez-les en deux et ôtez leur noyau. Détaillez la chair en petits dés et arrosez-les de jus de citron.

Pelez les oranges et les pamplemousses et séparez la pulpe de la membrane qui l'enveloppe.

Lavez et hachez la menthe. Mettez-la dans un bol, versez l'huile, la pincée de sucre, salez et poivrez. Mélangez bien.

Mettez l'avocat et la pulpe des fruits dans un grand saladier. Arrosez de sauce et mélangez délicatement. Laissez la salade au frais pendant 30 minutes environ.

Faites griller les pignons à sec dans une poêle.

Répartissez la salade dans les assiettes, parsemez-la de pignons et décorez avec une olive noire. Servez aussitôt.

SALADE DE ROQUETTE AU BASILIC ET AU PARMESAN

POUR 4 PERSONNES
PRÉPARATION : 10 min

- 80 g de parmesan
- 100 g de roquette
- 1 c. soupe d'huile d'olive
- 2 c. soupe de vinaigre balsamique
- 1 c. soupe de basilic ciselé et quelques feuilles entières
- sel, poivre

Coupez le parmesan en fins copeaux à l'aide d'un couteau Économe ou d'une mandoline. Lavez et essorez la roquette, finissez de la sécher dans un torchon ou du papier absorbant.

Versez l'huile et 1 cuillerée à café de vinaigre balsamique dans un petit saladier, fouettez légèrement à la fourchette, puis ajoutez le basilic ciselé et la roquette ; salez, poivrez et mélangez.

Répartissez le contenu du saladier dans les assiettes puis disposez les lamelles de parmesan dessus. Arrosez-les avec le vinaigre balsamique restant et décorez de quelques feuilles de basilic. Servez aussitôt.

MILLE-FEUILLES DE TOMATES À LA MENTHE

POUR 4 PERSONNES
PRÉPARATION : 10 min

- 4 belles tomates
- 80 g de feta
- 3 c. à soupe de vinaigre balsamique
- 3 c. à soupe d'huile d'olive
- 20 feuilles de menthe fraîche
- poivre

Lavez les tomates, puis coupez-les en rondelles assez épaisses. Détaillez la feta en fines lamelles.

Versez une demi-cuillerée à soupe de vinaigre balsamique dans chaque assiette, poivrez et ajoutez une demi-cuillerée à soupe d'huile d'olive. Placez une rondelle de tomate sur l'assaisonnement, recouvrez de quelques lamelles de feta, puis d'une feuille de menthe. Poursuivez avec une rondelle de tomate et continuez à alterner les ingrédients en terminant par une feuille de menthe.

Poirvez les mille-feuilles, arrosez-les d'un filet de vinaigre et d'huile d'olive. Gardez au frais jusqu'au moment de servir.

CONSEIL N'hésitez pas à jouer sur les couleurs et les saveurs en réalisant cette recette avec différentes variétés de tomates anciennes (cœur de bœuf, noire de Crimée, tomate ananas...). Et pour changer, remplacez la menthe par du basilic.

TOMATES À LA MOZZARELLA

POUR 4 PERSONNES
PRÉPARATION : 15 min

- 4 ou 5 tomates
- 200 g de mozzarella
- 1/4 de botte de basilic
- 1 c. à soupe de vinaigre
- 3 c. à soupe d'huile d'olive
- sel, poivre

Lavez les tomates et détaillez-les en rondelles.

Coupez la mozzarella en tranches fines. Hachez le basilic.

Répartissez les rondelles de tomate sur le plat de service en les alternant avec les lamelles de fromage, salez, poivrez et parsemez de basilic. Arrosez de quelques gouttes de vinaigre, puis d'un filet d'huile d'olive. Servez à température ambiante.

CÉLERI RÉMOULADE AUX POMMES ▷

POUR 4 PERSONNES
PRÉPARATION : **20 min**
CUISSON : **1 min**
RÉFRIGÉRATION : **1 h**

- 400 g de céleri-rave
- 2 pommes
- le jus de 1/2 citron

Pour la sauce rémoulade (20 cl environ)

- 1 jaune d'œuf
- 1 c. soupe de moutarde
- 20 cl d'huile
- sel, poivre

Préparez la sauce rémoulade. Dans un grand bol, mélangez le jaune d'œuf et la moutarde. Versez l'huile en filet tout en fouettant. Salez, poivrez et mettez au réfrigérateur jusqu'au moment de l'emploi.

Faites bouillir une grande casserole d'eau légèrement salée. Pendant ce temps, pelez le céleri et coupez-le en gros quartiers. Râpez le céleri avec une râpe à gros trous et plongez-le aussitôt dans l'eau bouillante. Après la reprise de l'ébullition, laissez cuire 1 minute à feu vif. Égouttez le céleri et plongez-le aussitôt dans de l'eau froide. Égouttez-le de nouveau, puis essorez-le fortement dans un linge.

Épluchez les pommes, retirez le cœur et les pépins. Râpez-les avec la même râpe que pour le céleri ou coupez-les au couteau, en dés très fins. Arrosez-les aussitôt avec le jus du demi-citron.

Mettez les pommes et le céleri râpés dans un saladier, ajoutez la sauce rémoulade et mélangez bien. Placez au réfrigérateur pendant 1 heure.

CONSEIL **Accompagnez ce céleri de quelques lamelles de magrets de canard fumé ou présentez le mélange dans des pommes évidées.**

CÉLERI-RAVE, SAUCE RÉMOULADE AUX CÂPRES

POUR 4 PERSONNES
PRÉPARATION : **20 min**
RÉFRIGÉRATION : **1 h**

- 20 cl de sauce rémoulade
- fines herbes (persil, ciboulette, estragon, cerfeuil)
- 2 cornichons
- 450 g de céleri-rave
- 1/2 citron
- 1 c. à soupe de câpres

Préparez la sauce rémoulade (VOIR ci-dessus).

Ciselez les fines herbes pour obtenir 3 cuillerées à soupe. Détaillez les cornichons en très petits dés. Ajoutez les herbes, les cornichons et les câpres à la sauce ; salez et poivrez.

Épluchez le céleri-rave, citronnez-le pour l'empêcher de noircir. Râpez-le avec une râpe à gros trous. Mélangez-le avec la sauce rémoulade et parsemez-le de persil. Placez au réfrigérateur pendant 1 heure. Servez bien frais.

SALADE DE BLÉ À L'AVOCAT ET AU PAMPLEMOUSSE ▷

POUR 4 PERSONNES
PRÉPARATION : 10 min
CUISSON : 10 min

- 150 g de blé dur précuit
- 1 avocat
- le jus de 1 citron
- 1 pamplemousse rose
- 1 c. à soupe de fromage blanc
- 2 c. à soupe d'huile d'olive
- quelques feuilles de coriandre fraîche
- sel, poivre

Faites cuire le blé à l'eau bouillante salée pendant 10 minutes. Égouttez.

Pelez l'avocat et coupez la chair en dés. Déposez-les dans un saladier et arrosez-les avec la moitié du jus de citron. Pelez le pamplemousse à vif et détachez les quartiers. Ajoutez le blé et les quartiers de pamplemousse dans le saladier.

Dans un bol, mélangez le reste de jus de citron avec du sel et du poivre. Ajoutez le fromage blanc et émulsionnez avec l'huile d'olive.

Versez cette vinaigrette dans le saladier, mélangez et parsemez de coriandre ciselée.

SALADE DE BLÉ GERMÉ

POUR 6 PERSONNES
REPOS : 24 h + 24 h
PRÉPARATION : 30 min
MARINADE : 30 min

- 200 g de blé complet
- 2 courgettes à peau fine
- 5 cl d'huile d'olive
- 3 c. à soupe de jus de citron
- 4 c. à soupe de raisins secs
- 1 poivron jaune mariné
- sel, poivre

Deux jours avant. Mettez les grains de blé dans un plat creux et laissez-les tremper, recouverts d'eau, pendant 24 heures.

La veille. Lavez les grains, remettez-les dans le plat, sans eau, pendant 24 heures. Ils doivent rester un peu humides.

Le jour même. Lavez les grains germés. Lavez et émincez les courgettes. Arrosez-les d'huile et de jus de citron. Laissez mariner 30 minutes.

Pendant ce temps, faites gonfler les raisins secs à l'eau tiède. Émincez le poivron. Dans un saladier, mettez le blé germé, les courgettes avec leur marinade, le poivron et les raisins secs égouttés ; salez et poivrez. Remuez bien et servez à température ambiante.

SALADE DE MÂCHE À LA BETTERAVE

POUR 4 PERSONNES
PRÉPARATION : 10 min
CUISSON : quelques secondes

- 100 g de mâche
- 1 betterave crue ou cuite
- 1 pomme granny
- 1 c. à soupe de pignons de pin
- 1 c. à soupe de graines de sésame
- une dizaine de noisettes

Pour la vinaigrette

- 1 c. à soupe de vinaigre de cidre
- 2 c. à soupe d'huile d'arachide
- 1 c. à soupe d'huile de noisette
- sel, poivre

Lavez la mâche et essorez-la. Épluchez la betterave crue et râpez-la. Si vous utilisez de la betterave cuite, coupez-la en dés. Lavez la pomme, évidez le cœur et coupez-la en lamelles.

Préparez la vinaigrette. Versez le vinaigre dans un saladier. Salez et poivrez. Émulsionnez avec l'huile d'arachide et l'huile de noisette.

Faites légèrement dorer les pignons et les graines de sésame à sec dans une poêle bien chaude.

Déposez la mâche, la pomme et la betterave dans le saladier. Parsemez de noisettes, de pignons et de graines de sésame, mélangez et servez aussitôt.

POUR CHANGER Remplacez l'huile d'arachide par 2 cuillerées à soupe de fromage blanc ou de crème fraîche allégée si vous préférez une salade minceur.

TABOULÉ À LA MENTHE

POUR 4 PERSONNES
PRÉPARATION : 30 min
RÉFRIGÉRATION : 3 h

- 250 g de grosse semoule pour couscous ou de boulgour
- 500 g de tomates
- 250 g d'oignons
- menthe fraîche
- persil plat
- 6 c. à soupe d'huile d'olive
- le jus de 3 citrons
- 8 petits oignons blancs
- sel, poivre

Versez la semoule dans un saladier. Arrosez-la doucement avec 20 cl d'eau bouillante. Réservez.

Lavez les tomates et coupez-les en dés. Pelez et hachez les oignons. Ciselez 4 cuillerées à soupe de menthe et autant de persil. Ajoutez tous ces légumes à la semoule. Salez et poivrez. Mélangez.

Versez l'huile, ajoutez le jus des citrons. Mélangez et placez au réfrigérateur pour 3 heures ; remuez le taboulé quatre ou cinq fois pendant ce temps de repos.

Au moment de servir, pelez les petits oignons et coupez-les en quartiers. Ajoutez-les au taboulé avec quelques feuilles de menthe.

SALADE CÉSAR

POUR 4-6 PERSONNES
PRÉPARATION : 20 min
CUISSON : 10 min

- 3 œufs
- 2 cœurs de romaine ou de frisée
- 5 tranches épaisses de pain de mie
- 2 gousses d'ail
- 4 c. à soupe d'huile d'olive
- 6 filets d'anchois à l'huile
- 1 citron
- 50 g de parmesan en copeaux
- sel, poivre

Faites durcir les œufs pendant 10 minutes à l'eau bouillante. Effeuillez et lavez la salade.

Écroûtez les tranches de pain et coupez-les en petits carrés. Pelez et hachez les gousses d'ail.

Faites chauffer 2 cuillerées à soupe d'huile dans une poêle, mettez-y l'ail et mélangez. Ajoutez les croûtons et faites-les dorer 5 minutes. Égouttez sur du papier absorbant.

Rafraîchissez les œufs durs, écalez-les et coupez-les en quartiers. Taillez les anchois en languettes.

Dans un saladier, préparez la vinaigrette avec le jus de citron, le reste d'huile, du sel et du poivre ; ajoutez les feuilles de romaine et remuez. Incorporez les œufs durs, les croûtons à l'ail et les anchois. Parsemez de copeaux de parmesan et servez.

SALADE DE POIS GOURMANDS AU CRABE

POUR 4-6 PERSONNES
PRÉPARATION : 10 min
CUISSON : 10 min

- 500 g de pois gourmands
- 1 boîte de crabe (150 à 200 g environ)
- 1 citron non traité
- 10 cl de crème liquide
- 2 c. à soupe d'huile d'olive
- 1 c. à soupe de persil ou d'estragon ciselé
- sel, poivre

Retirez les fils des pois gourmands. Faites-les cuire 10 minutes à l'eau bouillante salée ou à la vapeur.

Ouvrez la boîte de crabe et égouttez le contenu. Retirez le cartilage.

Râpez le zeste du citron, pressez-en le jus et arrosez-en le crabe.

Dans un bol, mélangez en fouettant la crème liquide, l'huile, le zeste de citron, du sel et du poivre.

Dans le saladier de service, mélangez les pois gourmands, la chair de crabe et le jus de citron. Ajoutez la sauce, remuez délicatement, parsemez de persil ou d'estragon et servez.

CONSEIL **Préférez du crabe entier en conserve ou surgelé plutôt que des miettes de crabe, beaucoup moins savoureuses.**

SALADE DE « GERMES DE SOJA » AUX SAVEURS MARINES

POUR 4 PERSONNES
PRÉPARATION : **20 min**
CUISSON : **1 min**

- 500 g de pousses de haricot mungo (« germes de soja »)
- 8 bâtonnets de surimi au crabe
- 200 g de petites crevettes décortiquées
- 4 ou 5 brins de coriandre

Pour la sauce

- 2 petits oignons blancs
- sauce soja
- 1 c. à café de moutarde douce
- 1 pincée de sucre
- 1 c. à soupe de xérès
- 1 c. à soupe de vinaigre de cidre
- 3 c. à soupe d'huile de colza ou d'arachide
- piment de Cayenne

Lavez les germes de soja, puis plongez-les 1 minute dans de l'eau bouillante salée. Rafraîchissez-les dans une passoire, puis égouttez-les. Séchez-les dans du papier absorbant.

Coupez les bâtonnets de surimi en tronçons. Disposez-les avec les crevettes et les germes de soja dans un saladier.

Préparez la sauce. Pelez et coupez finement les oignons. Mettez-les dans un grand bol, ajoutez 1 cuillerée à soupe de sauce soja, la moutarde, le sucre, le xérès, le vinaigre, l'huile et 2 pincées de piment de Cayenne.

Battez énergiquement avec un fouet pour émulsionner cette sauce puis versez-la sur la salade. Mélangez bien. Décorez avec les pluches de coriandre.

LÉGER

BON À SAVOIR

Ce qu'on appelle souvent « germes de soja » n'est pas du vrai soja. Il s'agit de pousses de haricot mungo.

SALADE NIÇOISE

POUR 4-6 PERSONNES
PRÉPARATION : **40 min**
CUISSON : **10 min**

- 5 œufs
- 1 petite laitue
- 6 à 8 tomates
- 1 botte d'oignons nouveaux
- 12 à 18 filets d'anchois salés
- 1 poivron
- 3 branches de céleri
- 1 citron
- 3 ou 4 fonds d'artichauts violets
- 2 c. à soupe de vinaigre de vin blanc
- 5 c. à soupe d'huile d'olive
- 1 boîte de thon à l'huile ou au naturel
- 100 g de petites olives noires de Nice
- sel, poivre

Faites durcir les œufs pendant 10 minutes à l'eau bouillante.

Lavez la laitue, épongez les feuilles. Coupez les tomates en quartiers. Épluchez les oignons et hachez un peu de vert de la queue (la partie proche de l'oignon).

Dessalez les anchois sous le robinet.

Rincez le poivron, épépinez-le et coupez-le en fines lanières. Lavez les branches de céleri et coupez-les en tout petits dés. Citronnez les fonds d'artichaut et coupez-les en lamelles. Rafraîchissez et écalez les œufs puis coupez-les en quartiers.

Préparez la vinaigrette avec le vinaigre, l'huile, du sel et du poivre.

Dans un grand plat creux, disposez quelques feuilles de salade, puis un peu de tomates, des tranches d'artichaut, des lanières de poivron, des miettes de thon, quelques oignons, 2 ou 3 pincées de céleri et de queue d'oignon hachée. Continuez ainsi jusqu'à épuisement des ingrédients.

Versez la vinaigrette sur la salade et remuez-la. Disposez les quartiers d'œuf et les anchois par-dessus. Décorez avec les olives.

SALADE DE CHICORÉE AUX LARDONS

POUR 4 PERSONNES
PRÉPARATION : **20 min**
CUISSON : **10 min environ**

- 4 œufs
- 1 petite chicorée frisée
- 200 g de lardons

Pour la vinaigrette

- 1 c. à café de moutarde forte
- 1 c. à soupe de vinaigre de vin
- 4 c. à soupe d'huile d'olive ou de colza
- sel, poivre

Faites cuire les œufs pendant 6 minutes à partir de la reprise de l'ébullition pour qu'ils soient mollets. Plongez-les aussitôt dans de l'eau fraîche, puis écalez-les.

Triez, lavez, puis essorez la chicorée. Recoupez les feuilles et mettez-les dans un saladier.

Préparez la vinaigrette. Dans un bol, mélangez la moutarde et le vinaigre, du sel et du poivre. Versez l'huile en filet tout en fouettant pour émulsionner la sauce.

Faites dorer les lardons dans une poêle antiadhésive, à feu moyen, pendant 5 minutes. Quand ils sont bien croustillants, répartissez-les encore chauds sur la salade. Versez la vinaigrette et mélangez. Disposez les œufs par-dessus et servez.

SALADE DE CRESSON

POUR 4 PERSONNES
PRÉPARATION : **20 min**
CUISSON : **10 min**

- 1 botte de cresson
- 2 œufs
- 1 citron
- 1 pomme
- 60 g de gouda

Pour la vinaigrette

- 1 c. café de moutarde
- 3 c. soupe d'huile de noix
- 1 c. soupe de vinaigre de xérès
- sel, poivre

Faites durcir les œufs pendant 10 minutes à l'eau bouillante.

Triez le cresson, éliminez les grosses tiges et lavez-le dans plusieurs bains d'eau. Épongez-le soigneusement.

Plongez les œufs dans de l'eau froide quelques minutes, puis écalez-les et coupez-les en rondelles. Pressez le citron. Pelez la pomme, ôtez le cœur et les pépins. Imbibez-la avec la moitié du jus de citron et taillez-la en petits dés. Coupez également le fromage en petits dés.

Préparez la vinaigrette. Mélangez la moutarde, l'huile et le vinaigre. Ajoutez le jus de citron restant, salez et poivrez.

Disposez dans un saladier le cresson, les dés de pomme et de fromage. Arrosez de vinaigrette et mélangez. Ajoutez les rondelles d'œufs et servez.

FLAN DE COURGETTES

POUR 4 PERSONNES
PRÉPARATION : **20 min**
CUISSON : **1 h 25**

- 750 g de petites courgettes bien fermes
- 2 échalotes
- 3 c. soupe d'huile d'olive
- 5 œufs
- 25 cl de crème fraîche
- sel, poivre

PRÊT À L'AVANCE

Coupez les courgettes en dés de 1 cm de côté. Hachez les échalotes. Mettez l'huile à chauffer dans une poêle et faites-y cuire les courgettes 5 minutes, à feu moyen. Ajoutez les échalotes, laissez cuire pendant 2 ou 3 minutes. Ôtez la poêle du feu, salez, poivrez. Laissez refroidir.

Préchauffez le four à 160 °C (therm. 5-6) et beurrez un moule à cake.

Dans un saladier, fouettez les œufs avec la crème, du sel et du poivre. Incorporez les courgettes et mélangez. Versez la préparation dans le moule, placez celui-ci dans un plat plus grand contenant un peu d'eau pour former un bain-marie et enfournez. Laissez cuire 1 h 15 ; recouvrez d'une feuille d'aluminium en cours de cuisson si la surface brunit trop.

Vérifiez la cuisson : la lame d'un couteau piqué dans le flan doit en ressortir sèche. Sortez le moule du four, laissez tiédir, puis démoulez le flan en passant la lame d'un couteau le long des parois du moule. Détaillez le flan en tranches et servez.

FLAN D'ASPERGES

POUR 8 PERSONNES
PRÉPARATION : **15 min**
CUISSON : **10 min**
RÉFRIGÉRATION : **8 h**

- 5 œufs
- 1 sachet de gelée au madère en poudre
- 330 g d'asperges en bocal
- 150 g de mayonnaise
- sel, poivre

Faites durcir les œufs pendant 10 minutes à l'eau bouillante.

Préparez la gelée au madère selon les indications du paquet, mais en réduisant de moitié la quantité d'eau indiquée. Elle aura ainsi plus de goût et sera moins liquide. Laissez-la refroidir.

Mixez finement les asperges, les œufs durs, la mayonnaise, du sel et du poivre. Ajoutez enfin la gelée refroidie mais non prise et remuez à la cuillère en bois. Versez cette préparation dans un moule à cake beurré ou tapissé de papier sulfurisé. Laissez prendre au réfrigérateur pendant au moins 8 heures.

Démoulez avant de servir.

PRÊT À L'AVANCE

ŒUFS EN COCOTTE À LA CRÈME

POUR 4 PERSONNES
PRÉPARATION : **5 min**
CUISSON : **6-8 min**

- 30 g de beurre
- 4 c. à soupe de crème fraîche
- 4 œufs
- baies roses
- quelques brins de ciboulette
- sel, poivre

Préchauffez le four à 220 °C (therm. 7-8). Beurrez quatre ramequins individuels et mettez 2 cuillerées à café de crème dans chacun d'eux.

Cassez 1 œuf dans chaque ramequin. Salez, poivrez et ajoutez quelques baies roses écrasées. Versez le reste de crème.

Posez les ramequins dans un plat à four à bords hauts. Versez de l'eau bouillante dans le plat jusqu'à mi-hauteur des ramequins. Faites cuire de 6 à 8 minutes. Avant de servir, parsemez de ciboulette ciselée.

VARIANTES Vous pouvez ajouter à la crème 2 cuillerées à soupe de fromage râpé, de sauce tomate ou de jambon haché.

ŒUFS EN COCOTTE SUR FONDUE DE POIREAUX

POUR 4 PERSONNES
PRÉPARATION : **5 min**
CUISSON : **20 min**

- 2 blancs de poireaux
- 20 g de beurre
- 2 c. à soupe d'huile d'olive
- 4 c. à soupe de crème liquide
- 4 œufs
- sel, poivre

Lavez et émincez les blancs de poireaux. Faites chauffer le beurre et l'huile dans une poêle, puis saisissez les poireaux pendant 3 à 5 minutes en remuant ; salez et poivrez. Laissez mijoter à feu doux pendant 5 minutes. Incorporez 2 cuillerées à soupe de crème.

Préchauffez le four à 220 °C (therm. 7-8). Beurrez quatre ramequins individuels.

Cassez 1 œuf dans chaque ramequin, puis ajoutez le reste de crème ; salez et poivrez. Enfournez pour 10 minutes environ, le temps que l'œuf soit « pris ». Servez bien chaud.

ŒUFS EN MEURETTE

POUR 4 PERSONNES • PRÉPARATION : 30 min • CUISSON : 30 min environ

20 g de beurre • 100 g de lardons • 4 tranches de pain rassis • 1 gousse d'ail • 25 cl de vin rouge • 5 cl de vinaigre • 8 œufs • sel, poivre • **SAUCE MEURETTE** 100 g de lardons • 1 oignon • 1 carotte • 100 g de champignons de Paris • 75 g de beurre • 50 cl de vin rouge • 20 cl de fond de veau • 1 bouquet garni

1 Préparez la sauce meurette. Plongez les lardons dans de l'eau bouillante pendant 3 ou 4 minutes, puis égouttez-les.

2 Épluchez l'oignon et la carotte ; coupez-les en petits dés. Nettoyez les champignons et détaillez-les en lamelles.

3 Dans une casserole, mettez à fondre 25 g de beurre et faites-y cuire oignon, carotte et champignons, à couvert, pendant 10 minutes.

4 Ajoutez les lardons, mélangez, puis versez le vin rouge et faites-le réduire des trois quarts.

5 Ajoutez le fond de veau et le bouquet garni. Salez, poivrez et faites cuire à feu doux jusqu'à ce que la sauce ait réduit des deux tiers.

6 Passez la sauce en appuyant avec le dos d'une cuillère.

7 Réchauffez la sauce puis, hors du feu et au moment de servir, ajoutez le reste du beurre en fouettant vivement avant de rectifier l'assaisonnement.

8 Préparez la suite de la recette. Mettez le beurre à fondre dans une poêle, faites-y revenir les lardons pendant 5 à 10 minutes, puis égouttez-les sur du papier absorbant et ajoutez-les dans la sauce.

9 Toastez les tranches de pain, frottez-les avec la gousse d'ail, puis coupez-les en dés.

10 Faites chauffer le vin, le vinaigre et 1 litre d'eau. Poivrez, portez à frémissement pendant 5 minutes. Faites-y pocher les œufs, puis égouttez-les sur du papier absorbant.

11 Versez la sauce dans le plat de service, puis disposez avec précaution les œufs pochés. Garnissez avec les croûtons.

TERRINE DE LÉGUMES VERTS AU PESTO

POUR 6-8 PERSONNES
PRÉPARATION : 1 h
CUISSON : 25 min
RÉFRIGÉRATION : 12 h

- 350 g d'épinards en branches surgelés
- 2 branches de basilic
- 1 botte de ciboulette
- 2 c. à soupe de pesto
- 200 g de petits pois frais écossés ou de petits pois surgelés
- 150g de fèves fraîches épluchées ou de fèves surgelées
- 4 branches d'estragon
- 2 sachets de gelée au madère
- 25 cl de bouillon de légumes (en plaquette)
- sel, poivre

Faites décongeler les épinards dans une passoire. Lavez et ciselez le basilic et la ciboulette.

Chauffez le pesto dans une grande poêle et saisissez les épinards pendant 5 minutes en remuant. Ajoutez les petits pois et les fèves (si vous les utilisez surgelés, inutile de décongeler) ; salez et poivrez. Laissez cuire pendant 20 minutes à feu vif. Ajoutez les herbes ciselées et mélangez. Ôtez la poêle du feu et rectifiez l'assaisonnement.

Préparez la gelée au madère en fouettant le contenu des deux sachets dans le bouillon frémissant. Arrêtez le feu juste à la reprise de l'ébullition.

Tapissez un moule à cake avec une grande feuille de film alimentaire. Dans un grand saladier, mélangez soigneusement les légumes avec la gelée au madère. Versez l'ensemble dans le moule à cake. Refermez le film alimentaire sur le dessus et laissez prendre pendant 12 heures au réfrigérateur.

Démoulez délicatement la terrine sur une planche. Ôtez le film alimentaire, puis taillez des tranches épaisses ; pour cela, vous pouvez utiliser un couteau électrique si vous en avez un. Dégustez la terrine bien fraîche, arrosée d'un filet d'huile d'olive.

CONSEIL Vous pouvez ajouter à cette terrine des morceaux de tomates confites et quelques olives noires dénoyautées.

FEUILLETÉS AU ROQUEFORT

POUR 4 PERSONNES
PRÉPARATION : 20 min
CUISSON : 20 min

- 40 g de cerneaux de noix
- 400 g de pâte feuilletée prête à étaler
- 140 g de roquefort
- 4 c. à soupe de crème fraîche
- 1 œuf
- 100 g de salade
- 1 c. à soupe de vinaigre de vin blanc
- 3 c. à soupe d'huile d'olive
- sel, poivre

Concassez grossièrement les cerneaux de noix.

Étalez la pâte feuilletée sur le plan de travail légèrement fariné sur environ 3 mm d'épaisseur. À l'aide d'une roulette crantée, découpez 8 carrés de 10 à 12 cm de côté.

Coupez le roquefort en petits morceaux, puis écrasez-le. Mettez-le dans un saladier avec la crème fraîche et malaxez jusqu'à obtenir une pâte épaisse et homogène. Ajoutez les cerneaux de noix et mélangez.

Préchauffez le four à 180 °C (therm. 6). Garnissez une plaque à pâtisserie de papier sulfurisé.

Battez l'œuf en omelette dans un bol.

Posez sur chaque carré de pâte le quart du mélange au roquefort en ménageant une bande sur le pourtour. Humidifiez légèrement cette bande, posez un second carré sur le premier et soudez les bords en pressant du bout des doigts. Posez les feuilletés sur la plaque et badigeonnez-les d'œuf battu. Faites cuire 20 minutes au four.

Pendant ce temps, lavez la salade et préparez la vinaigrette en mélangeant le vinaigre, l'huile, du sel et du poivre. Assaisonnez la salade avec la vinaigrette, répartissez-la sur quatre assiettes et déposez-y les feuilletés chauds. Servez aussitôt.

Précédés d'un velouté de courgettes et suivis d'une salade de pomelos et d'oranges, ces feuilletés seront parfaits pour un dîner léger et savoureux.

SOUFFLÉ AU FROMAGE

POUR 4-6 PERSONNES
PRÉPARATION : 15 min
CUISSON : 40 min environ

- 25 g de beurre
- 25 g de farine
- 40 cl de lait frais
- 4 œufs
- 150 g de comté ou de beaufort râpé
- sel, poivre, muscade

Préparez la béchamel. Dans une casserole, mettez le beurre à fondre à feu moyen. Ajoutez-y la farine et remuez vivement pour obtenir un mélange lisse. Laissez cuire 2 minutes, sans laisser colorer. Ôtez la casserole du feu et versez le lait froid d'un seul coup, en fouettant pour empêcher la formation de grumeaux. Remettez sur le feu et laissez cuire 10 minutes environ. Salez, poivrez et râpez un peu de muscade.

Préchauffez le four à 220 °C (therm. 7-8).

Cassez les œufs en séparant les blancs des jaunes. Battez les blancs en neige avec une pincée de sel.

Incorporez le fromage râpé à la béchamel, puis ajoutez les jaunes d'œufs, un par un, en mélangeant bien à chaque fois, puis les blancs en neige, doucement, en tournant toujours dans le même sens, avec une cuillère en bois, pour ne pas les casser.

Beurrez un moule à soufflé de 20 cm de diamètre et versez-y la préparation. Faites cuire 30 minutes, sans ouvrir la porte du four. Servez aussitôt.

CONSEIL Accompagné d'une salade verte, ce soufflé peut être servi comme plat principal.

VARIANTES On peut faire un soufflé au fromage avec tout autre fromage à pâte cuite ou même avec un fromage persillé (roquefort ou bleu d'Auvergne).

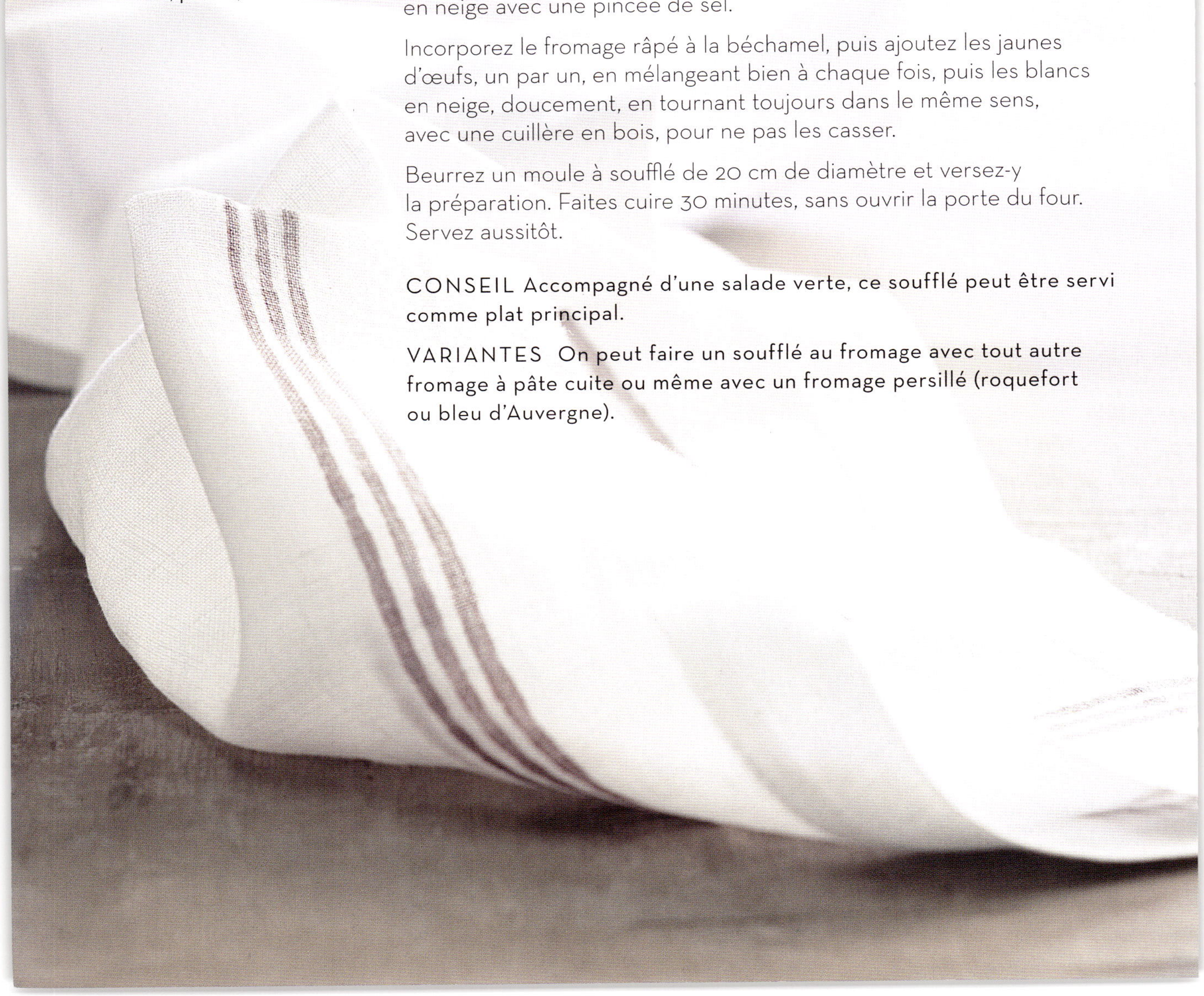

CARPACCIO DE BŒUF

POUR 4 PERSONNES
CONGÉLATION : 4 h
PRÉPARATION : 20 min

- 200 g de filet de bœuf
- 4 c. à soupe d'huile d'olive
- 2 citrons
- 50 g de vieux parmesan
- 1/4 de bouquet de persil
- sel, poivre

Enveloppez le filet dans un film alimentaire et mettez-le au congélateur pendant 4 heures. Il sera ainsi plus facile de couper des tranches très fines. À l'aide d'un pinceau, badigeonnez les assiettes d'huile.

Coupez le filet en tranches aussi fines qu'une feuille de papier avec un couteau très bien aiguisé ou à la machine à trancher. Disposez-les au fur et à mesure, en rosace, sur les assiettes.

Pressez les citrons de façon à obtenir 4 cuillerées à soupe de jus. Arrosez le carpaccio avec le reste d'huile d'olive et le jus de citron, salez et poivrez.

Coupez le parmesan en fins copeaux, ciselez le persil et répartissez le tout sur le carpaccio. Mettez sur la table une bouteille d'huile d'olive, le sel et le poivre pour que chacun rectifie l'assaisonnement à son goût.

BON À SAVOIR

Outre le parmesan, différents accompagnements peuvent être servis avec le carpaccio : roquefort émietté et cerneaux de noix, champignons crus coupés en lamelles ou encore filets d'anchois et câpres.

PÂTÉ DE LAPIN AUX NOISETTES

POUR 6 PERSONNES • PRÉPARATION : 40 min • MARINADE : 30 min
CUISSON : 2 h • RÉFRIGÉRATION : 24 h

1 lapin de 1,5 kg désossé par votre boucher • 150 g de barde de lard en lanières • 500 g de foies de volaille • 10 cl de porto • 2 oignons • 1 bouquet de cerfeuil • 500 g de chair à saucisse • 1 œuf • 1 c. à café de thym • 1/2 feuille de laurier • 16 noisettes décortiquées • sel, poivre

1 Préchauffez le four à 190 °C (therm. 6). Coupez les foies de volaille en dés, mettez-les dans un saladier,

2 Versez le porto sur les foies et laissez mariner 30 minutes.

3 Pendant ce temps, hachez les oignons et ciselez le cerfeuil. Coupez la viande de lapin en petits morceaux.

4 Mettez les morceaux de lapin dans un saladier avec la chair à saucisse. Ajoutez l'œuf et mélangez.

5 Salez, poivrez, ajoutez l'oignon et le cerfeuil hachés, le thym, le laurier, les noisettes entières et la moitié du porto de marinade. Mélangez à nouveau. Goûtez et rectifiez l'assaisonnement.

6 Tapissez une terrine avec les trois quarts environ de la barde et mettez-y la moitié de la farce.

7 Recouvrez avec les foies de volaille .

8 Finissez de remplir la terrine avec le reste de farce.

9 Garnissez le dessus avec la barde restante.

10 Posez la terrine dans un plat à bords hauts. Versez de l'eau chaude dans le plat et enfournez.

11 Faites cuire pendant 2 heures. Laissez ensuite le pâté refroidir. Couvrez la terrine et mettez-la au réfrigérateur pendant 24 heures au moins.

TERRINE DE FOIE GRAS MI-CUIT

POUR UNE TERRINE DE 1 KG
PRÉPARATION : 15 min
MARINADE : 12 h
CUISSON : 40 min

- 1 kg de foie gras de canard ou d'oie
- 16 g de sel
- 5 g de poivre blanc
- 2 g de quatre-épices
- 10 cl de porto blanc

PRÊT À L'AVANCE

Dénervez les lobes de foie gras. Mettez-les dans un plat, saupoudrez-les des deux côtés de sel, de poivre blanc, de quatre-épices et arrosez-les de porto. Laissez-les mariner 12 heures au réfrigérateur ; durant ce temps, retournez-les deux ou trois fois.

Préchauffez le four à 100 °C (therm. 3-4).

Déposez les lobes de foie dans une terrine en tassant bien, de façon qu'il ne reste aucune poche d'air. Mettez la terrine dans un plat à bords hauts et versez de l'eau bouillante jusqu'à mi-hauteur. Faites cuire au four pendant 40 minutes.

Sortez la terrine du four et laissez refroidir. Posez dessus une planchette et un poids de 250 g, puis mettez au réfrigérateur.

Retirez la planchette lorsque la graisse est figée. Mettez cette graisse dans une casserole ou dans le four chaud pour la faire fondre, puis coulez-la sur le dessus de la terrine.

Démoulez la terrine avant de la servir et coupez-la en tranches.

BON À SAVOIR Cette terrine peut se garder environ 15 jours au réfrigérateur.

1.

Pour réussir la terrine et la servir

1 On prévoit en général entre 12 et 16 g de sel par kilo de foie gras et entre 3 et 5 g de poivre. Vous pouvez remplacer le quatre-épices par de la muscade ou d'autres épices de votre choix, et le porto par des alcools comme le cognac, l'armagnac, un vin moelleux...

2 Pour éviter l'oxydation, protégez le foie gras avec un film alimentaire ou recouvrez-le entièrement de graisse fondue.

3 Pour trancher le foie gras, sortez-le du réfrigérateur au moins 20 minutes avant de le déguster. Tranchez-le à l'aide d'une lyre ou d'un couteau à lame fine.

3

PISSALADIÈRE

POUR 4-6 PERSONNES
PRÉPARATION : 15 min
REPOS : 1 h
CUISSON : 45 min

- 500 g de pâte à pain (à acheter chez votre boulanger)
- 12 cl d'huile d'olive
- 1 kg d'oignons
- 3 gousses d'ail
- 1 branche de thym
- 1/2 feuille de laurier
- 1 c. à soupe de câpres
- 25 filets d'anchois salés
- 20 olives noires de Nice
- sel, poivre

Déposez la pâte à pain sur le plan de travail légèrement fariné, aplatissez-la légèrement, puis versez dessus 4 cuillerées à soupe d'huile d'olive. Pétrissez à la main pour incorporer l'huile, roulez la pâte en boule et laissez-la lever 1 heure à température ambiante.

Pelez et émincez les oignons. Pelez et écrasez l'ail. Dans une grande poêle, mettez le reste d'huile d'olive, ajoutez les oignons et faites-les fondre doucement à couvert, pendant 25 minutes environ, avec très peu de sel, un peu de poivre, l'ail écrasé, le thym, le laurier et les câpres.

Préchauffez le four à 240 °C (therm. 8).

Aplatissez la pâte en un disque de 1,5 cm d'épaisseur environ et déposez-la sur la plaque recouverte de papier sulfurisé. Étalez la purée d'oignon, sans aller tout à fait jusqu'au bord.

Dessalez les filets d'anchois sous le robinet, épongez-les et répartissez-les sur la purée de façon qu'ils forment un quadrillage. Disposez les olives en les enfonçant légèrement.

Façonnez tout le tour de la pâte pour former un rebord qui maintienne la garniture. Faites cuire au four pendant 20 minutes. Servez tiède ou froid.

BRICKS DE SARDINES

POUR 4 PERSONNES
PRÉPARATION : 10 min
CUISSON : 15 min

- 2 boîtes de sardines à l'huile (8 sardines)
- 2 petites tomates
- 2 c. à café de câpres
- 4 feuilles de brick

Préchauffez le four à 190-200 °C (therm. 6-7).

Égouttez les sardines en gardant leur huile, retirez l'arête centrale. Dans un saladier, écrasez les sardines à la fourchette. Coupez les tomates en deux, épépinez-les puis détaillez-les en petits dés. Ajoutez-les dans le saladier, de même que les câpres. Mélangez bien le tout.

Badigeonnez les feuilles de brick avec un peu d'huile des sardines. Repliez les feuilles en deux, puis déposez un peu de farce au centre.

Refermez en formant des rouleaux. Posez ceux-ci sur la plaque du four recouverte de papier sulfurisé. Faites cuire pendant 15 minutes environ, jusqu'à ce que les bricks soient bien dorés. Servez aussitôt.

VARIANTE Vous pouvez ajouter à la farce des olives noires coupées en dés.

TERRINE DE POISSON AUX POIREAUX

POUR 4 PERSONNES
PRÉPARATION : 25 min
CUISSON : 1 h
REPOS : 6 h

- 4 petits poireaux
- 300 g de filet de colin ou d'un autre poisson blanc
- 2 œufs
- 10 cl de crème liquide
- 1 petit bouquet de cerfeuil
- 2 c. à café de baies roses
- 300 g de filet de truite ou de saumon
- sel et poivre

Pour la sauce

- 200 g de fromage blanc
- 1 c. à soupe d'huile d'olive

Épluchez les poireaux et lavez-les soigneusement. Faites-les cuire à la vapeur pendant 15 minutes, jusqu'à ce qu'ils soient tendres.

Mixez le filet de colin avec les œufs entiers, la crème liquide, quelques feuilles de cerfeuil et les baies roses ; salez et poivrez. Détaillez le filet de truite ou de saumon en lanières.

Préchauffez le four à 150 °C (therm. 5).

Déposez une couche de poireaux au fond d'un moule à cake. Recouvrez d'une couche de préparation à base de colin, puis de lanières de truite. Alternez ainsi les couches en terminant par les poireaux.

Enfournez et faites cuire 45 minutes. Laissez ensuite la terrine tiédir, puis placez-la au réfrigérateur pendant au moins 6 heures.

Préparez la sauce. Versez le fromage blanc dans un bol, mélangez avec l'huile d'olive, du sel, du poivre et le reste de cerfeuil ciselé.

Servez la terrine très fraîche, accompagnée de la sauce.

CARPACCIO DE BAR ET DE SAINT-JACQUES AU GINGEMBRE

POUR 4-6 PERSONNES
PRÉPARATION : 15 min
CUISSON : 5 min
MARINADE : 12 h
RÉFRIGÉRATION : 1 h

- 1 citron vert
- 50 g de gingembre frais
- 10 cl d'huile d'olive
- 1/2 bouquet d'aneth
- 450 g de filet de bar
- 4 noix de saint-jacques avec corail
- sel de mer ou fleur de sel
- poivre

La veille. Prélevez le zeste du citron, hachez-le finement, puis faites-le bouillir pendant 5 minutes. Rafraîchissez-le et égouttez-le. Pelez et râpez le gingembre. Dans un bocal, mélangez l'huile, le gingembre et le zeste. Laissez mariner 12 heures.

Le jour même. Lavez et ciselez l'aneth.

Avec un couteau bien aiguisé, coupez en très fines tranches le filet de bar et les saint-jacques. Disposez-les en rosace dans les assiettes. Badigeonnez-les d'huile parfumée, assaisonnez de sel de mer et de poivre, puis parsemez d'aneth ciselé. Couvrez les assiettes de film alimentaire et placez-les au frais pendant 1 heure.

Pressez le jus du citron, arrosez-en le carpaccio. Servez aussitôt.

VARIANTE Cette recette peut également être réalisée avec de la dorade. Vous pouvez l'agrémenter de quelques graines de coriandre concassées.

BON À SAVOIR
Le poisson cru étant fragile, ne préparez pas le carpaccio trop à l'avance, et gardez-le impérativement au réfrigérateur (protégé de film alimentaire) jusqu'au moment de servir.

ROULÉ D'ÉPINARDS AU SAUMON FUMÉ

POUR 8 PERSONNES
PRÉPARATION : 20 min
CUISSON : 10 min
RÉFRIGÉRATION : 2 h

- 500 g d'épinards hachés surgelés
- 4 œufs
- 150 g de fromage « ail et fines herbes »
- 6 tranches de saumon fumé (ou de truite)
- sel, poivre

Faites décongeler les épinards, puis égouttez-les soigneusement.

Préchauffez le four à 210 °C (therm. 7).

Battez les œufs en omelette, mélangez-les avec les épinards, salez et poivrez généreusement.

Beurrez la plaque du four ou tapissez-la de papier sulfurisé. Versez-y les œufs aux épinards et enfournez pour 10 minutes, le temps que les œufs prennent et que l'omelette devienne ferme au toucher. Sortez-la du four et laissez-la refroidir.

Retournez l'omelette sur le plan de travail recouvert d'un film alimentaire (qui facilitera la réalisation du roulé).

Faites fondre le fromage pendant 1 minute au four à micro-ondes à puissance moyenne puis recouvrez-en l'omelette. Disposez les tranches de saumon fumé par-dessus. Roulez le tout comme une grande crêpe en vous aidant du film.

Réservez le roulé au réfrigérateur pendant au moins 2 heures. Sortez-le 15 minutes avant de servir pour le découper en tranches épaisses.

Pour réussir le roulé

1 Roulez l'omelette bien serrée en vous aidant du film alimentaire qui assurera un bon maintien.

2 Une fois l'omelette roulée, protégez-la entièrement avec le film avant de la déposer au réfrigérateur.

3 Pour trancher le rouleau sans l'écraser, utilisez un couteau très bien aiguisé ou un couteau électrique.

TARTARE DE SAUMON À LA CORIANDRE

POUR 4 PERSONNES
PRÉPARATION : **20 min**
CONGÉLATION : **20 min**

- 400 g de saumon frais
- 2 petites huîtres (facultatif)
- 1 petit bouquet de coriandre
- 2 c. à soupe d'huile d'olive
- le jus de 1/2 citron vert
- sel, poivre

Vérifiez qu'il ne reste pas de peau sur le saumon, puis assurez-vous qu'il n'y ait plus d'arêtes en passant délicatement le doigt sur la chair, dans les deux sens. S'il en subsiste, enlevez-les avec une pince à épiler. Mettez le saumon au congélateur pendant 20 minutes pour le raffermir.

Ouvrez les huîtres si vous en utilisez, coupez le pied et sortez la chair de chaque coquille.

Lavez la coriandre, séchez-la. Retirez les grosses tiges et, à l'aide de ciseaux, coupez les feuilles au-dessus d'un bol.

Posez un saladier dans un plus grand récipient contenant de la glace. Sortez le saumon du congélateur. Posez les huîtres et le saumon sur une planche à découper et hachez-les finement avec un couteau bien aiguisé. Mettez-les au fur et à mesure dans le saladier bien froid.

Versez l'huile d'olive sur le poisson haché, salez et poivrez, remuez bien. Ajoutez le jus du demi-citron et la coriandre ciselée, et mélangez à nouveau.

Répartissez le tartare de saumon dans des petits moules individuels et mettez ceux-ci au réfrigérateur, si vous ne servez pas de suite.

IDÉE DE PRÉSENTATION **Au moment de servir, disposez le tartare sur des feuilles de salade garnies de quelques tomates cerises. Proposez aussi quelques toasts chauds.**

SOUFFLÉ AU SAUMON FUMÉ

POUR 4-6 PERSONNES
PRÉPARATION : 20 min
CUISSON : 25 min environ

- 400 g de saumon fumé
- 4 œufs entiers
- 25 cl de crème fraîche
- 4 blancs d'œufs
- 20 g de beurre
- sel, poivre

Hachez le saumon fumé en très petits morceaux et mettez ceux-ci dans un saladier.

Préchauffez le four à 200 °C (therm. 6-7). Beurrez un moule à soufflé.

Battez les œufs avec la crème et versez peu à peu ce mélange sur le saumon en le travaillant bien à la spatule pendant 7 ou 8 minutes.

Battez les blancs en neige très ferme avec 1 pincée de sel. Incorporez-les délicatement à la préparation au saumon en les versant peu à peu et en tournant toujours dans le même sens.

Versez le tout dans le moule et faites cuire pendant 25 minutes environ sans ouvrir la porte du four pendant la cuisson.

VARIANTE Pour une recette plus légère, remplacez le saumon par de la truite fumée. Vous pouvez également substituer la moitié de la crème par la même quantité de fromage blanc maigre.

CARPACCIO DE DORADE AUX TOMATES ET AU LAIT DE COCO

POUR 4 PERSONNES
PRÉPARATION : 35 min
RÉFRIGÉRATION : 2 h

- 600 g de filets de dorade
- 1 oignon nouveau
- 3 citrons verts
- 3 tomates cocktail
- 1/2 bouquet de coriandre
- quelques brins de persil
- 20 cl de lait ou de crème de coco
- mélange aux cinq baies
- sel, poivre

Rincez et épongez soigneusement les filets de dorade. Assurez-vous qu'il n'y ait plus d'arêtes en passant doucement le doigt sur la chair, dans les deux sens. S'il en reste, enlevez-les avec une pince à épiler. Mettez les filets au congélateur pour 10 minutes pour les raffermir.

Pendant ce temps, détaillez l'oignon en fines rondelles et pressez les citrons.

À l'aide d'un couteau souple et fin parfaitement aiguisé, coupez les filets de dorade en lamelles aussi fines que possible et disposez-les au fur et à mesure en rosace sur un plat bien froid. Arrosez-les de jus de citron et disposez dessus les rondelles d'oignon. Mettez le plat au réfrigérateur pendant 2 heures.

Détaillez les tomates en tranches. Lavez la coriandre et le persil, puis ciselez-les.

Sortez le poisson du réfrigérateur, épongez-le et répartissez-le dans des assiettes bien froides. Arrosez avec la crème de coco et déposez à côté quelques tranches de tomate. Assaisonnez de sel, de poivre et d'un peu de mélange aux cinq baies. Parsemez d'herbes ciselées et servez aussitôt.

SALADE D'AVOCATS AU CRABE

POUR 4 PERSONNES
PRÉPARATION : **30 min**

- 15 cl de mayonnaise
- piment de Cayenne
- 250 g de crabe en boîte ou surgelé
- 2 avocats
- le jus de 1/2 citron
- baies roses
- 1/2 bouquet d'aneth
- sel, poivre

Mélangez la mayonnaise avec 1 pointe de piment de Cayenne.

Émiettez la chair de crabe en éliminant les cartilages.

Ouvrez les avocats, prélevez la pulpe à l'aide d'une cuillère, détaillez-la en cubes et citronnez-la ; salez et poivrez.

Mélangez la mayonnaise avec la chair de crabe, puis ajoutez délicatement les cubes d'avocat. Répartissez le tout dans des coupelles, parsemez de quelques baies roses écrasées.

Lavez puis essorez l'aneth et coupez-le aux ciseaux au-dessus des coupelles. Servez bien frais.

VARIANTE Si vous aimez les alliances sucrées/salées, ajoutez une pomme un peu acidulée (type granny ou boskoop) coupée en petits dés.

SALADE DE PÉTONCLES

POUR 4-6 PERSONNES
PRÉPARATION : **20 min**
CUISSON : **2 min**

- 2 échalotes
- 12 brins de ciboulette
- le jus de 1 citron
- 4 c. à soupe d'huile de noisette
- 300 g de laitue ou de feuille de chêne
- 2 à 2,5 kg de pétoncles
- 20 cl de vin blanc
- sel, poivre

Épluchez et hachez très finement les échalotes. Ciselez la ciboulette.

Dans un saladier, mélangez l'échalote, le jus de citron, la ciboulette et l'huile de noisette ; salez et poivrez.

Lavez la salade, épongez-la et réservez-la dans un torchon.

Lavez les pétoncles dans plusieurs bains d'eau froide en les remuant bien pour enlever tout le sable. Ouvrez-les au-dessus d'un saladier. Pour le faire plus facilement, vous pouvez auparavant les mettre dans un plat et placer celui-ci pendant 2 ou 3 minutes dans un four chaud : elles vont s'entrouvrir. Puis détachez les noix et le corail s'il y en a.

Filtrez l'eau des coquillages dans une passoire fine tapissée de papier absorbant et posée sur une casserole. Ajoutez le vin et portez à ébullition. Mettez alors les pétoncles et laissez frémir à peine 2 minutes. Égouttez-les aussitôt. Versez-les dans le saladier et mélangez-les avec la sauce.

Disposez les feuilles de salade verte sur les assiettes. Ajoutez les pétoncles avec leur sauce par-dessus et servez aussitôt.

VARIANTE **Remplacez les pétoncles par des coquilles Saint-Jacques.**

SALADE DE LANGOUSTINES AUX COURGETTES

POUR 4-6 PERSONNES
PRÉPARATION : 25 min
CUISSON : 3 min

- 12-18 langoustines
- 2 courgettes à peau fine
- 5 c. à soupe d'huile d'olive
- 50 g de trévise
- 24 olives noires
- 2 citrons
- 80 g de pousses de radis
- sel, poivre

Rincez les langoustines à l'eau, puis détachez les têtes. Pour décortiquer les langoustines sectionnez avec des ciseaux la membrane ventrale de la carapace. Gardez-les dans un saladier.

Lavez les courgettes puis détaillez-les en fines rondelles sans les éplucher. Mettez à chauffer 1 cuillerée à soupe d'huile dans une poêle et faites-y revenir les courgettes pendant 3 minutes à feu vif ; salez et poivrez. Égouttez les courgettes et épongez-les avec du papier absorbant.

Lavez la salade et essorez-la. Dénoyautez les olives.

Fouettez 4 cuillerées à soupe d'huile d'olive avec 3 cuillerées à soupe de jus de citron, salez et poivrez. Versez la moitié de cette vinaigrette sur les langoustines et mélangez. Assaisonnez la salade avec le reste de sauce.

Répartissez la salade dans les assiettes. Ajoutez les courgettes puis les langoustines et les olives. Parsemez de pousses de radis et servez.

CREUSET

CLASSIQUES ET INDÉMODABLES

POT-AU-FEU

POUR 6 PERSONNES
PRÉPARATION : 30 min
CUISSON : 4 h

- 500 g de plat de côtes
- 500 g de gîte
- 500 g de macreuse
- 1 oignon
- 4 clous de girofle
- 4 gousses d'ail
- 1 bouquet garni
- 6 à 8 grains de poivre
- 1 c. à soupe de gros sel
- 5 carottes
- 5 navets
- 3 panais
- 4 blancs de poireau
- 2 branches de céleri
- 4 os à moelle

Versez 2,5 litres d'eau froide dans un faitout. Mettez-y le plat de côtes, le gîte et la macreuse. Portez lentement à ébullition (en 10 minutes au moins) et faites cuire 1 heure en écumant souvent.

Épluchez l'oignon et piquez-le des clous de girofle. Épluchez et écrasez l'ail. Ajoutez-le dans la marmite avec le bouquet garni, les grains de poivre et le gros sel. Portez de nouveau à ébullition, écumez, puis baissez le feu et laissez mijoter 2 heures en écumant de temps en temps.

Pendant ce temps, épluchez, lavez tous les légumes et coupez-les en gros morceaux ; ajoutez-les dans le faitout. Poursuivez la cuisson pendant 30 minutes.

Enveloppez les os à moelle de mousseline, ajoutez-les et faites cuire encore 30 minutes. Passez régulièrement un papier absorbant à la surface du pot-au-feu pour le dégraisser.

Égouttez les viandes, les légumes et les os à moelle et disposez-les dans un grand plat creux chauffé.

Passez le bouillon dans une soupière. Arrosez le plat avec 2 ou 3 cuillerées à soupe de ce liquide.

Servez avec gros sel, cornichons, moutarde ainsi que pain grillé pour la moelle.

IDÉE DE PRÉSENTATION Vous pouvez présenter le pot-au-feu dans des cocottes individuelles.

N'hésitez pas à varier les morceaux, et utilisez par exemple de la joue de bœuf, particulièrement moelleuse. De même pour les légumes : ajoutez un morceau de potiron, des rutabagas ou des topinambours.

HACHIS PARMENTIER

POUR 4-6 PERSONNES
PRÉPARATION : 30 min
CUISSON : 35 min

- 800 g de pommes de terre
- 20 cl de bouillon de bœuf ou de pot-au-feu
- 600 g environ de bœuf bouilli ou braisé
- 2 oignons
- 3 échalotes
- 110 g de beurre
- 40 cl de lait
- 2 c. à soupe de crème fraîche
- chapelure
- sel, poivre

Épluchez les pommes de terre, coupez-les en morceaux et faites-les cuire 20 minutes à l'eau bouillante salée. Préparez le bouillon.

Pendant la cuisson des pommes de terre, hachez le bœuf, puis épluchez et hachez les oignons et les échalotes. Dans une casserole, mettez 20 g de beurre à fondre et faites-y revenir oignons et échalotes. Salez, poivrez, versez le bouillon, mélangez et laissez cuire 15 minutes à feu doux. Laissez tiédir, puis ajoutez le bœuf et mélangez.

Passez les pommes de terre au moulin à légumes ou écrasez-les au presse-purée. Ajoutez 50 g de beurre, le lait chaud et la crème. Assaisonnez la purée de sel et de poivre.

Préchauffez le four à 275 °C (therm. 9). Beurrez un plat à gratin.

Faites fondre le beurre restant (40 g). Étalez le hachis dans le plat, recouvrez-le avec la purée de pommes de terre. Parsemez le dessus de chapelure et arrosez de beurre fondu. Faites gratiner 15 minutes au four. Servez avec une salade verte.

VARIANTE Remplacez le bœuf par 4 cuisses de canard confit. Désossez-les et coupez la chair en morceaux. Pour changer, remplacez tout ou partie des pommes de terre par du potiron, des navets ou encore du céleri-rave.

STEAK TARTARE

POUR 4 PERSONNES
PRÉPARATION : 15 min

- 2 oignons
- 2 échalotes
- 700 g de tranche grasse ou de contre-filet ou de rumsteck
- piment de Cayenne
- Worcestershire sauce
- 4 jaunes d'œufs
- 4 c. à café de câpres
- quelques brins de persil
- ketchup, huile d'olive, moutarde, Tabasco® pour assaisonner
- sel, poivre

Épluchez et hachez les oignons et les échalotes.

Hachez la viande de bœuf, salez, poivrez, ajoutez 1 pointe de piment de Cayenne et quelques gouttes de Worcestershire sauce.

Façonnez la viande en 4 boules, disposez-en une sur chaque assiette et creusez le centre pour y déposer 1 jaune d'œuf cru.

Disposez autour de la viande 1 cuillerée à dessert rase d'oignon haché, 1 cuillerée à café de câpres égouttées, une grosse pincée de persil ciselé et de l'échalote hachée.

Servez avec du ketchup, de l'huile d'olive, de la moutarde, de la Worcestershire sauce et du Tabasco® afin que chacun puisse terminer l'accommodement à son goût.

VARIANTE Pour les réfractaires à la viande crue, proposez un tartare poêlé : mélangez la viande avec l'ensemble des condiments, formez une boule, aplatissez-la et faites cuire 1 minute sur chaque face.

JOUES DE PORC AU CIDRE

POUR 4 PERSONNES
PRÉPARATION : 20 min
CUISSON : 1 h 40

- 1 oignon
- 2 gousses d'ail
- 2 carottes
- 2 c. à soupe d'huile d'olive
- 10 joues de porc
- 1 orange bio ou non traitée
- 1 bouquet garni
- 1 bouteille de cidre
- 30 cl de bouillon de volaille
- sel, poivre

Pelez l'oignon et les gousses d'ail, puis émincez-les. Épluchez les carottes, lavez-les et coupez-les en rondelles.

Dans une cocotte, mettez à chauffer 1 cuillerée à soupe d'huile d'olive et faites-y dorer les joues de porc sur toutes leurs faces. Retirez-les de la cocotte et réservez dans une assiette.

Dans la cocotte, faites revenir les oignons avec l'huile restante. Ajoutez les carottes et mélangez. Remettez les joues de porc dans la cocotte, ajoutez l'ail.

Lavez l'orange et râpez son zeste au-dessus de la préparation ; salez et poivrez. Ajoutez le bouquet garni dans la cocotte, puis versez le cidre et le bouillon de volaille. Couvrez et laissez mijoter tout doucement pendant environ 1 h 30.

Servez avec une purée de céleri, des tagliatelles ou des petites pommes de terre vapeur.

VARIANTE Le cidre peut être remplacé par la même quantité de bière ou de bouillon de volaille.

CONSEIL Vous pouvez également faire cuire ce plat à four doux (120 °C, soit therm. 4), dans une cocotte en fonte ou en terre cuite, pendant environ 1 h 30. On obtient ainsi une cuisson plus régulière et on évite le risque de trop cuire les joues de porc.

BŒUF BOURGUIGNON

POUR 4-6 PERSONNES
PRÉPARATION : 45 min
CUISSON : 2 h 40 environ

- 1,2 kg de bœuf à braiser
- 2 carottes
- 2 gros oignons
- 1 gousse d'ail
- 2 c. à soupe d'huile
- 150 g de lardons tout prêts
- 2 c. à soupe de farine
- 50 cl de fond de veau
- 60 cl de vin rouge de Bourgogne
- 1 bouquet garni
- 200 g de champignons de Paris
- 20 g de beurre
- sel, poivre

Coupez le bœuf en morceaux de 5 cm de côté environ.

Épluchez les carottes, les oignons et l'ail. Coupez les carottes et les oignons en rondelles. Écrasez l'ail.

Mettez à chauffer l'huile dans une cocotte et faites-y revenir les lardons puis retirez-les.

Mettez les morceaux de bœuf dans la cocotte et faites-les dorer sur toutes les faces. Ajoutez les carottes et les oignons, faites-les revenir doucement pendant 2 ou 3 minutes ; salez et poivrez. Égouttez tout, jetez la graisse de la cocotte et remettez la viande, les carottes et les oignons. Saupoudrez de farine, mélangez et laissez dorer encore 1 ou 2 minutes.

Versez le fond de veau ainsi que le vin dans la cocotte. Ajoutez l'ail écrasé, le bouquet garni, mélangez et faites cuire à couvert, tout doucement, de 2 h 15 à 2 h 30.

Pendant ce temps, nettoyez les champignons, coupez-les en morceaux et faites-les cuire 10 minutes dans 20 g de beurre.

Sortez les morceaux de bœuf, mettez-les dans un plat de service creux.

Dégraissez et faites éventuellement réduire le liquide de cuisson, puis passez-le. Remettez-le dans une casserole, ajoutez-y les lardons et les champignons poêlés. Goûtez et rectifiez l'assaisonnement. Réchauffez et versez sur le bœuf. Servez aussitôt.

BON À SAVOIR

En Bourgogne, on déguste ce plat avec des croûtons à l'ail.

BŒUF STROGANOV

POUR 4-6 PERSONNES
PRÉPARATION : 15 min
MARINADE : 12 h
CUISSON : 15 min environ

- 800 g de filet de bœuf
- 4 oignons
- 3 échalotes
- 1 grosse carotte
- 1 feuille de laurier
- 1 brin de thym
- 75 cl de vin blanc
- 200 g de champignons de Paris
- 80 g de beurre
- 1 verre à liqueur de cognac
- 15 cl de crème fraîche épaisse
- sel, poivre

Coupez le filet de bœuf en lamelles de 2,5 cm de long ; salez et poivrez.

Pelez et hachez les oignons et les échalotes, épluchez la carotte et coupez-la en petits dés. Mettez ces légumes dans une terrine. Ajoutez les lamelles de filet, le laurier et le thym émiettés. Versez le vin blanc. Laissez mariner au moins 12 heures au frais, à couvert, en remuant la viande de temps en temps.

Nettoyez les champignons et coupez-les en lamelles.

Égouttez et épongez la viande. Faites réduire la marinade de moitié et passez-la.

Dans une sauteuse, faites dorer les champignons avec 30 g de beurre, puis égouttez-les et gardez-les au chaud.

Jetez la graisse, essuyez la sauteuse. Mettez-y à chauffer les 50 g de beurre restants, ajoutez la viande et faites-la sauter 5 minutes à feu vif, en la retournant sans arrêt pour qu'elle ne brûle pas.

Chauffez le cognac, versez-le dans la sauteuse et flambez. Mélangez puis, à l'aide d'une écumoire, sortez la viande et disposez-la dans le plat de service. Gardez au chaud.

Mettez les champignons dans la sauteuse, ajoutez la marinade et la crème fraîche. Remuez à feu vif pour faire épaissir la sauce, rectifiez l'assaisonnement et nappez la viande. Servez très chaud.

GOULACHE

POUR 6 PERSONNES
PRÉPARATION : 20 min
CUISSON : 2 h 30 environ

- 3 oignons
- 500 g de tomates
- 1 gousse d'ail
- 1,2 kg de paleron
- 4 c. à soupe d'huile d'arachide
- 1 bouquet garni
- 1 c. à dessert de paprika
- 50 cl de bouillon de bœuf
- 750 g de pommes de terre
- sel, poivre

Pelez les oignons et coupez-les en rondelles. Plongez les tomates pendant 20 secondes dans de l'eau bouillante, puis rafraîchissez-les à l'eau froide. Pelez-les, épépinez-les puis concassez la pulpe. Pelez l'ail et écrasez-le.

Coupez le paleron en très gros morceaux.

Faites chauffer l'huile dans une cocotte, mettez-y la viande et les oignons et faites-les dorer. Ajoutez les tomates, l'ail écrasé, le bouquet garni, du sel, du poivre et le paprika. Mélangez bien. Versez le bouillon à hauteur de la viande, portez à ébullition, puis réduisez le feu et laissez cuire pendant 2 heures tout doucement, à couvert.

Épluchez les pommes de terre et coupez-les en quartiers. Ajoutez-les dans la cocotte avec 20 cl d'eau bouillante. Portez de nouveau à ébullition et maintenez celle-ci jusqu'à ce que les légumes soient cuits.

Goûtez et rectifiez l'assaisonnement. Versez dans un plat et servez très chaud.

CONSEIL Vous pouvez aussi cuire les pommes de terre à la vapeur et les servir à part. Dans ce cas, n'ajoutez pas d'eau durant la cuisson du goulache.

BAEKENOFE

POUR 6-8 PERSONNES
MARINADE : 12 h
PRÉPARATION : 20 min
CUISSON : 4 h

- 500 g d'épaule de mouton
- 500 g d'épaule de porc
- 500 g de bœuf à braiser (gîte ou paleron)
- 5 gros oignons
- 3 clous de girofle
- 2 gousses d'ail
- 50 cl de vin blanc d'Alsace
- 1 bouquet garni
- 200 g de farine
- 1 kg de pommes de terre
- 30 g de saindoux
- sel, poivre

La veille. Coupez les viandes en gros cubes. Épluchez 2 oignons, piquez-en un avec des clous de girofle et coupez l'autre en fines rondelles. Épluchez et écrasez l'ail. Mettez tous ces ingrédients dans un plat creux avec le vin, le bouquet garni, un peu de sel et du poivre. Faites mariner pendant 12 heures.

Le jour même. Versez la farine dans un bol, ajoutez 10 cl d'eau et mélangez pour obtenir une pâte lisse.

Préchauffez le four à 160 °C (therm. 5). Épluchez et coupez en rondelles les pommes de terre et 3 oignons.

Graissez une cocotte avec le saindoux, puis mettez-y une couche de pommes de terre, une couche de viandes mélangées, une couche d'oignons et recommencez jusqu'à épuisement des ingrédients. Salez et poivrez chaque couche au fur et à mesure que vous les empilez. Terminez par une couche de pommes de terre.

Retirez le bouquet garni et l'oignon piqué de girofle de la marinade, puis versez celle-ci dans la cocotte. Le liquide doit affleurer la dernière couche ; sinon, ajoutez un peu d'eau.

Roulez la pâte à la farine en un boudin. Posez le couvercle sur la cocotte et soudez-le avec le ruban de pâte (il s'agit d'empêcher la vapeur de s'échapper pendant la cuisson).

Faites cuire 4 heures au four. Servez dans le plat de cuisson.

Servez le baekenofe avec une belle salade verte, et terminez le repas avec une salade de fruits frais.

PIEDS DE PORC À LA SAINTE-MENEHOULD

POUR 4 PERSONNES
PRÉPARATION : 15 min
CUISSON : 8-10 min

- 150 g de farine
- 1 œuf
- 1 c. à soupe d'huile
- 150 g environ de panure ou de chapelure
- 2 pieds de porc cuits
- 30 g de beurre
- sel, poivre

Prenez trois assiettes creuses : versez la farine dans la première ; battez l'œuf et l'huile avec un peu de sel et de poivre dans la deuxième ; versez la panure dans la troisième.

Coupez les pieds de porc en deux dans la longueur. Passez-les d'abord dans la farine, puis dans l'œuf battu et ensuite dans la panure ; veillez à ce que la couche de panure soit bien épaisse.

Préchauffez le gril du four.

Faites fondre le beurre et badigeonnez-en les pieds avec un pinceau.

Tapissez un plat à gratin de papier sulfurisé. Posez les pieds de porc dedans et enfournez-les à 20 cm de la résistance. Faites-les griller doucement de 8 à 10 minutes en les retournant plusieurs fois.

Servez brûlant, avec de la moutarde.

GARBURE

POUR 8 PERSONNES
TREMPAGE : 12 h
PRÉPARATION : 40 min
CUISSON : 2 h environ

- 1 talon de jambon de Bayonne
- 300 g de haricots blancs secs
- 200 g de fèves fraîches ou surgelées
- 500 g de pommes de terre
- 2 carottes
- 2 navets
- 2 échalotes
- 3 gousses d'ail
- 2 blancs de poireau
- 1 branche de céleri
- 1/4 de chou vert
- 2 saucisses de Toulouse
- 3 cuisses de canard confit
- 1 bouquet garni
- 2 l de bouillon de volaille
- 20 cl de vin blanc sec
- 6 à 8 tranches de pain de campagne
- 1 c. à soupe de persil haché
- sel, poivre

La veille. Mettez le jambon à tremper dans de l'eau froide avec les haricots pendant une nuit.

Le jour même. Plongez le jambon dans de l'eau bouillante pendant 10 minutes. Écossez les fèves puis retirez la peau blanche qui entoure chaque graine. Si vous les employez surgelées, faites-les décongeler.

Épluchez les pommes de terre, les carottes et les navets ; coupez-les en petits morceaux. Pelez et hachez les échalotes et 2 gousses d'ail. Émincez finement les blancs de poireau et le céleri. Détaillez en lanières les feuilles de chou.

Préchauffez le four à 220 °C (therm. 7). Mettez les saucisses et le confit de canard dans un plat à rôtir et faites-les dorer au four pendant 15 minutes. Égouttez-les, dégraissez-les et coupez-les en gros morceaux. Réservez-les.

Mettez le jambon, les haricots et le bouquet garni dans une marmite. Versez le bouillon de volaille (ou de l'eau), portez à ébullition et faites cuire pendant 45 minutes.

Déglacez le plat à rôtir avec le vin blanc sec, puis versez ce jus dans la marmite.

Dans une sauteuse, faites revenir les échalotes, les carottes, les navets, les poireaux et le céleri avec un peu de graisse de confit pendant 5 minutes. Salez, poivrez puis mettez le tout dans la marmite et laissez mijoter 30 minutes.

Faites blanchir le chou en le plongeant pendant 5 à 8 minutes dans de l'eau bouillante salée, sans couvrir. Ajoutez-le dans la marmite ainsi que les pommes de terre. Laissez mijoter encore 30 minutes.

Ajoutez les fèves fraîches et poursuivez la cuisson pendant 5 minutes. Rectifiez l'assaisonnement et ôtez le bouquet garni.

Frottez les tranches de pain préalablement grillées avec l'ail.

Découpez le talon de jambon en tranches de 1 cm d'épaisseur et mettez-les dans la soupière avec les morceaux de saucisse et de confit. Versez par-dessus le bouillon très chaud et ses légumes, parsemez de persil haché, portez à ébullition et rectifiez l'assaisonnement en donnant quelques tours de moulin à poivre. Servez bien chaud, avec les croûtons à l'ail.

QUICHE LORRAINE

POUR 4-6 PERSONNES • PRÉPARATION : 25 min • REPOS DE LA PÂTE : 30 min • CUISSON : 45-50 min

200 g de lardons fumés • 5 œufs • 40 cl de crème fraîche • sel, poivre, muscade • **POUR LA PÂTE BRISÉE** 150 g de beurre mou • 225 g de farine tamisée • 2 pincées de sel • 8 c. à soupe d'eau froide

1 Préparez la pâte brisée. Coupez le beurre en très petits morceaux. Versez la farine dans un saladier, creusez un puits au milieu et ajoutez le sel puis le beurre.

2 Assemblez rapidement les ingrédients en effritant le mélange du bout des doigts. Versez juste assez d'eau (1 cuillerée à soupe à la fois) pour amalgamer l'ensemble, puis travaillez rapidement la pâte jusqu'à ce qu'elle soit bien souple.

3 Étalez la pâte sur le plan de travail fariné en l'écrasant et en la repoussant avec la paume de la main, mais sans trop la pétrir. Rassemblez-la, formez une boule et aplatissez-la.

4 Enveloppez la pâte de film alimentaire et laissez-la reposer 30 minutes au réfrigérateur.

5 Préchauffez le four à 200 °C (therm. 6-7). Tapissez de papier sulfurisé une moule à tarte de 26 cm de diamètre. Étalez la pâte sur 4 mm d'épaisseur et foncez-en le moule. Piquez le fond avec une fourchette.

6 Tapissez le fond de pâte de papier sulfurisé, mettez-y des légumes secs. Faites précuire la pâte pendant 10 minutes. Laissez refroidir.

7 Faites rissoler les lardons très légèrement dans une poêle antiadhésive, puis égouttez-les.

8 Répartissez les lardons sur le fond de pâte.

9 Battez les œufs en omelette avec la crème fraîche. Salez et poivrez le mélange, râpez un peu de muscade.

10 Versez le mélange aux œufs sur les lardons. Enfournez pour 35 à 40 minutes.

11 Servez la quiche chaude, avec de la salade verte par exemple.

TOMATES FARCIES

POUR 4 PERSONNES
PRÉPARATION : 20 min
CUISSON : 30-40 min

- 4 grosses tomates
- 1/2 oignon
- 1/2 gousse d'ail
- 20 g de persil
- 20 g de beurre
- 150 g de chair à saucisse fine
- 20 g de mie de pain fraîche
- 2 c. à soupe d'huile d'arachide
- sel, poivre

Choisissez des tomates mûres, mais fermes, de forme régulière. Coupez un chapeau dans chaque tomate du côté du pédoncule. Creusez les tomates à la petite cuillère. Salez légèrement l'intérieur des tomates, puis retournez-les sur une grille pour qu'elles s'égouttent.

Épluchez et hachez l'oignon et l'ail, hachez le persil.

Mettez le beurre à fondre dans une casserole et faites-y dorer l'oignon. Puis mélangez-le bien avec la chair à saucisse, la mie de pain émiettée, le persil, l'ail, du sel et du poivre. Travaillez la farce pour la rendre bien homogène.

Préchauffez le four à 220 °C (therm. 7-8).

À l'aide d'une petite cuillère, remplissez les tomates de farce en formant un dôme et replacez les chapeaux. Disposez-les côte à côte dans un plat à gratin huilé. Arrosez d'huile, enfournez et faites cuire pendant 30 à 40 minutes. Servez très chaud.

VARIANTE Pour varier les saveurs, remplacez une partie de la chair à saucisse par 50 g de viande de veau ou d'agneau hachée et ajoutez 1 œuf entier.

ENDIVES AU JAMBON

POUR 4 PERSONNES
PRÉPARATION : 30 min
CUISSON : 30 min environ

- 4 endives
- 90 g de beurre
- 30 g de farine
- 50 cl de lait
- 60 g de fromage râpé
- 4 tranches de jambon blanc
- sel, poivre, muscade

Choisissez des endives bien blanches et bien fermées. Éliminez les premières feuilles abîmées et coupez le trognon.

Mettez à chauffer 30 g de beurre dans une poêle et faites-y cuire les endives à l'étuvée.

Dans une casserole, mettez à fondre 30 g de beurre. Ajoutez la farine et remuez vivement pour obtenir un mélange lisse. Laissez cuire 2 minutes, sans laisser colorer. Ôtez la casserole du feu et versez le lait froid d'un seul coup, en fouettant pour empêcher la formation de grumeaux. Remettez la béchamel sur le feu et laissez-la cuire de 10 à 12 minutes pour la faire épaissir. Salez, poivrez, râpez une bonne pincée de noix de muscade et ajoutez 30 g de fromage râpé. Mélangez bien.

Préchauffez le four à 275 °C (therm. 9). Beurrez un plat à gratin.

Égouttez les endives, enroulez chacune d'elles dans une tranche de jambon. Rangez-les côte à côte dans le plat et nappez-les de béchamel.

Parsemez du reste de fromage râpé et du reste de beurre (30 g) en noisettes. Mettez au four pendant 15 minutes environ. Servez très chaud.

VARIANTE Pour changer de la béchamel traditionnelle, remplacez le lait par 25 cl de bouillon, 20 cl de lait de soja et 1 cuillerée à soupe de purée d'amande ou de noisette (disponible dans les magasins bio).

CHOU FARCI À LA VOLAILLE ET AUX OLIVES

POUR 6-8 PERSONNES
PRÉPARATION : 40 min
CUISSON : 2 h

- 3 blancs de poulet
- 20 cl de crème fraîche liquide
- 2 œufs
- 100 g d'olives vertes dénoyautées
- 20 g de pistaches mondées
- 1 petit chou vert
- 4 l de bouillon de pot au feu, maison ou à base de tablette
- sel, poivre
- huile de noix ou d'olive ou sauce à la tomate pour servir

Coupez les blancs de poulet en morceaux. Mixez-les avec la crème fraîche. Ajoutez les œufs, les olives et les pistaches ; salez et poivrez. Mixez de nouveau afin d'obtenir une farce fine et homogène.

Coupez l'extrémité du trognon du chou sans détacher les feuilles. Écartez et lavez les feuilles à grande eau. Prélevez le tout petit cœur, lavez-le et hachez-le, puis incorporez à la farce.

Portez le bouillon à frémissement dans un faitout. Garnissez le centre du chou avec la farce de volaille. Reformez le chou en rabattant les feuilles, enveloppez-le dans un linge et ficelez. Plongez le chou dans le bouillon ; si la marmite est profonde et étroite, vous pouvez poser une cuillère en bois en travers du bord et y fixer le nouet contenant le chou pour éviter que ce dernier ne s'écrase au fond. Faites cuire pendant 2 heures à petits frémissements.

Égouttez le chou, découpez-le en tranches épaisses. Dégustez-le bien chaud, arrosé d'un filet d'huile de noix ou d'olive, d'une sauce à la tomate ou accompagné d'une salade de tomates aux herbes.

VARIANTES À la place de la farce de volaille, vous pouvez utiliser de la chair à saucisse ou de la farce de poisson.

Pour réussir le chou farci

1 Assurez-vous que la crème est très froide avant de mixer les éléments de la farce. Celle-ci sera ainsi bien onctueuse.

2 Au moment de remplir le chou, tassez bien la farce pour qu'il n'y ait pas de poches d'air.

3 Le linge, préalablement mouillé, doit être noué bien serré pour empêcher l'eau de pénétrer à l'intérieur du chou.

3

PETIT SALÉ AUX LENTILLES

POUR 4 PERSONNES
PRÉPARATION : **20 min**
DESSALAGE : **2 h**
CUISSON : **2 h 30**

- 600 g de palette fraîche au sel
- 400 g de poitrine fraîche salée
- 2 carottes
- 1 oignon
- 4 saucisses de Montbéliard
- 350 g de lentilles vertes
- 1 feuille de laurier
- 1 branche de thym
- sel, poivre

Mettez les viandes à dessaler dans un récipient d'eau froide pendant 2 heures en changeant d'eau régulièrement.

Égouttez les viandes, mettez-les dans une grande casserole avec 1 carotte et l'oignon coupé en deux. Couvrez d'eau froide, portez à ébullition, puis faites cuire 1 h 30 à feu moyen en écumant la surface régulièrement. Ajoutez les saucisses que vous aurez piquées en plusieurs endroits, laissez cuire encore 30 minutes.

Pendant la cuisson des viandes, commencez à préparer les lentilles. Rincez-les, mettez-les dans une casserole avec un grand volume d'eau froide, l'autre carotte coupée en deux, le laurier et le thym. Portez à ébullition puis laissez cuire 30 minutes à feu moyen ; assaisonnez en fin de cuisson.

Égouttez les viandes et coupez-les en morceaux. Ajoutez-les aux lentilles et faites mijoter le tout encore 30 minutes à feu doux avant de déguster.

CONSEIL **Accompagnez le petit salé avec différentes variétés de moutarde : à l'ancienne, parfumée, etc. Vous pouvez ajouter de l'échine de porc dans le petit salé.**

STAUB

CHOUCROUTE

POUR 6-8 PERSONNES
PRÉPARATION : **20 min**
CUISSON : **2 h 30**

- 2 kg de choucroute crue
- 2 clous de girofle
- 1 c. à café de poivre en grains
- 1 c. à dessert de baies de genièvre
- 1 bouquet garni
- 2 oignons
- 2 gousses d'ail
- 100 g de graisse d'oie
- 1 verre de vin blanc
- 1 palette de porc moyenne fumée
- 700 g de poitrine fumée
- 1,2 kg de pommes de terre
- 6 à 8 saucisses de Strasbourg
- sel

Lavez la choucroute dans plusieurs eaux jusqu'à ce que la dernière eau soit claire. Égouttez-la et pressez-la bien entre les mains pour l'essorer. Mettez-la dans un torchon et séchez-la. Démêlez-la ensuite en la soulevant plusieurs fois avec les mains.

Préchauffez le four à 190 °C (therm. 6).

Faites infuser les clous de girofle, le poivre, le genièvre et le bouquet garni dans 20 cl d'eau bouillante pendant 5 minutes, puis filtrer.

Pelez et hachez les oignons. Pelez les gousses d'ail.

Dans un grand faitout, faites fondre la graisse d'oie et faites-y revenir les oignons. Ajoutez la choucroute, l'ail, versez l'infusion aux aromates et le vin blanc. Couvrez, portez à ébullition sur le feu, puis faites cuire au four pendant 1 h 30.

Sortez le faitout du four et ajoutez la palette de porc et la poitrine fumée en les enfouissant sous la choucroute. Faites cuire pendant 30 minutes.

Épluchez les pommes de terre.

Retirez la poitrine fumée du faitout et ajoutez les pommes de terre. Laissez cuire encore 30 minutes. Environ 5 minutes avant la fin de la cuisson, ajoutez les saucisses de Strasbourg et remettez la poitrine fumée pour la réchauffer.

Dressez la choucroute dans un plat. Coupez les viandes en tranches régulières et disposez-les dessus. Ajoutez les saucisses et les pommes de terre. Servez aussitôt.

CASSOULET

POUR 8 PERSONNES
PRÉPARATION : 40 min
TREMPAGE : 2 h
CUISSON : 3 h 30 environ

- 1 kg de haricots blancs
- 200 g de couennes
- 1 carotte
- 5 gousses d'ail
- 4 oignons
- 1 clou de girofle
- 300 g de lard de poitrine
- 2 bouquets garnis
- 750 g d'échine de porc
- 500 g de poitrine d'agneau désossée
- 100 g de graisse d'oie
- 30 cl de bouillon de bœuf du commerce
- 1 saucisson à l'ail
- 4 portions de confit d'oie ou de canard
- 40 cm de saucisse fraîche pur porc
- chapelure
- gros sel, poivre

Faites tremper les haricots blancs pendant 2 heures.

Coupez les couennes en morceaux et ficelez-les en paquets. Épluchez la carotte, l'ail et les oignons. Piquez 1 oignon avec le clou de girofle. Coupez la carotte et le lard en morceaux.

Mettez les haricots dans une cocotte avec le lard, les couennes, la carotte, l'oignon piqué, 3 gousses d'ail et 1 bouquet garni. Recouvrez d'eau et faites cuire 1 heure à très faible ébullition et à couvert. Salez à mi-cuisson.

Coupez l'échine de porc et la poitrine d'agneau en gros morceaux. Mettez à fondre 50 g de graisse d'oie et faites revenir ceux-ci 10 minutes dans une sauteuse, salez et poivrez.

Hachez les 3 oignons restants, écrasez 2 gousses d'ail et ajoutez-les dans la sauteuse avec le second bouquet garni. Versez un peu de bouillon et faites cuire pendant 40 minutes à couvert en rajoutant du bouillon de temps en temps.

Les haricots étant presque cuits, retirez de la cocotte les légumes de garniture et le bouquet garni, ajoutez le porc et l'agneau, le saucisson à l'ail, le confit d'oie ou de canard et la saucisse. Faites mijoter doucement pendant 1 heure.

Préchauffez le four à 160 °C (therm. 5).

Égouttez toutes les viandes. Coupez l'agneau, le porc et l'oie en morceaux de même taille, les couennes en rectangles, le saucisson en tranches (enlevez la peau) et la saucisse en petits tronçons.

Tapissez un grand plat creux en terre avec une partie des couennes. Mettez une couche de haricots, puis une couche des différentes viandes et leur sauce. Recouvrez de haricots et achevez de remplir le plat, en alternant et en assaisonnant chaque couche d'un peu de poivre juste moulu.

Sur la dernière couche de haricots, placez les morceaux de lard et de couennes, ainsi que quelques tranches de saucisson. Saupoudrez de chapelure, arrosez de 50 g de graisse d'oie.

Faites cuire doucement au four pendant 1 h 30 environ. Lorsqu'une croûte se forme, cassez-la, enfoncez-la et laissez-la se reconstituer. Servez le cassoulet dans le plat de cuisson.

GIGOT DE SEPT HEURES

POUR 6 PERSONNES
PRÉPARATION : 15 min
CUISSON : 7 h

- 2 carottes
- 1 branche de céleri
- 2 tomates
- 2 oignons
- 1 tête d'ail
- 1 c. à soupe d'huile d'olive
- 1 gigot d'agneau raccourci de 1,6 kg
- 1 bouquet garni
- 25 cl de bouillon de volaille
- 20 cl de vin blanc
- sel, poivre

Préchauffez le four à 110 °C (therm. 3-4).

Épluchez les carottes, lavez-les et coupez-les en rondelles. Lavez la branche de céleri et détaillez-la en tronçons. Rincez les tomates et coupez-les en quartiers. Pelez et émincez les oignons. Détachez les gousses d'ail ; gardez-les entières et non pelées.

Dans une cocotte allant au four, mettez à chauffer l'huile d'olive et faites-y dorer le gigot sur toutes ses faces.

Ajoutez les légumes, le bouquet garni, les gousses d'ail et les oignons émincés. Salez, poivrez, puis versez le bouillon et le vin blanc.

Couvrez la cocotte et enfournez-la pour environ 7 heures en arrosant régulièrement le gigot durant la cuisson. Le gigot est prêt à être dégusté lorsqu'il est bien confit ; il peut alors se manger « à la cuillère ».

Servez ce gigot avec une écrasée de pommes de terre, par exemple.

VARIANTE Pour changer, remplacez le vin par du bouillon ou de l'eau. Vous pouvez également ajouter quelques graines de coriandre concassées et un citron coupé en quartiers.

NAVARIN D'AGNEAU

POUR 4-6 PERSONNES
PRÉPARATION : 25 min
CUISSON : 1 h environ

- 600 g d'épaule d'agneau
- 600 g de collier d'agneau
- 2 tomates
- 2 gousses d'ail
- 2 c. à soupe d'huile d'arachide
- 1 c. à soupe de farine
- 1 bouquet garni
- 2 bottes de carottes nouvelles
- 200 g de navets nouveaux
- 1 botte de petits oignons blancs
- 300 g de haricots verts
- 300 g de petits pois frais
- 25 g de beurre
- sel, poivre, muscade

Coupez l'épaule d'agneau en gros morceaux, et le collier en tranches.

Plongez les tomates pendant 20 secondes dans de l'eau bouillante, puis rafraîchissez-les à l'eau froide. Pelez-les, épépinez-les et concassez-les. Pelez et hachez l'ail.

Faites chauffer l'huile dans une grande cocotte et dorez les morceaux d'agneau. Égouttez-les sur un papier absorbant et jetez la graisse.

Remettez la viande dans le récipient, poudrez de farine et faites cuire 3 minutes en remuant. Salez, poivrez et râpez de la muscade. Ajoutez tomates, ail et bouquet garni dans la cocotte ainsi qu'un peu d'eau pour que la viande soit mouillée jusqu'à sa hauteur. Dès l'ébullition, couvrez et laissez mijoter 35 minutes.

Grattez les carottes et les navets, épluchez les oignons, effilez les haricots verts, écossez les petits pois. Mettez le beurre à fondre dans une sauteuse et faites-y juste dorer carottes, oignons et navets.

Faites cuire les haricots verts à la vapeur pendant 7 ou 8 minutes.

Mettez dans la cocotte les carottes, les navets, les oignons et les petits pois, mélangez. Poursuivez doucement la cuisson, à couvert, pendant 20 à 25 minutes. Ajoutez les haricots verts 5 minutes avant de servir et mélangez délicatement. Servez très chaud, dans la cocotte.

STAUB
STAUB

BLANQUETTE DE VEAU

POUR 4-6 PERSONNES • PRÉPARATION : 20 min • CUISSON : 1 h 10 environ

800 g à 1 kg de collier ou de tendron de veau • 1 branche de céleri • 1 carotte • 1 blanc de poireau • 1 oignon • 1 clou de girofle • 200 g de champignons de Paris • 1 bouquet garni • 2 l de fond blanc de veau ou d'eau • 30 g de beurre • 30 g de farine • 1 jaune d'œuf • 10 cl de crème fraîche • le jus de 1/2 citron

1 Épluchez tous les légumes. Coupez le céleri, la carotte, et le poireau en gros morceaux. Piquez l'oignon avec le clou de girofle. Coupez la viande en gros morceaux.

2 Mettez les légumes dans une grande cocotte avec la viande, les champignons et le bouquet garni. Versez le fond de veau ou l'eau, salez.

3 Faites cuire pendant 1 heure à feu doux en écumant souvent.

4 Égouttez les morceaux de viande et gardez-les au chaud.

5 Passez le liquide de cuisson.

6 Faites fondre le beurre dans une casserole à fond épais, sans le laisser colorer.

7 Ajoutez peu à peu la farine tout en remuant. Faites cuire quelques instants. Vous obtenez un roux.

8 Délayez le roux avec le liquide de cuisson en fouettant. Portez à ébullition, puis laissez cuire 10 minutes.

9 Dans un bol, mélangez le jaune d'œuf et la crème avec quelques cuillerées de sauce.

10 Hors du feu, versez le contenu du bol dans la cocotte et mélangez. Vérifiez l'assaisonnement et ajoutez le jus de citron.

11 Remettez la viande dans la sauce. Gardez au chaud sans bouillir jusqu'au moment de servir. Servez la blanquette avec des tagliatelles ou du riz nature.

OSSO-BUCO À LA MILANAISE

POUR 4-6 PERSONNES
PRÉPARATION : 15 min
CUISSON : 1 h 15 environ

- 500 g de tomates
- 2 oignons
- 1 gousse d'ail
- 1 branche de céleri
- 5 c. à soupe d'huile d'olive
- 2 c. à soupe de farine
- 4 ou 6 tranches de jarret de veau de 200 g (avec l'os)
- 1 feuille de laurier
- 20 cl de vin blanc sec
- 1,5 l de bouillon de légumes ou de viande
- 1/2 bouquet de persil plat
- 1 brin de romarin

Plongez les tomates pendant 20 secondes dans de l'eau bouillante, puis rafraîchissez-les à l'eau froide. Pelez-les, épépinez-les, puis coupez-les en morceaux.

Préchauffez le four à 200 °C (therm. 6-7).

Pelez et hachez les oignons et l'ail. Émincez finement le céleri. Mettez à chauffer l'huile dans une cocotte et faites-y bien dorer ces légumes.

Farinez légèrement les tranches de jarret et dorez-les aussi, de chaque côté. Ajoutez le laurier et le vin blanc. Laissez réduire d'un tiers environ, puis ajoutez les tomates. Faites cuire pendant quelques minutes puis versez le bouillon. Quand celui-ci bout, glissez la cocotte au four pour 1 heure.

Hachez les feuilles de persil et mélangez-les avec le romarin effeuillé.

Disposez les tranches d'osso-buco dans un plat. Passez le fond de cuisson, ajoutez le hachis d'herbes et faites réduire de moitié.

Servez l'osso-buco avec un risotto par exemple.

SAUTÉ DE VEAU MARENGO

POUR 6 PERSONNES
PRÉPARATION : 30 min
CUISSON : 1 h environ

- 5 grosses tomates
- 2 oignons
- 1 gousse d'ail
- 1,5 kg d'épaule de veau
- 90 g de beurre
- 2 c. à soupe d'huile
- 1 c. à soupe de farine
- 20 cl de vin blanc
- 1 bouquet garni
- 24 petits oignons
- 1,5 c. à café de sucre
- 150 g de champignons de Paris
- 150 g de croûtons
- 1 c. à soupe de persil ciselé
- sel, poivre

Plongez les tomates pendant 20 secondes dans de l'eau bouillante, puis rafraîchissez-les à l'eau froide. Pelez-les, épépinez-les, puis coupez-les en morceaux.

Pelez et hachez les oignons, pelez et écrasez l'ail. Coupez l'épaule de veau en morceaux de 80 g environ, salez et poivrez.

Dans une cocotte, faites chauffer 30 g de beurre, l'huile et mettez-y à dorer la viande. Ajoutez les oignons et faites-les aussi rissoler. Saupoudrez de farine, mélangez et faites cuire 3 minutes.

Versez le vin blanc en grattant le fond de la cocotte avec une cuillère en bois. Ajoutez les tomates, le bouquet garni et l'ail, salez et poivrez. Versez 30 cl d'eau chaude (elle ne doit pas recouvrir la viande), portez à ébullition, puis laissez mijoter 45 minutes à couvert.

Pendant ce temps, épluchez les petits oignons et plongez-les dans de l'eau bouillante pendant 1 minute, puis égouttez-les. Dans une petite casserole, faites fondre 40 g de beurre, versez les oignons, couvrez d'eau juste à hauteur, ajoutez le sucre et 2 pincées de sel. Faites cuire doucement de 10 à 15 minutes en laissant le liquide s'évaporer jusqu'à ce que la consistance soit sirupeuse. Roulez bien les oignons dans ce liquide. Ôtez du feu quand les oignons sont dorés et brillants.

Coupez les champignons en lamelles et faites-les sauter dans 20 g de beurre. Ajoutez-les dans la cocotte environ 5 minutes avant la fin de la cuisson de la viande.

Mettez le sauté de veau dans un plat creux chauffé et parsemez de persil. Décorez avec les oignons glacés et les petits croûtons.

POULET RÔTI

POUR 4 PERSONNES
PRÉPARATION : 10 min
CUISSON : 1 h environ

- 1 poulet de 1,3 kg environ
- 1 c. à soupe d'huile d'arachide
- 20 g de beurre
- sel, poivre

Préchauffez le four à 200 °C (therm. 6-7).

Salez et poivrez le poulet à l'intérieur et ficelez-le. Mettez-le dans un plat à rôtir, badigeonnez-le d'huile et ajoutez 10 g de beurre environ sur chaque cuisse. Salez, poivrez et mettez au four.

Au bout de 10 à 15 minutes, ajoutez un verre d'eau chaude dans le plat. Faites cuire le poulet pendant 45 minutes en l'arrosant de temps en temps avec son jus de cuisson. Retournez-le à mi-cuisson pour le faire dorer uniformément.

Éteignez le four, posez une feuille d'aluminium sur le poulet et laissez-le reposer 10 minutes.

Découpez le poulet puis recueillez le jus qui en sort et ajoutez-le dans le plat de cuisson. Mettez celui-ci sur le feu, ajoutez 1 ou 2 cuillerées d'eau et grattez bien les sucs. Versez dans une saucière ou nappez-en les morceaux de poulet.

CONSEIL Une autre méthode de cuisson consiste à enfourner le poulet dans un four froid et programmé à 150 °C (therm. 5) pour environ 1 h 30.

Pour parfumer le poulet, mettez à l'intérieur quelques branchettes de thym, de sarriette ou de marjolaine. Si vous aimez le sucré-salé, glissez-y 2 petites pommes qui auront ainsi le temps de compoter. Vous pouvez aussi mettre dans le plat une dizaine de gousses d'ail en chemise.

POULET BASQUAISE

POUR 4-6 PERSONNES
PRÉPARATION : 15 min
CUISSON : 1 h environ

- 1 poulet de 1,5 kg
- 4 c. à soupe d'huile d'olive
- 4 oignons
- 3 gousses d'ail
- 3 tomates
- 200 g de jambon de Bayonne
- 4 poivrons
- 1/2 piment oiseau ou 1 pointe de piment de Cayenne
- 20 cl de vin blanc sec
- sel, poivre

Coupez le poulet en morceaux et faites-le dorer dans une cocotte avec 2 cuillerées à soupe d'huile.

Pelez et hachez les oignons et l'ail. Plongez les tomates pendant 20 secondes dans de l'eau bouillante, puis rafraîchissez-les à l'eau froide. Pelez-les, épépinez-les, puis coupez-les en morceaux. Coupez le jambon en dés.

Préchauffez le gril du four. Coupez les poivrons en quatre, ôtez les pépins et les membranes blanches. Posez les quartiers de poivron sur la plaque du four et glissez celle-ci à 15 cm de la résistance jusqu'à ce que la peau des poivrons devienne noire et boursouflée. Laissez tiédir les poivrons, pelez-les et coupez-les en fines lanières.

Retirez le poulet de la cocotte, jetez le gras. Chauffez le reste d'huile dans la cocotte, ajoutez les dés de jambon et les oignons et faites-les revenir en remuant.

Ajoutez l'ail, les poivrons, la tomate, le piment oiseau et le vin, salez et poivrez. Mélangez et faites cuire de 10 à 12 minutes à découvert. Ajoutez les morceaux de poulet, mélangez, couvrez la cocotte et poursuivez la cuisson de 30 à 40 minutes.

Servez dans la cocotte et proposez des pâtes fraîches en accompagnement.

WATERZOÏ DE POULET

POUR 4-6 PERSONNES
PRÉPARATION : 15 min
CUISSON : 1 h 10 environ

- 1 poulet de 1,5 à 1,7 kg
- 1 litre de fond de volaille
- 5 blancs de poireau
- 2 branches de céleri
- 3 oignons
- 80 g de beurre
- 1 bouquet de persil
- 2 jaunes d'œufs
- 25 cl de crème fraîche
- le jus de 1 citron
- 6 à 8 tranches de pain
- sel, poivre

Plongez le poulet dans le fond de volaille et faites-le cuire pendant 30 minutes à petits frémissements.

Pendant ce temps, épluchez et coupez finement les poireaux, le céleri et les oignons. Mettez à fondre 40 g de beurre dans une cocotte avec 5 brins de persil et faites-y cuire les légumes à feu doux pendant 20 minutes ; salez et poivrez.

Découpez le poulet en 8 morceaux en enlevant le maximum d'os et disposez ceux-ci dans la cocotte sur les légumes. Versez du bouillon de cuisson jusqu'à la hauteur du poulet et faites cuire encore 30 minutes.

Égouttez les morceaux de poulet. Délayez les jaunes d'œufs avec la crème, ajoutez le jus de citron et versez dans la cocotte. Mélangez, sans laisser bouillir, pendant 5 minutes. Goûtez et rectifiez l'assaisonnement. Remettez les morceaux de poulet.

Servez dans la cocotte avec, à part, des tartines grillées beurrées.

COQ AU VIN

POUR 4-6 PERSONNES
PRÉPARATION : 30 min
CUISSON : 1 h 30 environ

- 1 coq ou 1 gros poulet fermier de 2,5 kg
- 24 petits oignons blancs
- 2 gousses d'ail
- 200 g de lardons
- 1 c. à soupe d'huile
- 80 g de beurre
- 1 verre à liqueur de cognac
- 1 litre de vin rouge
- 1 bouquet garni
- 200 g de champignons de Paris
- 1 c. à soupe de farine
- 5 cl de sang de porc (facultatif)
- sel, poivre

Coupez le coq ou le poulet en morceaux. Pelez les oignons et l'ail, écrasez ce dernier.

Plongez les lardons dans de l'eau froide, portez à ébullition et faites cuire 2 minutes, puis égouttez-les.

Chauffez 1 cuillerée à soupe d'huile et 40 g de beurre dans une cocotte. Faites-y dorer les lardons et les oignons. Égouttez-les. Remplacez par les morceaux de coq ou de poulet. Retournez ceux-ci plusieurs fois jusqu'à ce qu'ils soient légèrement dorés. Égouttez-les et jetez la graisse de la cocotte. Remettez-y oignons, lardons et coq.

Chauffez le cognac, versez-le dans la cocotte et flambez. Ajoutez le vin rouge, le bouquet garni et l'ail. Portez lentement à ébullition, couvrez et laissez mijoter de 40 à 50 minutes.

Pendant ce temps, nettoyez et coupez finement les champignons de Paris. Faites-les sauter dans 20 g de beurre et ajoutez-les dans la cocotte ; poursuivez la cuisson pendant 20 minutes.

Dans une assiette, mélangez à la fourchette la farine avec le reste du beurre jusqu'à ce que celui-ci l'ait toute absorbée. Délayez ce mélange, dans un bol, avec un peu de sauce chaude, puis versez peu à peu dans la cocotte en remuant. Faites cuire encore 5 minutes, ajoutez éventuellement le sang de porc et laissez épaissir pendant 5 minutes en remuant sans arrêt.

Servez le coq au vin avec des pommes de terre cuites à l'eau.

VARIANTE En saison, vous pouvez remplacer les champignons de Paris par des champignons sauvages.

PINTADE AU CHOU

POUR 4 PERSONNES
PRÉPARATION : 30 min
CUISSON : 1 h environ

- 1 petit chou vert frisé
- 250 g de poitrine fumée
- 1 c. à soupe d'huile d'arachide
- 1 pintade de 1 à 1,2 kg
- 30 g de beurre
- sel, poivre

Coupez le chou en quatre en retirant les grosses feuilles de l'extérieur. Plongez-le pendant 5 ou 6 minutes dans de l'eau bouillante salée puis égouttez-le.

Coupez la poitrine fumée en gros morceaux. Mettez ceux-ci dans une cocotte et faites-les chauffer en les remuant, à feu moyen, puis égouttez-les.

Ajoutez l'huile dans la cocotte, et faites-y dorer la pintade en la retournant plusieurs fois. Remettez les lardons, ajoutez les quartiers de chou, poivrez. Couvrez et poursuivez la cuisson doucement pendant 45 à 50 minutes.

Retirez la pintade de la cocotte, débridez-la et découpez-la.

Égouttez le chou et les lardons, mettez-les dans le plat de service, posez les morceaux de pintade dessus et gardez au chaud.

Passez le fond de cuisson, reversez-le dans la cocotte et laissez-le réduire d'un tiers environ à feu vif.

Hors du feu, ajoutez le beurre tout en fouettant ; goûtez et rectifiez l'assaisonnement, et servez ce jus en saucière.

CONFIT SARLADAIS

POUR 4 PERSONNES
PRÉPARATION : 20 min
CUISSON : 30 min

- 4 portions de confit de canard
- 800 g de pommes de terre
- 4 gousses d'ail
- 1 bouquet de persil plat
- 4 c. à soupe de graisse d'oie
- sel, poivre

Ouvrez un bocal de confit et placez-le au bain-marie dans une casserole. Laissez jusqu'à ce que la graisse soit fondue.

Épluchez, lavez et coupez en dés les pommes de terre. Pelez et hachez les gousses d'ail. Ciselez le persil. Mélangez l'ail avec la moitié du persil ; réservez cette persillade.

Lorsque la graisse du confit est fondue, sortez les portions du bocal et égouttez-les dans une passoire au-dessus d'une assiette.

Chauffez la graisse d'oie dans une cocotte, versez-y les pommes de terre et faites-les revenir à feu vif pendant 10 minutes ; salez et poivrez. Couvrez et laissez cuire 10 minutes.

Ajoutez la persillade et poursuivez la cuisson à découvert encore 10 minutes.

Pendant ce temps, mettez à chauffer une poêle et déposez les portions de confit. Faites-les revenir doucement jusqu'à ce qu'elles soient dorées, en les retournant plusieurs fois. Égouttez-les et coupez-les en deux.

Disposez les pommes de terre dans un plat, posez le confit à côté et parsemez du persil haché restant. Servez aussitôt.

LAPIN À LA MOUTARDE

POUR 4-6 PERSONNES
PRÉPARATION : 20 min
CUISSON : 1 h environ

- 1 lapin de 1,5 kg
- 50 g de beurre
- 2 branches de sarriette ou de thym
- 3 ou 4 c. à soupe de moutarde + 1 c. à soupe pour la sauce
- 3 échalotes
- 20 cl de vin blanc
- 30 cl de crème fraîche
- sel, poivre

Découpez le lapin en morceaux.

Préchauffez le four à 210 °C (therm. 7). Beurrez un plat à four et émiettez-y la sarriette.

À l'aide d'une cuillère, enduisez copieusement les morceaux de lapin, sur toutes leurs faces, d'une couche de moutarde et disposez-les dans le plat. Enfournez pour 50 minutes environ. Retournez les morceaux à mi-cuisson.

Pelez et hachez les échalotes, mettez-les dans une petite casserole avec le vin. Chauffez et faites réduire doucement de moitié. Passez en appuyant avec le dos d'une cuillère.

Sortez les morceaux de lapin du four et disposez-les sur le plat de service ; gardez-les au chaud.

Versez le liquide de cuisson dans la réduction échalotes-vin, ajoutez 25 cl de crème et faites réduire d'un tiers environ. Mélangez 1 cuillerée à soupe de moutarde avec le reste de crème et ajoutez-le. Faites cuire 2 ou 3 minutes en remuant. Goûtez, rectifiez l'assaisonnement, nappez le lapin de cette sauce.

Servez avec une purée de céleri-rave et des pommes de terre nouvelles cuites à la vapeur.

CONSEIL Variez les saveurs en mélangeant de la moutarde à l'ancienne ou aux herbes à la moutarde classique.

CIVET DE LAPIN

POUR 4 PERSONNES
PRÉPARATION : 30 min
CUISSON : 50 min environ

- 1 lapin fraîchement tué et non dépouillé de 1,4 kg environ
- 10 cl de sang du lapin
- 1/2 c. à soupe de vinaigre de vin
- 1 petite carotte
- 1 oignon moyen
- 1 c. à soupe d'huile d'arachide
- 40 g de beurre
- 2 c. à soupe de farine
- 2 c. à soupe de cognac
- 1 litre de vin rouge
- 1 bouquet garni
- 1/2 ficelle de pain
- 2 c. à soupe de persil haché
- sel, poivre

Faites dépouiller et vider le lapin. Recueillez le sang et ajoutez-lui le vinaigre. Mettez au réfrigérateur avec le foie et le cœur. Découpez le lapin en 8 morceaux, salez-les et poivrez-les.

Épluchez la carotte et l'oignon et coupez-les en petits dés.

Dans une cocotte, mettez à chauffer l'huile et le beurre et faites-y saisir vivement les morceaux de lapin, puis retirez-les. Jetez la graisse de la cocotte. Mettez les dés de légumes et faites-les revenir doucement.

Remettez le lapin dans la cocotte, saupoudrez de farine, mélangez bien.

Chauffez le cognac, versez-le sur le lapin et flambez. Versez le vin, ajoutez le bouquet garni, couvrez et faites cuire 45 minutes à petits frémissements.

Tranchez la ficelle de pain et toastez-la pour en faire des croûtons.

Égouttez les morceaux de lapin et gardez-les dans le plat de service sous une feuille d'aluminium.

Passez la sauce et versez-en une petite louche dans le sang, délayez. Hors du feu, versez le sang dans la sauce et remuez bien. Rectifiez l'assaisonnement, réchauffez la sauce sans la faire bouillir et nappez-en les morceaux.

Parsemez de persil et servez avec les petits croûtons.

ALIGOT

POUR 6 PERSONNES
PRÉPARATION : 25 min
CUISSON : 25 min

- 1 kg de pommes de terre bintje
- 500 g de tomme fraîche, de laguiole ou de cantal
- 2 gousses d'ail
- 30 g de beurre
- sel, poivre

Épluchez les pommes de terre et coupez-les en gros morceaux. Faites-les cuire 20 minutes à l'eau bouillante salée.

Pendant ce temps, coupez la tomme en lamelles, pelez et hachez l'ail.

Égouttez les pommes de terre et réduisez-les en purée à l'aide d'un presse-purée ou au moulin à légumes (grille fine).

Versez la purée chaude dans une casserole, mettez celle-ci dans un bain-marie et mélangez avec le beurre et l'ail ; salez et poivrez.

Ajoutez peu à peu la tomme en tournant sans arrêt et en attendant chaque fois que l'ajout précédent soit bien amalgamé. Soulevez la cuillère en bois de plus en plus haut en mélangeant. Lorsque la pâte est lisse, onctueuse et filante, l'aligot est cuit.

Goûtez et rectifiez l'assaisonnement. Servez bien chaud.

BON À SAVOIR

Ce plat originaire du Rouergue est parfois coupé aux ciseaux, car le fromage fondu « file ».

TARTIFLETTE SAVOYARDE

POUR 4 PERSONNES
PRÉPARATION : 30 min
CUISSON : 50 min

- 600 g de pommes de terre
- 1 oignon
- 250 g de reblochon fermier
- 200 g de lardons fumés
- 1 c. à soupe d'huile d'arachide
- 30 cl de crème liquide

Épluchez et lavez les pommes de terre. Faites-les cuire 20 minutes dans de l'eau salée. Égouttez-les, rafraîchissez-les sous l'eau froide puis coupez-les en tranches.

Pelez et émincez l'oignon. Coupez le reblochon en deux dans l'épaisseur.

Dans une poêle, mettez à chauffer l'huile et faites-y saisir les lardons.

Préchauffez le four à 180 °C (therm. 6).

Répartissez les tranches de pomme de terre, les lardons et l'oignon en couches dans un grand plat à gratin. Recouvrez toute la surface avec les trois quarts du reblochon posé croûte vers le bas.

Dans une casserole, faites chauffer la crème avec le reste du reblochon, à feu doux. Mélangez soigneusement pour faire fondre le fromage puis versez la crème au reblochon dans le plat.

Faites cuire au four de 25 à 30 minutes. Servez aussitôt, avec une salade verte.

VARIANTE Le reblochon peut être remplacé par du morbier. Vous pouvez aussi faire fondre les oignons avec les lardons dans une poêle pendant 5 minutes pour les faire légèrement colorer.

FONDUE SAVOYARDE

POUR 6 PERSONNES
PRÉPARATION : **20 min**
CUISSON : **10 min**

- 4 belles tranches de pain de campagne
- 1 grosse gousse d'ail
- 1 c. à café de fécule
- 10 cl de kirsch
- 400 g d'emmental
- 400 g de comté ou de beaufort
- 50 cl de vin blanc sec
- 1 grosse pincée de noix de muscade
- poivre

Coupez le pain en cubes de 2 cm de côté. Pelez la gousse d'ail et coupez-la en deux. Frottez-en largement les parois intérieures du caquelon à fondue. Délayez la fécule dans le kirsch.

Retirez la croûte des fromages et coupez-les en fines lamelles. Mettez-les dans le caquelon ou dans une casserole et couvrez-les de vin blanc. Chauffez très doucement, sans cesser de remuer et sans jamais atteindre l'ébullition, pendant 10 minutes environ, jusqu'à ce que tout le fromage soit fondu. Quand la préparation est lisse et homogène, incorporez la fécule délayée, ajoutez la muscade et donnez quelques tours de moulin à poivre.

Placez le caquelon sur le réchaud posé au centre de la table et réglé à température moyenne, ou utilisez la casserole, en la remettant sur le feu de temps en temps quand la préparation au fromage commence à se figer.

Apportez le pain sur la table. Chacun piquera un cube de pain au bout de sa fourchette et le trempera dans la fondue en tournant pour l'enrober de la préparation.

CONSEIL Utilisez de préférence du pain un peu rassis (pain de campagne ou baguette « tradition ») pour qu'il accroche bien à la fourchette. Une fois trempé dans le fromage fondu, il deviendra moelleux.

MOULES À LA MARINIÈRE

POUR 4-6 PERSONNES
PRÉPARATION : 20 min
CUISSON : 7-8 min

- 3 kg de moules
- 1 gros oignon
- 1 échalote
- 30 g de beurre
- 20 à 30 cl de vin blanc sec
- 1 brin de thym
- 1/2 feuille de laurier
- sel, poivre

Débarrassez les moules des restes de filaments qui y sont accrochés, en les grattant au couteau sous l'eau courante. Elles ne doivent pas tremper sinon elles s'ouvrent.

Pelez et hachez l'oignon et l'échalote.

Faites fondre le beurre dans une casserole, ajoutez l'oignon et l'échalote et laissez-les cuire très doucement 1 ou 2 minutes. Versez les moules puis le vin blanc. Salez et poivrez, ajoutez le thym et le laurier. Faites cuire pendant 6 minutes à feu vif en remuant souvent et en secouant la casserole de temps en temps.

Lorsque les moules sont ouvertes, retirez-les de la casserole et mettez-les dans un saladier chaud. Retirez le thym et le laurier ainsi que les moules restées fermées. Versez le liquide de cuisson sur les moules, mélangez et servez.

CONSEIL Vous pouvez filtrer le jus avant d'en arroser les moules et lui ajouter 3 cuillerées à soupe de crème fraîche.

MOULES À LA CRÈME

POUR 4-6 PERSONNES
PRÉPARATION : 30 min
CUISSON : 15 min environ

- 3 kg de moules à la marinière
- 30 cl de crème fraîche
- 1/2 bouquet de persil
- sel, poivre

Préparez les moules à la marinière (VOIR ci-dessus).

Égouttez-les ensuite avec une écumoire et mettez-les dans le plat de service. Gardez-les au chaud.

Ciselez le persil.

Faites réduire le liquide de cuisson des moules d'un tiers, à feu vif. Baissez le feu, versez la crème fraîche et mélangez.

Faites réduire à nouveau, mais à feu plus doux, d'un tiers environ. Goûtez et rectifiez l'assaisonnement. Versez la sauce sur les moules, parsemez de persil et servez.

BOUILLABAISSE DE MARSEILLE

POUR 4-6 PERSONNES
PRÉPARATION : 45 min
CUISSON : 15 min environ

- 2 kg de poissons variés (rascasse, grondin, lotte, congre, dorade, saint-pierre, merlan)
- 10 étrilles (petits crabes)
- 2 oignons
- 3 gousses d'ail
- 2 blancs de poireau
- 3 branches de céleri
- 15 cl d'huile d'olive
- 3 tomates
- 1 bulbe de fenouil
- 1 bouquet garni
- 2 mesures de safran
- 1 baguette de pain
- sel, poivre

Pour la rouille

- 3 gousses d'ail
- 1 pincée de gros sel
- 2 pincées de poivre blanc
- 1 pointe de safran
- 2 pointes de piment de Cayenne
- 2 jaunes d'œufs à température ambiante
- 25 cl d'huile d'olive

Écaillez, videz et étêtez les poissons variés entiers. Coupez-les en gros morceaux. Brossez les étrilles.

Hachez 1 oignon, 1 gousse d'ail, les poireaux et le céleri. Faites-les dorer dans 10 cl d'huile d'olive ; salez et poivrez. Ajoutez les têtes et les parures des poissons. Couvrez d'eau, portez à ébullition et laissez mijoter 20 minutes. Passez et recueillez le jus de cuisson.

Pendant cette cuisson, ébouillantez et pelez les tomates et coupez-les en morceaux. Épluchez et hachez le deuxième oignon, les gousses d'ail restantes et le bulbe de fenouil.

Préparez la rouille. Pelez l'ail, puis pilez-le ou hachez-le. Dans un mortier ou un bol, mélangez-le avec sel, poivre, safran, cayenne et jaunes d'œufs. Versez l'huile peu à peu en fouettant énergiquement.

Faites revenir les légumes hachés dans l'huile restante. Versez le bouillon, les tomates et le bouquet garni. Ajoutez la rascasse, puis le grondin, la lotte, le congre, la dorade, les étrilles et le safran. Faites cuire 8 minutes à feu vif. Mettez alors le saint-pierre et le merlan et poursuivez la cuisson pendant 5 ou 6 minutes. Gardez la bouillabaisse au chaud sans continuer de la cuire.

Coupez la baguette en rondelles et grillez-les au four.

Égouttez avec une écumoire les poissons et les étrilles et disposez-les dans un grand plat. Versez, sans le passer, le bouillon dans une soupière, et servez accompagné de la rouille et des croûtons.

CONSEIL **Vous pouvez utiliser une sauce rouille toute prête.**

CHOUCROUTE DE LA MER

POUR 6 PERSONNES
PRÉPARATION : **20 min**
CUISSON : **35-40 min**

- 30 cl d'eau
- 30 cl de lait
- 800 g de haddock fumé
- 800 g de filets de poisson blanc (merlan, lieu ou lotte) ; 400 g seulement si vous ajoutez du saumon
- 400 g de saumon (facultatif)
- 1,5 kg de choucroute cuite
- 20 cl de vin blanc sec (facultatif)
- 500 g de pommes de terre

Pour la sauce

- 3 échalotes
- 10 cl de vinaigre de vin
- 40 cl de vin blanc (muscadet)
- 3 jaunes d'œufs
- 25 cl de crème fraîche épaisse
- sel, poivre

Versez l'eau et le lait dans une casserole, portez à la limite de l'ébullition. Plongez-y le haddock et faites-le pocher à petits frémissements pendant 10 minutes.

Dans une autre casserole, portez de l'eau salée à la limite de l'ébullition et faites-y pocher à petits frémissements le poisson blanc et, éventuellement, le saumon pendant 10 minutes.

Réchauffez la choucroute dans une cocotte, à couvert et à feu doux, en y rajoutant le vin blanc ou 20 cl d'eau, pour éviter qu'elle ne se dessèche.

Épluchez les pommes de terre. Faites-les cuire à la vapeur ; comptez environ 20 minutes pour des pommes de terre de taille moyenne.

Posez les poissons délicatement sur le lit de choucroute dans la cocotte pour qu'ils finissent de cuire ; comptez 15 minutes de cuisson au maximum.

Préparez la sauce. Pelez et hachez finement les échalotes. Versez le vinaigre et le vin dans une casserole, ajoutez les échalotes. Faites réduire le liquide de moitié. Hors du feu, battez les jaunes d'œufs dans un bol, ajoutez la crème fraîche, du sel et du poivre. Versez le tout dans la casserole et laissez épaissir à feu doux sans porter à ébullition.

Disposez la choucroute dans le plat de service, posez dessus les poissons et les pommes de terre. Servez la sauce à part.

DORADES À LA MEUNIÈRE

POUR 4-6 PERSONNES
PRÉPARATION : 15 min
CUISSON : 20 min

- 2 dorades de 600 g ou 3 dorades de 400 g
- 2 citrons
- 100 g de farine
- 80 g de beurre
- 2 c. à soupe de persil ciselé
- sel, poivre

Préparez les dorades et posez-les sur un grand papier absorbant. Avec la pointe d'un couteau, faites de petites entailles sur leur dos. Salez-les, poivrez-les des deux côtés. Pressez les citrons.

Versez la farine dans un plat, roulez-y les dorades et secouez-les légèrement pour en faire tomber l'excédent.

Dans une grande poêle, mettez à chauffer 40 g de beurre et faites-y cuire les poissons pendant 10 minutes de chaque côté. Égouttez-les, disposez-les sur un plat long, parsemez-les de persil ciselé, arrosez-les de jus de citron et tenez-les au chaud.

Mettez le reste du beurre dans la poêle de cuisson, faites-le blondir (beurre noisette) et versez-le mousseux sur les poissons. Servez aussitôt.

VARIANTE Vous pouvez préparer de la même façon des soles dites « portion » (de 250 à 300 g). Faites-les cuire pendant 6 ou 7 minutes sur chaque face. Le poisson à la meunière se sert avec des pommes de terre vapeur.

PRÊT À L'AVANCE

BRANDADE DE MORUE NÎMOISE

POUR 4-6 PERSONNES
DESSALAGE : 12 h
PRÉPARATION : 30 min
CUISSON : 15-20 min

- 1 kg de morue
- 80 cl d'huile d'olive
- 25 cl de lait
- 5 ou 6 tranches de pain de mie, rassis ou toasté
- 2 gousses d'ail
- sel, poivre blanc

Déposez les filets dans une passoire et placez celle-ci dans une bassine remplie d'eau froide. Laissez dessaler pendant 12 heures en changeant l'eau deux ou trois fois.

Faites bouillir de l'eau dans un faitout ou une grande casserole et mettez-y les filets de morue. Baissez le feu et faites cuire pendant 8 minutes à tout petits frémissements. Égouttez les filets, retirez la peau et les arêtes, et effeuillez la chair avec les doigts.

Dans une casserole, faites chauffer 20 cl d'huile d'olive. Quand l'huile est bien chaude, ajoutez la morue, baissez aussitôt le feu et travaillez-la, à chaleur douce, avec une cuillère en bois, en tournant jusqu'à ce qu'elle devienne de plus en plus pâteuse.

Faites chauffer le lait. Quand la pâte est bien fine, retirez la casserole du feu et continuez à mélanger en versant petit à petit, sans cesser de remuer (comme pour une mayonnaise), 40 à 50 cl d'huile d'olive, en alternant avec le lait bien chaud. Assaisonnez de sel et de poivre. La pâte blanche homogène doit avoir la consistance d'une purée de pommes de terre. Gardez-la au chaud.

Frottez les tranches de pain de mie avec les gousses d'ail épluchées. Coupez-les en quatre ou en triangles et faites les frire dans le reste d'huile d'olive.

Servez la brandade bien chaude, garnie de croûtons aillés.

CONSEIL Vous pouvez réchauffer facilement un reste de brandade de morue soit au micro-ondes, soit dans une casserole, sur un feu doux, en la remuant sans arrêt pour qu'elle n'attache pas.

BAR RÔTI AU FOUR

POUR 6 PERSONNES
PRÉPARATION : **5 min**
CUISSON : **30 min**

> 1 bar de 1,8 kg
> huile d'olive
> 2 branches de fenouil séché
> baies roses (facultatif)
> sel, poivre

Préchauffez le four à 240 °C (therm. 8).

Lavez le poisson et essuyez-le avec du papier absorbant. Posez-le dans un plat allant au four et enduisez-le d'huile à l'aide d'un pinceau. Salez et poivrez l'intérieur et l'extérieur. Glissez les branches de fenouil dans le ventre du poisson. Parsemez éventuellement de quelques baies roses. Enfournez pour 30 minutes.

Sortez le bar du four et retirez la peau sur un côté en glissant un couteau dessous pour la soulever. Retournez le poisson (pour cela, utilisez deux longues spatules ou deux écumoires) et retirez la peau de l'autre côté.

Servez aussitôt, en accompagnant le bar de pommes de terre à l'eau de beurre blanc.

LÉGER

BAR GRILLÉ, BEURRE D'ANCHOIS

POUR 4 PERSONNES
DESSALAGE : **20 min**
PRÉPARATION : **15 min**
CUISSON : **20-25 min**

> 1 bar de 1 kg
> 2 c. à soupe d'huile d'olive
> sel, poivre

Pour le beurre d'anchois

> 6-8 filets d'anchois salés
> le jus de 1/2 citron
> 100 g de beurre mou

Dessalez les filets d'anchois en les faisant tremper 20 minutes dans de l'eau froide.

Faites préparer le bar par le poissonnier. Lavez-le et essuyez-le avec du papier absorbant.

Préchauffez le gril du four. Salez et poivrez l'huile et, à l'aide d'un pinceau, badigeonnez-en le bar.

Mettez le bar dans un gril double et disposez-le sous le gril du four ou sur le barbecue. Faites-le griller de 10 à 12 minutes de chaque côté.

Pendant la cuisson, préparez le beurre d'anchois. Passez les filets d'anchois au mixeur ou écrasez-les à la fourchette pour obtenir une purée. Ajoutez le jus de citron et mélangez avec le beurre.

Sortez le bar du four, ouvrez-le, enlevez l'arête centrale et répartissez le beurre à l'intérieur (ou bien servez le beurre parfumé à part).

Dégustez aussitôt, avec du riz sauvage et du fenouil braisé aux zestes d'agrumes, par exemple.

TRUITES AUX AMANDES

POUR 4 PERSONNES
PRÉPARATION : 15 min
CUISSON : 15 min environ

- 75 g d'amandes effilées
- 4 truites de 250 g
- 200 g de farine
- 70 g de beurre
- 1 ou 2 citrons
- 1 c. à soupe de persil ciselé
- 1 c. à soupe de vinaigre
- sel, poivre

Préchauffez le four à 200 °C (therm. 6-7).

Mettez les amandes effilées sur la plaque du four recouverte de papier sulfurisé. Quand le four est chaud, glissez-y la plaque ; retirez-la quand les amandes sont dorées.

Nettoyez les truites, épongez-les et posez-les sur un papier absorbant. Saupoudrez-les, sur chaque face, de sel et de poivre. Versez la farine dans une assiette, roulez-y les truites et secouez-les légèrement pour en faire tomber l'excédent.

Mettez à chauffer 50 g de beurre dans une grande poêle (si possible ovale) et faites-y dorer les truites sur les deux faces. Baissez le feu et poursuivez la cuisson de 5 à 7 minutes (10 minutes si les truites sont très grosses), en retournant les poissons une fois. Ajoutez les amandes au cours de cette cuisson.

Sortez les truites de la poêle et disposez-les dans le plat de service. Arrosez-les de 2 cuillerées à soupe de jus de citron et parsemez-les de persil ciselé. Gardez le plat au chaud.

Ajoutez 20 g de beurre et le vinaigre dans la poêle, chauffez et versez sur les truites, avec les amandes. Servez avec des quartiers de citron.

RAIE AU BEURRE NOISETTE

EXPRESS

POUR 4-6 PERSONNES
PRÉPARATION : **10 min**
CUISSON : **10 min environ**

- 800 g d'ailerons de raie
- 2 l de court-bouillon pour poisson
- 80 g de beurre
- 3 c. à soupe de câpres
- le jus de 1 citron
- 6 à 8 brins de persil plat

Lavez bien les ailerons de raie, puis séchez-les avec un papier absorbant.

Préparez le court-bouillon (ou 2 litres d'eau salée additionnée de 10 cl de vinaigre) et laissez-le refroidir. Plongez-y les ailerons. Quand l'ébullition est revenue, écumez la surface puis baissez le feu et laissez frémir de 5 à 7 minutes.

Pendant ce temps, faites chauffer doucement le beurre dans une poêle jusqu'à ce qu'il soit doré et dégage une odeur de noisette, en veillant bien à ce qu'il ne noircisse pas. Salez et poivrez.

Égouttez la raie et dressez-la sur un plat chaud. Égouttez les câpres. Ciselez le persil.

Arrosez la raie de jus de citron, parsemez-la de câpres et de persil. Nappez de beurre noisette encore mousseux et servez tout de suite, avec des pommes de terre à l'eau ou un légume vert, par exemple des brocolis.

BON À SAVOIR

La raie est un poisson fragile qui « tourne » rapidement ; si elle dégage une odeur d'ammoniaque, cela prouve qu'elle n'est plus de toute première fraîcheur.

Si vous disposez d'un peu plus de temps, préparez un court-bouillon maison. Coupez en rondelles 2 carottes et 2 oignons. Faites-les cuire 20 minutes dans 2 litres d'eau avec un bouquet garni. Ajoutez 2 cuillerées à soupe de sel, 10 grains de poivre et 20 cl de vinaigre. Éteignez le feu et laissez infuser 10 minutes puis passez le court-bouillon au chinois.

PETITS PLATS DU QUOTIDIEN

TARTE AU TOFU ET AUX LÉGUMES

POUR 4 PERSONNES
PRÉPARATION : 10 min
CUISSON : 35 min

- 200 g de légumes surgelés (haricots verts, fèves, carottes ou petits pois)
- 3 œufs
- 5 cl de lait de soja ou de vache
- 5 c. à soupe de crème fraîche
- 125 g de tofu
- 80 g d'emmental râpé
- 1 pâte brisée préétalée
- sel, poivre

Plongez les légumes dans de l'eau bouillante salée et laissez cuire 5 minutes. Égouttez.

Préchauffez le four à 180 °C (therm. 6).

Battez les œufs avec le lait et la crème, puis ajoutez le tofu émietté et l'emmental râpé. Salez et poivrez.

Foncez un moule à tarte avec la pâte brisée. Répartissez les légumes, puis versez la préparation aux œufs et enfournez pour 30 minutes.

Servez la tarte accompagnée, par exemple, d'une salade d'endives aux noix.

VARIANTE Remplacez l'emmental par des lamelles de reblochon.

BON À SAVOIR

Le tofu se trouve dans les épiceries asiatiques et au rayon frais des magasins bio. Il est également disponible au rayon « épicerie salée » ou « bio » des grandes surfaces. Une fois ouvert, le tofu peut se conserver quelques jours au réfrigérateur, dans une boîte hermétique, et toujours immergé dans de l'eau.

OMELETTE ROULÉE AU COMTÉ ET AUX FINES HERBES

POUR 4 PERSONNES
PRÉPARATION : 10 min
CUISSON : 5 min

- 120 g de comté
- 1 bouquet de ciboulette
- 1 petit bouquet de persil
- 1 petit bouquet de cerfeuil
- 1 petit bouquet d'estragon
- 12 œufs
- 2 c. à soupe d'huile végétale
- 25 g de beurre
- sel, poivre

Coupez le comté en dés. Lavez et ciselez la ciboulette, le persil, le cerfeuil et l'estragon.

Cassez les œufs dans un saladier. Salez-les, poivrez-les, puis battez-les avec une fourchette. Ajoutez les herbes ciselées et battez encore un peu.

Mettez l'huile et le beurre à chauffer dans une grande poêle antiadhésive. Versez-y les œufs et faites cuire 3 minutes à feu vif en remuant doucement avec une fourchette. Arrêtez de remuer, répartissez les dés de comté sur l'omelette et poursuivez la cuisson pendant 1 ou 2 minutes à feu vif. Décollez les bords de l'omelette à l'aide d'une spatule, puis roulez-la délicatement en penchant la poêle.

Déposez l'omelette roulée dans un plat et servez-la aussitôt, accompagnée d'une simple salade verte.

VARIANTE Vous pouvez préparer des omelettes individuelles dans une poêle plus petite. Gardez-les au chaud dans le four entrouvert, couvertes d'une feuille d'aluminium, le temps de les cuire toutes.

EXPRESS

PIZZA COMPLÈTE

POUR 4 PERSONNES
PRÉPARATION : 30 min
CUISSON : 10 min

- 250 g de pâte à pizza
- 1 gros oignon rouge
- 4 tomates
- 200 g de mozzarella
- 2 tranches de jambon légèrement épaisses
- 120 g de champignons de Paris
- 40 cl de coulis de tomates
- 16 olives vertes et noires
- 1 c. à soupe de brindilles de thym ou d'herbes de Provence
- 3 c. à soupe d'huile d'olive
- sel, poivre

Partagez la pâte à pizza en 4 morceaux et étalez ceux-ci en disques de 5 mm d'épaisseur. Posez les disques sur une plaque recouverte de papier sulfurisé et laissez gonfler le temps de préparer la garniture.

Pelez l'oignon et coupez-le en rondelles. Détaillez les tomates et la mozzarella en tranches. Coupez les tranches de jambon en petits morceaux. Lavez et émincez les champignons.

Préchauffez le four à 220 °C (therm. 7-8).

Étalez le coulis de tomates sur les disques de pâte, sans aller jusqu'au bord. Répartissez dessus le jambon et les champignons. Déposez ensuite les tranches de tomate puis celles de mozzarella ainsi que les rondelles d'oignon. Mettez 4 olives sur chaque pizza et parsemez de brindilles de thym.

Arrosez les pizzas d'huile d'olive, salez et poivrez. Enfournez pour 10 minutes. Dégustez les pizzas brûlantes.

VARIANTE À la place des petites pizzas, vous pouvez préparer une grande pizza familiale.

Réalisez vous-même le coulis de tomates. Faites fondre 1 oignon et 2 gousses d'ail écrasées avec un peu d'huile d'olive, puis faites-y cuire 8 tomates pelées et concassées, avant de mixer.

BURGER DE BŒUF

POUR 4 PERSONNES • PRÉPARATION : 15 min • CUISSON : 8-10 min

1 gros oignon rouge • 4 tomates • 500 g de viande de bœuf hachée • 5 cl d'huile végétale • 4 pains à burger aux graines de sésame • 4 c. à soupe de mayonnaise • 4 c. à soupe de ketchup • quelques feuilles de batavia • 80 g de gouda en tranches • sel, poivre

1 Pelez l'oignon et détaillez-le en fines lamelles.

2 Coupez les tomates en tranches.

3 Formez quatre steaks hachés de la taille des pains.

4 Chauffez l'huile dans une poêle et faites-y cuire les steaks pendant 4 ou 5 minutes de chaque côté ; salez et poivrez.

5 Tranchez les pains dans l'épaisseur.

6 Badigeonnez la base des pains avec la moitié de la mayonnaise et du ketchup.

7 Déposez quelques feuilles de salade dessus, puis mettez les steaks cuits.

8 Ajoutez les tranches de fromage.

9 Recouvrez de tranches de tomate et de rondelles d'oignon.

10 Répartissez le reste de mayonnaise et de ketchup.

11 Posez les « chapeaux » des pains, pressez légèrement le dessus. Servez aussitôt.

PARMENTIER DE QUEUE DE BŒUF À LA PURÉE DE CAROTTES

POUR 4 PERSONNES
PRÉPARATION : 40 min
CUISSON : 3 h 30

- 1 oignon
- 700 g de carottes
- 2 c. à soupe d'huile végétale
- 2 kg de queue de bœuf coupée en morceaux
- 1 bouquet garni
- 75 cl de vin rouge
- 1,5 l de fond de veau
- 2 pommes de terre
- 80 g de beurre
- 2 c. à soupe de crème fraîche épaisse
- 3 échalotes
- 2 c. à soupe de chapelure
- sel, poivre

Pelez l'oignon, épluchez 1 carotte ; coupez les deux légumes en morceaux. Mettez à chauffer l'huile dans une grande cocotte et faites-y saisir la viande. Ajoutez les morceaux de carotte et d'oignon, le bouquet garni, le vin rouge, du sel et du poivre. Portez à ébullition et laissez cuire pendant 5 minutes. Versez le fond de veau, couvrez la cocotte et faites cuire pendant 3 heures, à feu très doux, en remuant de temps en temps. Ajoutez un peu d'eau pendant la cuisson si le liquide s'évapore trop.

Épluchez le reste des carottes et les pommes de terre. Coupez-les en morceaux. Faites-les cuire 20 minutes dans de l'eau salée. Égouttez-les, passez-les au presse-purée. Mélangez-les avec 60 g de beurre, la crème fraîche, du sel et du poivre, pour obtenir une purée onctueuse.

Une fois les queues de bœuf cuites, égouttez-les dans un plat en gardant le jus de cuisson et laissez-les refroidir. Prélevez ensuite toute la chair.

Pelez et émincez les échalotes. Faites-les fondre pendant 5 minutes avec une noisette de beurre. Ajoutez la chair des queues de bœuf, 15 cl de jus de cuisson filtré et laissez mijoter 10 minutes.

Préchauffez le four à 180 °C (therm. 6).

Répartissez la viande dans un plat à gratin beurré. Déposez la purée dessus, saupoudrez de chapelure et déposez quelques noisettes de beurre. Faites gratiner le parmentier pendant 20 minutes. Servez bien chaud.

VARIANTE Vous pouvez remplacer la queue de bœuf par de la joue de bœuf, à laisser mijoter autant de temps. Parfumez la joue de bœuf en la cuisant avec un gros morceau de zeste d'orange.

PALETTE DE PORC AUX HARICOTS BLANCS

POUR 4-6 PERSONNES
PRÉPARATION : 5 min
TREMPAGE ET DESSALAGE : 2-3 h
CUISSON : 2 h 30-3 h

- 400 à 500 g de haricots blancs secs
- 1 kg environ de palette demi-sel
- 1 gousse d'ail
- 1 oignon
- 2 bouquets garnis
- sel

Mettez les haricots à tremper pendant 2 ou 3 heures. Dessalez la palette en la faisant aussi tremper 1 heure dans de l'eau froide et en changeant l'eau une fois.

Pelez l'ail et l'oignon. Coupez la gousse d'ail en quatre.

Égouttez la palette, faites-y 4 incisions avec la pointe d'un couteau et glissez-y les morceaux d'ail. Mettez-la dans un faitout, recouvrez largement d'eau froide, ajoutez 1 bouquet garni et laissez mijoter 2 heures.

Égouttez les haricots et versez-les dans une casserole avec l'oignon et le second bouquet garni. Recouvrez-les largement d'eau et faites cuire doucement pendant 2 heures environ. Ils doivent être encore un peu fermes.

Égouttez alors la viande et ajoutez-la aux haricots. Rectifiez l'assaisonnement et poursuivez la cuisson, doucement et à couvert, jusqu'à ce que les haricots soient bien moelleux. Retirez l'oignon et le bouquet garni avant de servir.

RÔTI DE PORC AU CIDRE ET AUX POMMES

POUR 4 PERSONNES
PRÉPARATION : 30 min
CUISSON : 1 h 15
REPOS : 20 min

- 1 rôti de porc de 700 g environ
- 2 c. à soupe d'huile végétale
- 60 g de beurre
- 2 branches de thym
- 50 cl de cidre
- 25 cl de fond de veau
- 2 pommes rouges
- sel, poivre

Préchauffez le four à 180 °C (therm. 6).

Mettez le rôti dans un plat à four. Arrosez-le d'huile, déposez dessus 30 g de beurre en petits morceaux ; salez, poivrez, parsemez de brindilles de thym. Faites cuire au four pendant 30 minutes en arrosant le rôti et en le retournant toutes les 10 minutes.

Faites réduire le cidre de deux tiers dans une casserole ; salez et poivrez. Versez le fond de veau et laissez réduire de moitié.

Lavez les pommes, coupez-les en quatre et videz-les.

Après 30 minutes de cuisson, versez la sauce au cidre dans le plat et déposez les quartiers de pomme à côté du rôti. Remettez le rôti à cuire encore 40 minutes en l'arrosant régulièrement de sauce.

Sortez le rôti du four, enveloppez-le dans une feuille d'aluminium et laissez-le reposer 20 minutes.

Retirez les pommes du plat, gardez-les au chaud. Versez la sauce dans une casserole, faites-la bouillir pendant 5 minutes à feu vif, puis ajoutez le reste de beurre en fouettant.

Découpez le rôti en tranches et servez-le avec les quartiers de pomme et la sauce.

Demandez à votre boucher un rôti dans l'échine. Il sera un peu plus gras qu'un rôti dans le filet, mais, en revanche, beaucoup plus moelleux.

PIZZA DES QUATRE SAISONS

POUR 4 PERSONNES
PRÉPARATION : 30 min
CUISSON : 40 min environ

- 250 g de pâte à pizza (à acheter chez le boulanger)
- 2 gousses d'ail
- 800 g de tomates
- 2 c. à soupe d'huile d'olive
- 3 pincées d'origan
- 4 tranches de jambon cru
- 150 g de chorizo
- 250 g de cœurs d'artichaut en conserve, égouttés
- 1 petite boîte de filets d'anchois à l'huile
- 150 g de champignons de Paris
- 100 g d'olives noires dénoyautées
- 80 g de parmesan râpé
- sel, poivre

Étalez la pâte à pizza sur 5 mm d'épaisseur en quatre disques de taille égale. Posez-les sur une plaque recouverte de papier sulfurisé et laissez gonfler le temps de préparer la garniture.

Pelez et hachez l'ail. Plongez les tomates pendant 20 secondes dans de l'eau bouillante, rafraîchissez-les à l'eau froide. Pelez-les et coupez-les en morceaux.

Faites chauffer 1 cuillerée à soupe d'huile dans une poêle, versez les tomates, ajoutez l'origan, l'ail, du sel et du poivre. Faites cuire de 15 à 30 minutes jusqu'à ce que le maximum d'eau ait été éliminé.

Préchauffez le four à 250 °C (therm. 8-9).

Coupez le jambon en lanières et le chorizo en rondelles. Coupez les artichauts en deux. Épongez les filets d'anchois dans du papier absorbant.

Coupez finement les champignons.

Étalez les tomates sur les pizzas, répartissez les filets d'anchois. Disposez les autres ingrédients : artichauts, champignons, jambon et saucisson, en les regroupant par quartiers. Parsemez les olives sur toute la surface et saupoudrez de parmesan. Arrosez d'un filet d'huile d'olive.

Faites cuire au four pendant 10 minutes environ. Servez chaud.

POIVRONS FARCIS

POUR 4 PERSONNES
PRÉPARATION : 45 min
CUISSON : 45-50 min

> 4 beaux poivrons rouges
> 1 petit bouquet de persil plat
> 2 oignons moyens
> 100 g de beurre
> 150 g de pulpe de tomate en dés (en conserve)
> 100 g de jambon cru
> 250 g de chair à saucisse
> 1 œuf
> sel, poivre

Rincez les poivrons, coupez la base du côté de la queue, puis retirez les graines et les filaments blancs. Rangez les poivrons dans un plat à four juste assez grand pour les contenir.

Lavez et ciselez le persil.

Pelez les oignons et hachez-les finement. Mettez à fondre 25 g de beurre dans une poêle et faites-y cuire les oignons de 5 à 10 minutes, à feu doux, jusqu'à ce qu'ils soient transparents. Ajoutez la pulpe de tomate et laissez cuire jusqu'à obtenir une purée à peine humide. Transvasez-la dans un saladier.

Préchauffez le four à 180 °C (therm. 6).

Hachez finement le jambon cru. Mettez-le dans le saladier puis ajoutez la chair à saucisse, l'œuf et le persil. Salez et poivrez (légèrement si la chair à saucisse est déjà assaisonnée) et mélangez bien. Remplissez les poivrons de cette farce.

Faites fondre le reste de beurre dans une petite casserole et versez-le sur les poivrons. Enfournez et laissez cuire environ 40 minutes en arrosant souvent avec le jus de cuisson ; à mi-cuisson, couvrez les poivrons d'une feuille d'aluminium pour que la surface reste moelleuse.

Servez les poivrons chauds, dans le plat de cuisson, et dégustez-les seuls ou accompagnés de riz blanc.

CONSEIL Préparez cette recette avec des poivrons de différentes couleurs (jaunes, violets, orange). Vous pouvez les cuisiner la veille : réchauffés, ils n'en seront que meilleurs.

FILET MIGNON AUX CHAMPIGNONS

POUR 4 PERSONNES
PRÉPARATION : **20 min**
CUISSON : **20 min environ**

- 1 filet mignon de porc (600 g environ)
- 1 échalote
- 1 gousse d'ail
- 2 c. à soupe d'huile d'olive
- 2 c. à soupe de cognac
- 4 c. à soupe de crème liquide
- 1 c. à soupe de moutarde
- 500 g de mélange de champignons surgelés
- sel, poivre
- fleur de sel

Détaillez le filet mignon en tranches épaisses (environ 1,5 cm d'épaisseur). Pelez et émincez l'échalote et l'ail.

Dans une poêle, mettez à chauffer 1 cuillerée à soupe d'huile, ajoutez l'ail et les champignons encore congelés, et faites cuire selon les instructions portées sur l'emballage (environ 10 minutes). Réservez au chaud.

Mettez le reste d'huile à chauffer dans la poêle et faites-y suer l'échalote. Ajoutez les tranches de filet mignon et faites-les dorer 1 minute de chaque côté à feu moyen. Salez, poivrez, baissez le feu et poursuivez la cuisson 5 ou 6 minutes en retournant la viande de temps en temps. Réservez dans une assiette.

Déglacez la poêle avec le cognac, donnez un bouillon puis ajoutez la crème et la moutarde. Mélangez et laissez réduire 1 minute. Remettez les morceaux de viande dans la poêle et enrobez-les bien de sauce.

Dressez les médaillons de filet mignon dans les assiettes et déposez les champignons à côté. Parsemez de fleur de sel et servez.

CÔTES DE PORC AU SIROP D'ÉRABLE

POUR 4 PERSONNES
PRÉPARATION : 10 min
CUISSON : 25 min

- 2 pommes reinettes
- le jus de 1/2 citron
- 20 g de beurre
- 1 c. à soupe d'huile
- 4 côtes de porc
- 2 c. à soupe de sirop d'érable
- 2 c. à soupe de crème fraîche épaisse
- sel, poivre

Préchauffez le four à 200 °C (therm. 6-7).

Épluchez les pommes, coupez-les en deux, évidez-les, recoupez-les en fines tranches et citronnez-les.

Faites chauffer le beurre et l'huile dans une poêle. Salez et poivrez les côtes de porc, puis saisissez-les pendant 2 minutes sur chaque face. Égouttez-les et mettez-les dans un plat allant au four. Rangez les pommes par-dessus les côtes, salez et poivrez.

Nappez de sirop d'érable et de crème fraîche et faites cuire pendant 20 minutes. Servez très chaud.

CÔTES DE PORC À LA MOUTARDE ET À LA BIÈRE

POUR 4 PERSONNES
PRÉPARATION : 5 min
CUISSON : 20-25 min

- 4 côtes de porc
- 4 c. à soupe de moutarde
- 1 branche de thym
- 2 feuilles de laurier
- 1 oignon
- 1 gousse d'ail
- 20 cl de bière blonde
- sel, poivre

Préchauffez le four à 210 °C (therm. 7).

Badigeonnez les côtes de porc de moutarde et déposez-les dans un plat. Salez et poivrez. Saupoudrez de thym émietté, ajoutez le laurier et parsemez d'oignon et d'ail pelés et émincés.

Enfournez et laissez cuire 5 minutes. Lorsque la viande commence à dorer, arrosez avec la bière puis poursuivez la cuisson pendant 15 à 20 minutes en arrosant de temps en temps la viande avec le jus de cuisson.

Servez avec un gratin de pommes de terre ou des purées de céleri et de marrons.

BOUDIN NOIR À LA NORMANDE

POUR 4-6 PERSONNES
PRÉPARATION : **15 min**
CUISSON : **15 min environ**

- 500 g de pommes
- le jus de 1 citron
- 60 g de beurre
- 700 g de boudin
- quelques brins de ciboulette
- sel, poivre

Épluchez les pommes, coupez-les en fines tranches et mélangez-les avec le jus de citron.

Dans une poêle, faites fondre 40 g de beurre et mettez-y les pommes à dorer pendant 15 minutes environ.

Coupez le boudin en tronçons de 10 cm environ. Piquez-les avec la pointe d'une fourchette.

Dans une autre poêle, mettez à chauffer le reste de beurre et faites-y rissoler le boudin en le retournant pendant 10 à 12 minutes environ. Salez et poivrez.

Lavez et ciselez la ciboulette.

Égouttez le boudin, disposez-le dans le plat de service chaud, ajoutez les pommes et parsemez de ciboulette. Servez aussitôt.

POÊLÉE DE POULET AU POTIRON ET À LA CRÈME

POUR 4 PERSONNES
PRÉPARATION : 15 min
CUISSON : 40 min environ

- 1 oignon
- 1 gousse d'ail
- 400 g de blancs de poulet
- 1 c. à café de graines de coriandre
- 600 g de potiron ou de courge butternut
- 1 courgette
- 1 c. à soupe d'huile d'olive
- 1 petit bouquet de coriandre fraîche
- 20 cl de crème liquide
- sel, poivre

Pelez et émincez l'oignon et l'ail. Détaillez les blancs de poulet en cubes ou en lanières épaisses. Concassez grossièrement les graines de coriandre.

Pelez le morceau de potiron et la courgette, rincez-les et coupez-les en cubes.

Mettez l'huile d'olive à chauffer dans une sauteuse et faites-y revenir l'oignon avec les graines de coriandre pendant 5 minutes. Ajoutez les morceaux de poulet et faites-les dorer sur toutes leurs faces. Ajoutez l'ail, les cubes de potiron et de courgette ; mélangez.

Versez la crème liquide dans la sauteuse, couvrez et laissez mijoter tout doucement pendant 30 minutes en remuant de temps en temps.

Lavez et ciselez la coriandre.

Salez et poivrez en fin de cuisson. Parsemez de coriandre et servez aussitôt, avec du riz basmati et/ou des lentilles corail.

SAUTÉ D'AGNEAU OU DE VEAU AUX AUBERGINES

POUR 4 PERSONNES
PRÉPARATION : 15 min
CUISSON : 25-35 min

- 1,2 kg de collier d'agneau ou d'épaule de veau
- 3 aubergines
- 1 gousse d'ail
- 1/4 de bouquet de persil
- 20 g de beurre
- 20 cl d'huile d'arachide
- 30 cl de fond blanc de veau
- 15 cl de vin blanc
- 10 cl de fondue de tomates
- sel, poivre

BON À SAVOIR

Choisissez des aubergines plutôt de petite taille (les grosses sont plus spongieuses), bien fermes, et avec une peau lisse et brillante. Vous pouvez aussi utiliser des aubergines blanches.

Faites désosser le collier (ou l'épaule) par le boucher puis coupez-le en morceaux réguliers et, à l'aide d'un petit couteau, enlevez le maximum de graisse. Salez et poivrez les morceaux.

Épluchez les aubergines et coupez-les en petits morceaux carrés. Pelez l'ail et équeutez le persil, puis hachez-les.

Dans une cocotte, mettez à chauffer le beurre et 3 cuillerées à soupe d'huile. Faites-y dorer les morceaux de viande en les retournant plusieurs fois. Retirez-les de la cocotte et jetez la graisse.

Remettez les morceaux dans la cocotte, versez le fond de veau, salez, poivrez et faites cuire pendant 15 minutes à couvert (25 minutes pour l'épaule de veau).

Pendant ce temps, faites sauter les aubergines dans 15 cl d'huile, puis salez-les. Égouttez-les sur du papier absorbant.

Retirez la viande de la cocotte, versez le vin blanc et la fondue de tomates et mélangez-les bien avec le liquide de cuisson. Remettez la viande et les aubergines dans la cocotte, ajoutez l'ail et la moitié du persil, mélangez encore et poursuivez la cuisson de 5 à 10 minutes. Goûtez et rectifiez l'assaisonnement.

Versez le sauté dans le plat de service bien chaud et parsemez de persil haché.

CÔTELETTES D'AGNEAU VERT-PRÉ

POUR 4 PERSONNES
PRÉPARATION : 10 min
CUISSON : 8 min

- 40 g de beurre
- 1 c. à soupe de persil haché
- 1 botte de cresson
- 8 belles côtelettes d'agneau
- sel, poivre

Coupez le beurre en petits morceaux. Dans un saladier, travaillez-le en pommade avec une spatule. Ajoutez 1 pincée de sel, du poivre du moulin et le persil haché. Malaxez et réservez ce beurre au réfrigérateur.

Lavez et égouttez le cresson. Séparez-le en bouquets.

Salez et poivrez les côtelettes. Faites-les griller pendant 3 ou 4 minutes de chaque côté. Disposez-les sur un plat bien chaud et ajoutez sur chacune le quart du beurre composé très froid.

Entourez de bouquets de cresson et servez aussitôt.

VARIANTE Vous pouvez remplacer le cresson par de la mâche.

CÔTELETTES D'AGNEAU AU THYM

POUR 4 PERSONNES
MARINADE : 1 h
PRÉPARATION : 5 min
CUISSON : 7 ou 8 min

- 20 cl d'huile d'olive
- 1 c. à soupe de thym séché
- 12 petites côtelettes d'agneau
- sel, poivre

Versez l'huile dans un bol avec le thym, remuez et laissez reposer à température ambiante pendant 1 heure.

Badigeonnez chaque côtelette d'agneau avec cette huile, sur les deux faces.

Juste avant de servir, faites griller les côtelettes pendant 3 ou 4 minutes de chaque côté ; salez et poivrez.

CONSEIL Vous pouvez aussi badigeonner les côtelettes avec une huile au basilic ou au romarin.

JARRET DE VEAU À LA PROVENÇALE

POUR 4-6 PERSONNES
PRÉPARATION : 15 min
CUISSON : 1 h 40 environ

- 4 ou 6 tranches de jarret de 180 g
- 2 oignons
- 6 ou 8 tomates
- 2 gousses d'ail
- 3 c. à soupe d'huile d'olive
- 20 cl de vin blanc
- 1 bouquet garni
- 15 cl de bouillon de veau
- sel, poivre

Salez et poivrez le jarret. Pelez et hachez les oignons. Plongez les tomates pendant 20 secondes dans de l'eau bouillante, puis rafraîchissez-les à l'eau froide. Pelez-les, épépinez-les, puis coupez-les en morceaux. Pelez et écrasez les gousses d'ail.

Faites chauffer l'huile dans une sauteuse et mettez-y à dorer, de chaque côté, les tranches de jarret. Ajoutez l'oignon et faites-le blondir. Puis ajoutez les tomates, le vin blanc et le bouquet garni. Remuez bien et laissez cuire 5 minutes.

Ajoutez le bouillon et l'ail. Couvrez et faites cuire pendant 1 h 20 à feu doux. Laissez ensuite réduire la sauce pendant 10 minutes à découvert. Servez bien chaud.

TARTE À LA VIANDE ET AUX OIGNONS

POUR 4-6 PERSONNES
PRÉPARATION : 25 min
CUISSON : 30-40 environ

- 400 g de pâte brisée (à acheter chez un boulanger)
- 750 g d'oignons
- 80 g de beurre
- 1 œuf
- 20 cl de crème fraîche
- 1 pincée de muscade
- 200 g environ de restes de veau (ou de restes de poulet)
- sel, poivre

Préchauffez le four à 180 °C (therm. 6).

Étalez la pâte et garnissez-en un moule à tarte de 28 cm de diamètre, recouvert de papier sulfurisé. Faites précuire la pâte 10 minutes.

Pendant ce temps, épluchez les oignons et émincez-les finement. Faites-les cuire doucement dans une sauteuse avec 50 g de beurre pendant 15 à 20 minutes.

Augmentez la température du four à 210 °C (therm. 7).

Battez l'œuf avec la crème dans un bol, salez, poivrez et ajoutez la muscade. Versez ce mélange dans une casserole et faites-le épaissir à feu très doux, sans ébullition, puis ajoutez-le dans la sauteuse.

Coupez les restes de viande en tout petits bâtonnets. Garnissez-en le fond de pâte précuit. Versez la préparation aux oignons dessus. Parsemez de noisettes de beurre et enfournez pour 15 à 20 minutes. Servez bien chaud.

ESCALOPES À LA MILANAISE

POUR 4 PERSONNES
PRÉPARATION : 25 min
CUISSON : 40 min environ

- 200 g de spaghettis ou de macaronis
- 2 champignons de Paris
- 1 tranche de jambon de 80 g environ
- 4 escalopes de veau de 150 g environ
- 80 g de beurre
- 2 c. à soupe d'huile d'arachide
- 3 c. à soupe de madère
- 20 cl de fond brun de veau
- 20 g de parmesan
- sel, poivre

Pour la fondue de tomates

- 5 ou 6 tomates
- 1 oignon
- 1 gousse d'ail
- 2 c. à soupe d'huile d'olive
- 1 ou 2 branchettes de thym

Pour la panure

- 100 g de farine
- 1 œuf
- 100 g de mie de pain finement émiettée
- 30 g de parmesan

Préparez la fondue de tomates. Plongez les tomates pendant 20 secondes dans de l'eau bouillante, pelez-les, épépinez-les, puis coupez la pulpe en dés. Pelez et hachez l'oignon et l'ail. Mettez à chauffer l'huile d'olive et faites-y revenir l'oignon. Ajoutez les tomates, l'ail et le thym, et faites cuire 20 minutes environ, à feu doux et en remuant. Salez et poivrez.

Pendant ce temps, faites cuire les pâtes al dente dans de l'eau bouillante salée. Nettoyez les champignons et coupez-les en petits bâtonnets. Détaillez le jambon en fines lanières.

Préparez la panure. Mettez la farine dans une assiette plate. Battez l'œuf dans une assiette creuse. Dans une autre assiette plate, mélangez la mie de pain avec 30 g de parmesan. Salez et poivrez les escalopes. Passez-les d'abord dans la farine, puis dans l'œuf battu et enfin dans la panure au parmesan, chaque fois des deux côtés.

Dans une poêle, mettez à fondre 20 g de beurre avec l'huile et faites-y cuire les escalopes de 8 à 10 minutes, en les retournant.

Dans une petite casserole, mettez à fondre 20 g de beurre, faites-y revenir les champignons pendant 2 minutes, ajoutez le jambon et laissez cuire encore 2 minutes. Versez le madère, laissez réduire pendant 1 minute, puis ajoutez le fond de veau et faites réduire 2 ou 3 minutes. Incorporez 20 g de beurre. Rectifiez l'assaisonnement et gardez la sauce au chaud.

Égouttez les pâtes, mélangez-les avec le beurre restant (20 g) et mettez-les dans un plat chaud.

Servez les escalopes et les pâtes dans des plats chauds ; présentez le parmesan, la fondue de tomates et la sauce à part.

BON À SAVOIR On prépare de la même façon des côtes de veau à la milanaise.

CÔTES DE VEAU À LA NORMANDE

POUR 4 PERSONNES
PRÉPARATION : **25 min**
CUISSON : **20 min**

- 4 côtes de veau
- 80 g de beurre
- 5 cl de calvados
- 25 cl de crème fraîche
- 4 pommes
- sel, poivre blanc

Salez et poivrez les côtes de veau. Faites de petites entailles sur les bords pour qu'elles ne se déforment pas à la cuisson.

Mettez à fondre 40 g de beurre dans une grande poêle et faites dorer les côtes de veau pendant 2 minutes de chaque côté. Baissez le feu, couvrez et laissez cuire doucement pendant 10 minutes.

Chauffez le calvados, versez-le dans la poêle et flambez. Retirez les côtes et réservez-les au chaud.

Versez la crème fraîche dans la poêle et laissez cuire en remuant pendant 3 ou 4 minutes jusqu'à ce qu'elle épaississe. Goûtez et rectifiez l'assaisonnement.

Remettez les côtes de veau dans la sauce et gardez la poêle au chaud mais sans cuire.

Pelez, épépinez les pommes et coupez-les en lamelles. Dans une autre poêle, faites-les sauter vivement dans le reste de beurre.

Disposez les côtes de veau et leur sauce dans un plat chaud. Entourez de lamelles de pomme et servez.

FRICASSÉE DE VEAU

POUR 4 PERSONNES
PRÉPARATION : 15 min
CUISSON : 55 min

- 800 g d'épaule ou de collier ou de tendron de veau
- 1 gros oignon
- 40 g de beurre
- 40 g de farine
- 1 litre de fond de veau ou d'eau
- 1 bouquet garni
- 2 c. à soupe de crème fraîche
- sel, poivre

Coupez la viande de veau en morceaux moyens (de 50 g environ). Pelez et hachez l'oignon.

Faites revenir le veau dans le beurre chaud mais sans le laisser colorer. Ajoutez l'oignon et laissez cuire doucement pendant 5 minutes. Saupoudrez de farine et faites cuire encore 5 minutes en remuant.

Versez le fond ou l'eau, ajoutez le bouquet garni, salez. Portez à ébullition et faites cuire pendant 45 minutes à couvert.

Égouttez les morceaux de viande et disposez-les dans le plat de service. Réservez-les au chaud.

Faites réduire le liquide de cuisson d'un tiers (si besoin est), ajoutez la crème fraîche, mélangez et portez à ébullition en remuant. Goûtez et rectifiez l'assaisonnement. Passez la sauce et nappez-en le veau. Servez aussitôt.

PRÊT À L'AVANCE

Pour un menu complet et équilibré, accompagnez la fricassée d'une purée de carottes et de pommes de terre, et terminez avec un crumble à la rhubarbe.

FOIE DE VEAU À L'ANGLAISE

POUR 4 PERSONNES
PRÉPARATION : 5 min
CUISSON : 5-10 min

- 4 tranches de foie de 125 g environ
- 20 g de beurre
- 1 c. à soupe d'huile d'arachide
- 4 tranches de bacon
- 1 c. à soupe de persil ciselé
- 1/2 citron
- sel, poivre

Salez et poivrez les tranches de foie de veau. Mettez à chauffer le beurre et l'huile dans une poêle et faites-y cuire les tranches de foie entre 2 et 5 minutes sur chaque face, suivant leur épaisseur et selon la cuisson désirée. Égouttez-les et réservez-les au chaud, sur le plat de service.

Faites sauter 4 tranches de bacon dans la même poêle. Posez-les sur les tranches de foie. Parsemez de persil ciselé.

Pressez le citron et versez le jus dans le beurre de cuisson, mélangez, décollez les sucs et nappez-en les tranches de foie. Servez aussitôt.

CORDONS-BLEUS DE POULET

POUR 4 PERSONNES • PRÉPARATION : 15 MIN • RÉFRIGÉRATION : 10 MIN • CUISSON : 15 MIN

4 escalopes de poulet • 4 très fines tranches de jambon ou 8 tranches de bacon • 100 g de comté • 2 c. à soupe de farine • 2 biscottes • 2 œufs • 2 c. à soupe de lait • 2 c. à soupe d'huile d'olive ou de tournesol • sel, poivre

1 Placez 1 escalope de poulet entre deux feuilles de film alimentaire. Aplatissez-la en tapant dessus avec un rouleau à pâtisserie ou le fond d'une casserole. Procédez de même avec les 3 autres escalopes.

2 Salez et poivrez les escalopes.

3 Recouvrez chaque escalope de 1 tranche de jambon (ou de 2 tranches de bacon).

4 Détaillez le comté en fines tranches ou en copeaux et déposez-le sur le jambon.

5 Repliez les escalopes pour former un chausson en pressant bien. Enveloppez-les dans du film alimentaire. Placez-les au réfrigérateur pendant 10 minutes environ.

6 Versez la farine dans une assiette creuse. Broyez les biscottes et versez la chapelure ainsi obtenue dans une autre assiette.

7 Cassez les œufs au-dessus d'une troisième assiette et battez-les à la fourchette avec le lait (ou, à défaut, de l'eau).

8 Passez les cordons bleus dans la farine en insistant sur l'ouverture pour éviter que la garniture ne s'échappe à la cuisson. Secouez pour ôter l'excédent de farine.

9 Passez ensuite les cordons-bleus dans les œufs battus puis dans la chapelure.

10 Mettez à chauffer l'huile dans une poêle et faites cuire les cordons-bleus pendant 6 à 8 minutes de chaque côté.

11 Lorsque les cordons-bleus sont bien dorés, retirez-les de la poêle et servez aussitôt.

POULET À L'ESTRAGON

POUR 4-6 PERSONNES
PRÉPARATION : **15 min**
CUISSON : **1 h environ**

- 50 cl de fond de volaille
- 2 bottes d'estragon
- 1 poulet de 1,8 kg
- 1/2 citron
- 15 g de farine
- 15 g de beurre
- sel, poivre

Faites chauffer le fond de volaille, ajoutez-y 4 branches d'estragon et laissez cuire très doucement pendant 10 minutes.

Préparez le poulet et frottez-le avec le demi-citron. Glissez 4 branches d'estragon à l'intérieur. Salez et poivrez le poulet, puis ficelez-le. Mettez-le dans une cocotte et versez le fond de volaille parfumé. Couvrez, portez à ébullition et faites cuire pendant 45 à 50 minutes, à feu doux.

Égouttez le poulet et disposez-le au chaud dans le plat de service.

Dans une assiette, mélangez la farine avec le beurre, en travaillant à la fourchette, jusqu'à ce que le beurre ait absorbé toute la farine et que le mélange soit homogène.

Hachez le reste des feuilles d'estragon.

Faites réduire le jus de cuisson d'un tiers environ, mettez-y le mélange beurre-farine en fouettant vivement. Goûtez et rectifiez l'assaisonnement, ajoutez l'estragon haché. Nappez le poulet d'un peu de sauce et mettez le reste de la sauce dans une saucière.

Dégustez avec du blé ou des pâtes ainsi que des champignons de Paris poêlés.

POULET AU CITRON

POUR 4-6 PERSONNES
PRÉPARATION : 15 min
MARINADE : 1 h
CUISSON : 35 min

- 1 poulet de 1,3 à 1,5 kg
- 2 citrons
- 1 pointe de piment de Cayenne
- 2 c. à soupe d'huile d'olive
- 2 branches de thym
- 15 cl de crème fraîche
- sel, poivre

Découpez le poulet en morceaux.

Prélevez le zeste d'un citron en fines lanières. Pressez les deux fruits et mélangez leur jus avec du sel, du poivre et un soupçon de piment de Cayenne. Arrosez le poulet de ce jus et faites-le mariner pendant 1 heure au moins.

Égouttez les morceaux de poulet, épongez-les. Dans une cocotte, faites-les dorer avec l'huile d'olive, à feu vif. Baissez le feu, parsemez le poulet de thym émietté, couvrez et faites cuire doucement pendant 30 minutes.

Égouttez les morceaux de poulet et tenez-les au chaud, sous une feuille d'aluminium.

Versez la marinade et la crème fraîche dans la cocotte. Chauffez en remuant pour faire épaissir cette sauce. Goûtez et rectifiez l'assaisonnement. Remettez les morceaux de poulet dans la sauce et faites cuire encore 5 minutes. Servez dans la cocotte.

SALADE MÉDITERRANÉENNE AU POULET ET AUX CHAMPIGNONS

LÉGER

POUR 4 PERSONNES
PRÉPARATION : **20 min**
CUISSON : **20 min**

- 100 g de quinoa
- 300 g de champignons de Paris
- 4 c. à soupe d'huile d'olive
- 2 c. à soupe de pignons de pin
- 1 c. à soupe de vinaigre balsamique
- 150 g de roquette
- 8 tomates cerises
- 4 « pétales » de tomates confites à l'huile
- 300 g de blancs de poulet
- 1 citron
- 1 c. à soupe de raisins secs
- sel, poivre

Rincez le quinoa, versez-le dans une casserole, recouvrez avec environ deux fois le volume de quinoa en eau. Portez à ébullition et faites cuire pendant 10 minutes. Égouttez.

Nettoyez les champignons puis émincez-les. Mettez 1 cuillerée à soupe d'huile d'olive à chauffer dans une poêle et faites-y suer les champignons pendant 5 minutes à feu moyen. Dans une autre poêle, faites griller les pignons de pin à sec.

Versez le vinaigre dans un saladier, ajoutez du sel et du poivre. Mélangez, puis versez 2 cuillerées à soupe d'huile d'olive et émulsionnez.

Lavez et essorez la roquette, déposez-la dans le saladier. Rincez les tomates cerises et coupez-les en deux. Détaillez les tomates confites en lanières.

Coupez les blancs de poulet en lanières, arrosez-les de jus de citron et faites-les dorer dans une poêle avec 1 cuillerée à soupe d'huile pendant 3 à 5 minutes. Mettez-les dans le saladier et ajoutez les champignons, le quinoa, les tomates cerises et les tomates confites. Parsemez de pignons grillés et de raisins secs, et mélangez. Servez aussitôt.

Cette salade complète sera parfaite au dîner. Accompagnez-la de tranches de pain de campagne grillées et terminez le repas avec un laitage et une compote de pomme ou un cake maison.

PAPILLOTES DE POULET À LA MOUTARDE

EXPRESS

POUR 4 PERSONNES
PRÉPARATION : **10 min**
CUISSON : **20-25 min**

- 4 escalopes de poulet
- 4 c. à soupe de moutarde
- 3 c. à soupe de crème fraîche
- 2 branches de thym
- quelques pluches de persil plat
- 1 c. à café de baies roses
- 2 c. à soupe d'huile d'olive
- sel, poivre

Préchauffez le four à 180 °C (therm. 6).

Découpez 4 carrés dans une feuille d'aluminium ou dans du papier sulfurisé. Déposez une escalope de poulet sur chaque carré.

Dans un bol, mélangez la moutarde, la crème et le thym émietté. Salez et poivrez. Badigeonnez chaque escalope de cette préparation. Saupoudrez de persil ciselé et de baies roses et arrosez d'un filet d'huile d'olive.

Fermez les papillotes, déposez-les dans un plat et enfournez pour 20 à 25 minutes. Dégustez bien chaud.

ESCALOPES DE DINDE AU CURRY

POUR 4 PERSONNES
PRÉPARATION : 8 min
CUISSON : 15 min environ

- 4 escalopes de dinde
- 4 échalotes
- 50 g de beurre
- 25 cl de crème liquide
- 1 c. à soupe de curry doux
- piment de Cayenne
- sel, poivre

Salez et poivrez les escalopes. Pelez et hachez les échalotes.

Mettez le beurre à chauffer dans une poêle et faites-y cuire les escalopes 5 minutes de chaque côté. Déposez-les ensuite sur le plat de service et gardez-les au chaud.

Faites cuire doucement les échalotes dans la même poêle. Quand elles sont bien fondues, versez la crème et mélangez en grattant avec une spatule. Ajoutez le curry, 1 pointe de piment de Cayenne, salez et poivrez. Laissez cuire en remuant pendant 4 ou 5 minutes, jusqu'à ce que la sauce soit bien onctueuse.

Ajoutez le jus rendu par les escalopes. Goûtez et rectifiez l'assaisonnement. Nappez les escalopes de la sauce et servez.

CONSEIL La garniture classique des plats au curry est le riz nature. Vous pouvez lui ajouter des raisins secs ou des noix de cajou.

ESCALOPES DE POULET AUX POIVRONS

POUR 6 PERSONNES
PRÉPARATION : 20 min
CUISSON : 30 min environ

- 5 poivrons rouges
- 1 c. à soupe d'huile d'olive
- 6 escalopes de poulet
- 1 cube de bouillon
- 1 bouquet de coriandre
- 50 cl de crème fraîche épaisse
- sel, poivre

Mixez les poivrons jusqu'à obtenir une purée. Mettez l'huile d'olive à chauffer dans une sauteuse et faites-y mijoter la purée de poivrons pendant 20 à 25 minutes, à feu doux.

Pendant ce temps, faites cuire les blancs de poulet 20 minutes dans le bouillon préparé avec 1 litre d'eau. Détaillez-les en lamelles puis ajoutez-les à la purée de poivrons ; salez et poivrez. Réservez le tout si vous avez préparé cette recette à l'avance.

Lavez et ciselez la coriandre.

Avant de servir, faites réchauffer doucement la purée de poivrons au poulet. Au dernier moment, ajoutez la crème fraîche et la coriandre. Servez très chaud, avec du riz basmati.

PAPILLOTES DE DINDE AUX ÉPICES

POUR 4 PERSONNES
PRÉPARATION : **20 min**
CUISSON : **15 min**

- 2 pommes acides (granny smith)
- 2 bananes
- le jus de 1 citron
- 8 c. à soupe de lait de coco
- 1 c. à café de graines de coriandre
- 1 c. à café de graines de cumin
- 1 pincée de cannelle en poudre
- 1 pincée de gingembre moulu
- 1 pincée de safran
- 4 escalopes de dinde d'environ 150 g chacune
- sel, poivre

Épluchez les pommes, retirez le cœur et les pépins, coupez-les en quartiers. Pelez les bananes et détaillez-les en rondelles. Arrosez aussitôt les fruits avec le jus du citron.

Dans un bol, mélangez le lait de coco avec la coriandre, le cumin, la cannelle, le gingembre et le safran. Salez peu, poivrez.

Préchauffez le four à 210 °C (therm. 7).

Étalez quatre morceaux de papier sulfurisé sur le plan de travail. Posez 1 escalope sur chacun, répartissez les fruits, puis versez le lait de coco aux épices.

Fermez les papillotes en repliant bien les bords, ou en attachant les extrémités avec une ficelle. Posez-les dans un plat à gratin. Enfournez pour 15 minutes. Éteignez le four, laissez encore reposer 5 minutes. Servez dans le plat de cuisson après avoir entrouvert les papillotes.

LÉGER

PIGEONS AUX PETITS POIS

POUR 4 PERSONNES
PRÉPARATION : **30 min**
CUISSON : **30 min environ**

- 1,5 kg de petits pois frais
- 1 cœur de laitue
- 20 petits oignons grelots
- 1 échalote
- 50 g de beurre
- 1 c. à soupe d'huile d'arachide
- 4 pigeons
- 20 cl de vin blanc
- 60 g de lardons
- 1 pincée de sucre
- sel, poivre

Écossez les petits pois. Lavez et essorez le cœur de laitue. Pelez les petits oignons. Pelez et coupez finement l'échalote.

Dans une cocotte, mettez 25 g de beurre et l'huile à chauffer et faites-y fondre l'échalote en remuant. Ajoutez les pigeons, faites-les dorer en les retournant plusieurs fois ; salez et poivrez. Versez le vin, couvrez et laissez cuire 20 minutes.

Pendant ce temps, mettez à fondre le reste de beurre dans une casserole et faites-y rissoler les lardons. Ajoutez les petits pois, la laitue et les petits oignons. Salez, ajoutez le sucre et 2 verres d'eau. Couvrez et faites cuire 15 minutes à feu moyen.

Égouttez les pigeons et mettez-les dans la casserole avec les petits pois. Enfouissez-les légèrement sous la garniture et poursuivez la cuisson pendant 5 minutes à feu doux. Servez très chaud.

LAPIN AUX PRUNEAUX

POUR 4-6 PERSONNES
TREMPAGE : 2 h
PRÉPARATION : 20 min
CUISSON : 50 min environ

- 1 grand bol de thé assez fort
- 350 g de pruneaux
- 1 lapin de 1,5 kg environ avec son foie
- 2 échalotes
- 20 g de beurre
- 2 c. à soupe d'huile
- 1 brin de thym
- 20 cl de vin blanc
- 1 c. à soupe de vinaigre
- sel, poivre

Préparez le thé et faites-y tremper les pruneaux pendant 2 heures.

Découpez le lapin, salez et poivrez les morceaux. Pelez et hachez les échalotes.

Mettez à chauffer le beurre et l'huile dans une cocotte et faites-y revenir les morceaux de lapin à feu assez vif ; dorez-les sur toutes les faces. Ajoutez les échalotes, le thym et le vin. Couvrez et laissez mijoter pendant 30 minutes.

Pendant ce temps, dénoyautez les pruneaux.

Passez le foie du lapin au mixeur avec le vinaigre et ajoutez-le dans la cocotte avec les pruneaux dénoyautés. Faites cuire encore 20 minutes. Servez très chaud dans la cocotte, et dégustez avec des pâtes fraîches ou du blé.

VARIANTE Remplacez le vin blanc par de la bière ou du cidre, et ajoutez une poignée de raisins secs en même temps que les pruneaux.

Pour gagner du temps, achetez des découpes de lapin (cuisses, râbles) au lieu du lapin entier.

CABILLAUD ÉTUVÉ À LA CRÈME

POUR 4-6 PERSONNES
PRÉPARATION : **10 min**
CUISSON : **20-25 min**

- 800 g de filets de cabillaud
- 2 oignons
- 30 g de beurre
- 20 cl de vin blanc
- 20 cl de crème fraîche
- sel, poivre

Posez les filets de cabillaud sur du papier absorbant, salez et poivrez.

Pelez et hachez les oignons. Dans une cocotte, faites fondre le beurre, mettez les oignons et laissez cuire de 10 à 15 minutes en remuant de temps en temps. Quand les oignons sont fondus, ajoutez les filets de poisson et saisissez-les à feu vif. Retirez-les de la poêle à l'aide d'une écumoire et déposez-les dans un plat.

Versez le vin blanc dans la cocotte et faites réduire des trois quarts. Ajoutez la crème fraîche, mélangez bien et faites cuire à feu vif pendant 5 minutes pour la faire réduire.

Remettez les filets de poisson dans la cocotte et laissez cuire encore 5 minutes. Dégustez avec du blé ou une purée de pommes de terre ou encore avec des champignons sautés.

PAPILLOTES DE CABILLAUD AUX CREVETTES

POUR 4 PERSONNES
PRÉPARATION : 15 min
CUISSON : 15 min

- 400 g de julienne de légumes surgelée
- 3 c. à soupe d'huile d'olive
- 1 c. à soupe de crème fraîche
- 4 dos de cabillaud
- 1 petite boîte de crevettes décortiquées (120 g net)
- 2 c. à café de graines de coriandre
- quelques brins de persil
- sel, poivre

Dans une poêle, faites revenir la julienne de légumes avec 1 cuillerée à soupe d'huile chaude pendant 5 minutes à feu moyen ; salez et poivrez. Incorporez la crème.

Préchauffez le four à 210 °C (therm. 7).

Découpez 4 carrés dans du papier sulfurisé et étalez un lit de julienne de légumes sur chacun d'eux. Posez dessus un dos depoisson. Parsemez de crevettes, de graines de coriandre écrasées et d'un peu de persil ciselé ; salez et poivrez. Versez le reste d'huile, puis fermez les papillotes.

Déposez-les dans un plat allant au four et enfournez pour 10 minutes. Servez avec du riz sauvage ou du riz basmati.

1

Pour réussir les papillotes

1 Pour pouvoir former aisément les papillotes, préparez de grands carrés de papier sulfurisé.

2 Pour fermer la papillote hermétiquement, repliez les bords comme pour un ourlet ou utilisez une ficelle de cuisine. La garniture va cuire à l'étouffée et gardera tous ses parfums.

3 Ouvrez les papillotes seulement à table et dégustez-les sans tarder.

MERLANS FRITS

POUR 4 PERSONNES
PRÉPARATION : **15 min**
CUISSON : **6-8 min**

- 4 merlans d'environ 200 g chacun
- 25 cl de lait
- huile de friture
- 3 c. à soupe de farine
- sel, poivre

Demandez au poissonnier de vider les merlans par les ouïes. Coupez les nageoires aux ciseaux. Lavez les poissons à l'eau fraîche et séchez-les.

Versez le lait dans un plat creux, salez et poivrez. Mettez les merlans à tremper dedans, pendant 2 ou 3 minutes.

Faites chauffer l'huile de friture pour qu'elle atteigne environ 180 °C.

Sortez les merlans du lait, égouttez-les et roulez-les dans la farine. Tapotez pour en faire tomber l'excédent. Plongez-les dans l'huile de friture bien chaude, en deux fois si nécessaire pour qu'ils ne collent pas les uns aux autres. Faites-les cuire de 6 à 8 minutes en les retournant deux ou trois fois en cours de cuisson.

Quand les poissons sont bien dorés et croustillants, sortez-les du bain de friture à l'aide d'une écumoire et égouttez-les sur du papier absorbant. Mettez-les ensuite sur le plat de service chaud, salez et poivrez.

Servez aussitôt et dégustez les merlans avec une sauce tartare et une salade, par exemple.

EXPRESS

FILETS DE COLIN PANÉS À LA MOUTARDE

POUR 4 PERSONNES
PRÉPARATION : 20 min
CUISSON : 8 min

- 2 œufs
- 1 cuill. à soupe
- de moutarde
- 80 g de chapelure fine
- 70 g de farine
- 8 petits filets de colin de 70 g chacun environ
- 40 g de beurre
- 3 c. à soupe d'huile d'olive
- le jus de 1 citron
- sel, poivre

Battez les œufs en omelette avec la moutarde dans une grande assiette creuse. Salez et poivrez. Mettez la chapelure dans une deuxième assiette creuse, et la farine dans une troisième.

Passez successivement les filets de colin dans la farine, l'œuf battu avec la moutarde puis la chapelure, en appuyant bien sur les filets pour faire adhérer la chapelure.

Mettez à fondre le beurre avec l'huile dans une poêle à feu moyen, puis faites-y cuire les filets de colin pendant 3 ou 4 minutes de chaque côté. Lorsqu'ils sont dorés et croustillants, arrosez-les avec le jus de citron et servez aussitôt avec du riz ou une salade.

CONSEIL Vous pouvez ajouter 1 grosse cuillerée à soupe de graines de moutarde dans la chapelure avant de paner les filets de poisson.

SARDINES AU PLAT

POUR 4 PERSONNES
PRÉPARATION : **20 min**
CUISSON : **10-12 min**

- 2 douzaines de sardines
- 4 échalotes
- quelques brins de persil
- 40 g de beurre
- 1 citron
- 1/2 verre de vin blanc
- sel, poivre

Nettoyez et videz les sardines. Salez-les et poivrez-les.

Préchauffez le four à 250 °C (therm. 8-9).

Pelez et hachez les échalotes. Lavez et ciselez le persil.

Beurrez un plat allant au four avec 10 g de beurre et étalez au fond les échalotes hachées ; salez. Disposez les sardines dans le plat, arrosez-les d'un filet de jus de citron, versez le vin blanc et ajoutez le reste de beurre en petits morceaux. Glissez le plat au four pour 10 à 12 minutes.

Parsemez les sardines de persil ciselé à la sortie du four et servez aussitôt.

ROUGETS EN PAPILLOTE

POUR 4 PERSONNES
REPOS : **20 min + 1 h**
PRÉPARATION : **20 min**
CUISSON : **15-20 min**

> 8 petits rougets de 150 à 200 g chacun
> 5 tranches de pain de mie
> 1 verre de lait
> 5 ou 6 brins de persil
> 5 cl d'huile d'olive
> 2 citrons
> sel, poivre

Pour le beurre d'anchois

> 50 g de beurre
> 3 ou 4 filets d'anchois salés
> 1/2 citron

Préparez le beurre d'anchois. Faites ramollir le beurre à température ambiante. Mettez les filets d'anchois à tremper pendant 20 minutes dans un bol d'eau froide pour les dessaler. Passez-les ensuite au mixeur ou écrasez-les à la fourchette pour obtenir une purée. Ajoutez 1 cuillerée à café de jus de citron, puis mélangez cette purée avec le beurre.

Écaillez et videz les rougets.

Émiettez le pain de mie dans un bol, versez-y le lait et mélangez. Lavez et ciselez le persil. Pressez la mie de pain et amalgamez-la avec le beurre d'anchois et le persil.

Salez et poivrez les poissons des deux côtés. À l'aide d'une petite cuillère, farcissez-les du mélange aux anchois. Mettez-les dans un plat, badigeonnez-les d'huile et laissez reposer 1 heure au frais.

Préchauffez le four à 240 °C (therm. 8).

Huilez 4 feuilles de papier sulfurisé rectangulaires, placez-y 2 rougets par feuille et fermez les papillotes. Enfournez pour 15 à 20 minutes.

Servez dans les papillotes avec des rondelles de citron.

Pour un repas complet équilibré, servez ces papillotes avec du riz sauvage et du fenouil braisé. En dessert, proposez une tarte aux abricots.

PAVÉ DE THON À LA BASQUAISE

POUR 4-6 PERSONNES
PRÉPARATION : 20 min
CUISSON : 1 h environ

- 2 poivrons rouges
- 1 aubergine
- 2 oignons
- 1 gousse d'ail
- 4 tomates
- 2 c. à soupe de farine
- 1 pavé de thon rouge de 800 g à 1 kg environ
- 2 c. à soupe d'huile d'olive
- 1 brin de thym
- 1 feuille de laurier
- 1 pointe de piment de Cayenne
- sel

Coupez les poivrons en deux, ôtez les pépins et les membranes blanches, puis détaillez chaque moitié en lanières. Coupez l'aubergine en petits dés sans l'éplucher. Pelez et hachez les oignons et l'ail.

Plongez les tomates pendant 20 secondes dans de l'eau bouillante, puis rafraîchissez-les à l'eau froide. Pelez-les et coupez-les en morceaux.

Farinez le pavé de thon. Chauffez l'huile dans une cocotte, mettez-y le thon et faites-le dorer sur les deux faces pendant 5 minutes. Retirez-le de la cocotte.

Mettez les poivrons dans la cocotte et faites-les cuire pendant 3 minutes en les remuant. Ajoutez l'aubergine, l'ail et les oignons et mélangez. Ajoutez enfin les morceaux de tomate, le thym, le laurier, du sel et le cayenne. Mélangez et laissez cuire jusqu'à l'ébullition.

Remettez alors le thon dans la cocotte, couvrez et baissez le feu. Faites mijoter pendant 45 minutes environ. Servez très chaud et dégustez, par exemple, avec des courgettes ou des pommes de terre cuites à la vapeur.

FILETS DE SOLE AU BASILIC

POUR 4-6 PERSONNES
PRÉPARATION : 15 min
CUISSON : 15 min environ

- 4 grosses soles de 300 g environ
- 4 échalotes
- 2 c. à soupe de basilic haché
- 1 c. à soupe d'huile d'olive
- 1/2 verre de fumet de poisson
- 1/2 verre de vin blanc
- 1 tomate
- 120 g de beurre
- le jus de 1/2 citron
- sel, poivre

Prélevez les filets de sole. Préchauffez le four à 250 °C (therm. 8-9).

Pelez et hachez finement les échalotes. Mélangez-les avec 1 cuillerée à soupe de basilic et l'huile d'olive. Garnissez de ce mélange le fond d'un plat allant au four et sur le feu.

Salez et poivrez les soles et disposez-les dans le plat.
Mélangez le fumet de poisson et le vin blanc et versez par-dessus.

Mettez le plat sur le feu et portez à ébullition. Puis recouvrez-le d'une feuille d'aluminium et enfournez pour 5 minutes.

Égouttez les soles et tenez-les au chaud. Remettez le plat sur le feu et faites réduire le liquide de cuisson d'un tiers.

Ébouillantez la tomate et coupez-la en petits dés.

Coupez le beurre en petits morceaux et incorporez-le dans la sauce réduite, en fouettant. Salez, poivrez et ajoutez le jus de citron.

Répartissez les dés de tomate sur les poissons, nappez de la sauce, parsemez du reste de basilic ciselé et servez.

FILETS DE DORADE À LA JULIENNE DE LÉGUMES

POUR 4-6 PERSONNES
PRÉPARATION : **30 min**
CUISSON : **15-20 min**

- 2 blancs de poireau
- 4 branches de céleri
- 1/2 bulbe de fenouil
- 2 petits navets (nouveaux de préférence)
- 50 g de beurre
- 800 g de filets de dorade
- 1 ou 2 citrons
- 20 cl de crème fraîche
- sel, poivre

Épluchez, lavez et coupez tous les légumes en fins bâtonnets. Faites fondre 40 g de beurre dans une poêle ou dans une casserole et mettez cette julienne de légumes à cuire doucement jusqu'à ce que tous les légumes soient fondus ; salez et poivrez.

Préchauffez le four à 220 °C (therm. 7-8).

Beurrez un plat à gratin et étalez-y la julienne de légumes. Salez et poivrez les filets de dorade, puis disposez-les dans le plat.

Pressez les citrons de façon à avoir 2 cuillerées à soupe de jus. Dans un bol, mélangez le jus de citron et la crème fraîche et versez ce mélange sur les filets de poisson.

Couvrez le plat d'une feuille d'aluminium et glissez au four pour 15 à 20 minutes. Servez dans le plat.

VARIANTE **Vous pouvez, de la même façon, préparer des filets de cabillaud ou de tout autre poisson.**

CARRELET BRAISÉ AU FOUR

POUR 4 PERSONNES
PRÉPARATION : 15 min
CUISSON : 35 min environ

- 1 carrelet de 1,8 à 2 kg
- 2 échalotes grises
- 40 g de beurre + 10 g pour le plat
- 20 cl de vin blanc sec
- sel, poivre

Rincez le carrelet à l'eau et épongez-le avec du papier absorbant. Pelez et hachez finement les échalotes.

Préchauffez le four à 210 °C (therm. 7). Beurrez largement la lèchefrite ou un plat assez grand pour y poser le carrelet.

Parsemez les échalotes hachées dans le fond de la lèchefrite ou du plat puis posez le carrelet dessus. Salez et poivrez, versez le vin blanc. Faites cuire au four pendant 35 minutes environ.

Sortez délicatement le carrelet du four, posez-le sur le plat de service et retirez la peau du poisson. Maintenez-le au chaud dans le four entrouvert.

Récupérez le jus de cuisson dans une petite casserole et faites-le réduire très légèrement en le faisant bouillir quelques instants à feu vif. Arrêtez le feu et ajoutez le beurre par petits morceaux, tout en fouettant. Goûtez et rectifiez l'assaisonnement. Versez dans la saucière bien chaude.

Servez aussitôt le carrelet et sa sauce. Dégustez-le accompagné d'épinards ou de pommes de terre cuites à l'eau, par exemple.

VARIANTE Vous pouvez préparer cette recette avec de la sole, certes plus onéreuse, mais à la chair plus fine et plus délicate.

BON À SAVOIR

Pour être certain de sa fraîcheur, assurez-vous que le carrelet présente des « pois » de couleur orange vif sur une face et que sa chair est ferme et humide. L'intérieur doit être blanc nacré.

FILETS DE FLÉTAN AU FOUR À LA TOMATE

POUR 4 PERSONNES
PRÉPARATION : **10 min**
CUISSON : **10 min**

- 2 belles tomates
- 8 mini-boules de mozzarella
- 3 c. à soupe d'huile d'olive
- 4 filets de flétan de 180 g chacun environ
- 4 brins de thym
- 3 c. à soupe de vinaigre balsamique
- sel, poivre

Préchauffez le four à 200 °C (therm. 6-7).

Lavez et coupez les tomates en fines tranches. Coupez les boules de mozzarella en deux.

Étalez la moitié de l'huile d'olive dans le fond d'un plat à four. Déposez les filets de flétan dans le plat. Répartissez les tranches de tomate et les demi-boules de mozzarella sur les morceaux de poisson en les faisant se chevaucher. Parsemez de brins de thym, salez, poivrez, puis arrosez avec le reste de l'huile d'olive.

Enfournez pour 10 minutes. Sortez le plat du four, arrosez les filets de poisson avec le vinaigre balsamique et servez aussitôt.

CONSEIL Le flétan est un poisson très fragile. Attention, donc, à ne pas trop le faire cuire.

HADDOCK POCHÉ À L'ŒUF

POUR 4-6 PERSONNES
TREMPAGE : 30 min
PRÉPARATION : 15 min
CUISSON : 15 min environ

- 800 g de filets de haddock
- 1 litre de lait
- 1 feuille de laurier
- 4 ou 6 œufs
- 10 cl de vinaigre blanc
- 120 g de beurre
- 1 citron
- quelques brins de persil plat
- poivre

Dans un saladier, faites tremper le haddock dans le lait froid pendant 30 minutes environ.

Retirez-le du lait et versez celui-ci dans une casserole, ajoutez la feuille de laurier et portez à ébullition. Plongez le haddock dans le lait chaud et réduisez le feu au minimum. Laissez pocher très doucement pendant 10 minutes au plus.

Pendant ce temps, faites pocher les œufs. Dans une casserole, portez à ébullition 2 litres d'eau non salée et le vinaigre. Cassez chaque œuf dans une louche et plongez celle-ci au fond de la casserole d'eau. Retournez la louche délicatement en laissant l'œuf dans l'eau frémissante. Laissez pocher pendant 3 minutes sans faire bouillir. Faites de même avec les autres œufs.

Coupez le beurre en morceaux et faites-le fondre sans le cuire. Pressez le jus du citron et ajoutez-le dans le beurre fondu en mélangeant.

Égouttez le haddock et placez un filet dans chaque assiette. Posez 1 œuf poché dessus et arrosez de beurre au citron. Poivrez et garnissez de persil ciselé.

Servez avec des pommes de terre à l'eau ou à la vapeur.

CREVETTES SAUTÉES AU CIDRE

POUR 4-6 PERSONNES
PRÉPARATION : 10 min
CUISSON : 5 min environ

- 800 g de crevettes grises crues
- 30 g de beurre
- 1 c. à soupe d'huile d'arachide
- 1 verre de cidre brut
- 1 c. à soupe de gros sel de mer
- poivre

Lavez rapidement les crevettes et épongez-les dans un torchon.

Chauffez le beurre et l'huile d'arachide dans une grande poêle. Mettez-y les crevettes, remuez-les bien, couvrez et faites cuire 3 minutes. Versez le cidre et laissez cuire encore 2 minutes.

Égouttez les crevettes et versez-les dans un plat. Ajoutez le gros sel, donnez 4 ou 5 tours de moulin à poivre et remuez bien. Servez tiède.

VARIANTE Vous pouvez aussi faire sauter les crevettes sans y ajouter le cidre.

EXPRESS

POÊLÉE DE CREVETTES AU CONCOMBRE

POUR 4 PERSONNES
PRÉPARATION : 5 min
CUISSON : 15 min

- 3 pommes (type reinette, belle de Boskoop, golden)
- 1 concombre
- 1 oignon
- 30 g de beurre
- 1 c. à café de cumin en poudre
- 10 cl de crème fraîche liquide
- 400 g de crevettes cuites décortiquées
- sel, poivre

Pelez les pommes et le concombre et détaillez-les en dés. Épluchez l'oignon et émincez-le.

Mettez le beurre à fondre dans une poêle et faites-y suer l'oignon. Ajoutez les dés de pomme et de concombre, puis le cumin. Salez et poivrez. Laissez cuire à feu moyen pendant 5 minutes en remuant de temps en temps.

Versez la crème fraîche et ajoutez les crevettes, baissez le feu puis laissez mijoter 10 minutes. Servez aussitôt.

VARIANTE Pour une recette un peu plus exotique, remplacez la crème liquide par du lait de coco, le cumin par du curcuma, et parsemez le plat de coriandre ciselée.

EXPRESS

FRICASSÉE DE CALMARS AUX OLIVES

POUR 4 PERSONNES
PRÉPARATION : **30 min**
CUISSON : **1 h environ**

- 1,5 kg de calmars frais, parés, ou 1 kg de calmars surgelés
- 10 cl d'huile d'olive
- 6 tomates
- 3 gousses d'ail
- 1 oignon
- 25 cl de vin blanc
- 3 branches de thym citron
- 120 g d'olives noires dénoyautées
- sel, poivre

Lavez les calmars si vous les achetez frais ; faites-les décongeler dans une passoire si vous les achetez congelés. Dans une grande poêle, faites-les saisir pendant 3 minutes avec 1 cuillerée à soupe d'huile d'olive pour qu'ils rejettent le maximum d'eau. Égouttez-les dans une passoire.

Plongez les tomates pendant 20 secondes dans de l'eau bouillante, puis rafraîchissez-les à l'eau froide. Pelez-les, coupez-les en deux, retirez les graines puis concassez grossièrement la pulpe.

Pelez et hachez l'ail et l'oignon. Dans une cocotte, faites-les fondre avec 5 cl d'huile d'olive (soit 3 cuillerées à soupe environ) pendant 5 minutes. Ajoutez la pulpe de tomate, le vin blanc, le thym, du sel et du poivre. Laissez cuire 10 minutes à feu moyen.

Saisissez de nouveau les calmars dans une poêle avec l'huile d'olive restante. Mettez-les dans la cocotte. Laissez cuire de 30 à 40 minutes à feu moyen, sans couvrir. Environ 10 minutes avant la fin de cuisson, ajoutez les olives. Servez bien chaud.

VARIANTE Vous pouvez remplacer les tomates fraîches par 30 cl de coulis de tomates en conserve.

VIVE LES LÉGUMES !

SOUPE AU PISTOU

POUR 4-6 PERSONNES • PRÉPARATION : 1 h • CUISSON : 1 h 20

250 g de gros haricots verts • 2-3 petites courgettes • 4 pommes de terre moyennes • 5 gousses d'ail • 3 tomates • 300 g de haricots blancs écossés • 200 g de haricots rouges écossés • 1 gros bouquet de basilic • 4-5 c. à soupe d'huile d'olive • 75 g de parmesan râpé • 150 g de spaghettis • sel, poivre

1 Effilez et équeutez les haricots verts et coupez-les en tronçons.

2 Épluchez les courgettes, les pommes de terre et l'ail.

3 Plongez les tomates pendant 20 secondes dans de l'eau bouillante, puis rafraîchissez-les à l'eau froide. Pelez-les et épépinez-les.

4 Faites bouillir 2,5 litres d'eau dans un faitout, et mettez-y tous les haricots, les courgettes, les pommes de terre et 1 tomate. Laissez cuire pendant 1 heure. Salez.

5 Pendant ce temps, préparez le pistou. Hachez les 2 tomates restantes et réservez-les.

6 Lavez et séchez le basilic et coupez-le grossièrement.

7 Dans un mortier, pilez les gousses d'ail, salez, ajoutez le basilic et continuez jusqu'à obtenir une pommade.

8 Ajoutez alors, en tournant, l'huile d'olive, les tomates hachées, du poivre et le parmesan.

9 À l'aide d'une écumoire, retirez du faitout pommes de terre et courgettes et écrasez-les avec une fourchette. Remettez cette purée dans la soupe.

10 Cassez les spaghettis en morceaux de 2 cm environ. Mettez-les dans la soupe. Faites cuire 20 minutes environ. La soupe est prête quand ils sont cuits. Rectifiez l'assaisonnement.

11 Versez le pistou dans la soupe bouillante, mais hors du feu (il ne doit pas bouillir), mélangez-le bien et servez immédiatement.

POTAGE DE LÉGUMES

POUR 4-6 PERSONNES
PRÉPARATION : 20 min
CUISSON : 1 h 30

- 2 carottes
- 1 petit navet
- 1 blanc de poireau
- 1 oignon
- 2 branches de céleri
- 60 g de beurre
- 1/8 de chou
- 1 pomme de terre
- 1 tasse de petits pois surgelés
- quelques brins de cerfeuil ou de persil
- croûtons de pain (facultatif)
- sel, poivre

Épluchez et coupez en gros dés les carottes, le navet, le blanc de poireau, l'oignon et le céleri.

Dans une grande casserole, mettez 30 g de beurre à fondre et ajoutez-y ces légumes. Faites-les cuire 10 minutes à couvert et à feu doux. Ajoutez 1,5 litre d'eau et portez à ébullition.

Pendant ce temps, faites bouillir de l'eau dans une autre casserole. Coupez le chou en petits morceaux, ébouillantez-le pendant 3 à 4 minutes, puis égouttez-le dans une passoire et rincez-le sous le robinet. Ajoutez le chou aux autres légumes et laissez mijoter 1 heure.

Épluchez la pomme de terre et coupez-la en dés. Mettez-la dans le potage et poursuivez la cuisson encore 25 minutes.

Ajoutez les petits pois, de 12 à 15 minutes avant la fin de la cuisson. Ôtez la casserole du feu et mixez son contenu.

Au moment de servir, ajoutez les 30 g de beurre qui restent, mélangez puis parsemez de cerfeuil ou de persil ciselé et, éventuellement, de croûtons de pain.

POTAGE D'OR GLACÉ

POUR 8 PERSONNES
PRÉPARATION : 30 min
CUISSON : 10 min
RÉFRIGÉRATION : 3 h au moins

- 2 cubes de bouillon de volaille
- 1 kg de carottes
- 2 oignons
- 50 g de beurre
- 2 c. à café de sucre
- 8 oranges à jus
- 25 cl de crème fraîche épaisse
- 1 bouquet de ciboulette
- sel, poivre

Préparez le bouillon avec 1,5 litre d'eau.

Pelez les carottes et coupez-les en rondelles. Pelez et émincez les oignons. Mettez le beurre à fondre dans une casserole et faites-y revenir les carottes et les oignons pendant 5 minutes, jusqu'à ce qu'ils soient légèrement dorés. Versez le bouillon, le sucre et 1 pincée de sel. Laissez refroidir pendant 15 minutes puis mixez le tout.

Pressez les oranges et ajoutez leur jus avec la crème à la préparation mixée. Placez le potage au réfrigérateur pendant au moins 3 heures. Servez-le très frais, parsemé de ciboulette ciselée.

CONSEIL Vous pouvez ajouter, avant de servir, quelques gouttes de crème liquide à la surface des assiettes pour apporter une jolie note décorative.

SOUPE DE PANAIS ET DE CAROTTES

POUR 4-6 PERSONNES
PRÉPARATION : 15 min
CUISSON : 30 min

- 500 g de panais
- 4 carottes
- 1 poireau
- 10 g de beurre
- 1 c. à soupe d'huile
- 1 c. à café de graines de coriandre
- 2 c. à soupe de crème fraîche
- sel, poivre

Pelez les panais et les carottes, rincez-les puis détaillez-les en dés. Épluchez le poireau, nettoyez-le sous l'eau puis émincez-le.

Mettez à chauffer le beurre et l'huile dans une grande casserole et faites-y suer le poireau émincé. Ajoutez les dés de carotte et de panais, les graines de coriandre grossièrement concassées et mélangez bien. Versez de l'eau jusqu'à ce qu'elle recouvre les légumes, salez, poivrez et portez à ébullition. Baissez le feu et laissez mijoter 30 minutes.

Mixez grossièrement le contenu de la casserole (il doit rester des morceaux), incorporez la crème et servez très chaud.

CONSEIL Pour renforcer la saveur de cette soupe, ajoutez un cube de bouillon de volaille (diminuez alors la dose de sel).

VELOUTÉ DE COURGETTES À LA MENTHE ET À LA FETA

POUR 4 PERSONNES
PRÉPARATION : 5 min
CUISSON : 10 min

- 3 courgettes
- 2 pommes de terre bintje
- 150 g de feta
- 25 feuilles de menthe
- sel, poivre

Ôtez les extrémités des courgettes, lavez celles-ci et coupez-les en tronçons. Pelez les pommes de terre, lavez-les et coupez-les en deux.

Déposez les légumes dans un autocuiseur. Recouvrez d'eau (environ 1 litre) et ajoutez la moitié de la feta et des feuilles de menthe ; salez et poivrez. Fermez l'autocuiseur et comptez 10 minutes de cuisson après la rotation de la soupape.

Mixez, parsemez du reste de feta émiettée et de menthe ciselée, et servez aussitôt.

VARIANTE Remplacez la feta par une bûche de chèvre et ajoutez quelques olives noires coupées en dés.

CONSEIL Vous pouvez également préparer cette soupe à l'avance et la servir très fraîche, façon gaspacho.

VELOUTÉ D'ASPERGES, CHANTILLY AU POIVRE

POUR 4 PERSONNES
PRÉPARATION : 20 min
CUISSON : 15-20 min

- 1 kg d'asperges vertes
- 10 cl de crème fraîche liquide
- 75 cl de lait
- 2 pincées de piment de Cayenne
- 1 pincée de muscade râpée
- 1 c. à café de fécule de maïs
- 2 c. à café d'huile de noisette
- sel, poivre

Coupez l'extrémité dure des asperges et épluchez les tiges avec un couteau Économe. Coupez les pointes à 3 cm et les tiges en rondelles. Faites cuire les pointes à la vapeur pendant 4 ou 5 minutes et réservez-les.

Mettez la crème pendant 10 minutes au congélateur dans un petit saladier.

Dans une casserole, faites bouillir le lait avec 1 pincée de sel. Plongez-y les rondelles d'asperge et faites-les cuire de 10 à 12 minutes jusqu'à ce qu'elles soient bien tendres. Poivrez, ajoutez le piment et la muscade et mixez 2 ou 3 minutes pour obtenir un mélange très lisse. Transvasez dans une autre casserole à travers une passoire fine.

Délayez la fécule avec 1 cuillerée à soupe d'eau et versez-la dans la casserole. Portez doucement à ébullition et laissez cuire 2 minutes en remuant jusqu'à obtenir un velouté onctueux.

Sortez la crème du congélateur et fouettez-la en chantilly ferme en la poivrant légèrement.

Versez le velouté dans quatre bols et posez la chantilly en gros nuages à la surface. Répartissez les pointes d'asperge et décorez de poivre concassé. Au moment de servir, arrosez le velouté de quelques gouttes d'huile de noisette.

SOUPE GRATINÉE À L'OIGNON

POUR 4-6 PERSONNES
PRÉPARATION : 15 min
CUISSON : 45-50 min

- 1,5 l de bouillon de bœuf
- 3 oignons
- 30 g de beurre
- 1 c. à soupe bombée de farine
- 2 c. à soupe de porto ou de madère
- 4 à 6 tranches de pain
- 60 à 90 g d'emmental râpé
- sel, poivre

Préparez le bouillon et mettez-le à chauffer. Pelez les oignons et coupez-les en rondelles très fines.

Mettez le beurre à fondre dans une casserole et faites-y dorer les oignons, à feu moyen, sans qu'ils prennent trop de couleur. Lorsqu'ils sont presque cuits, mais encore al dente, saupoudrez-les de farine. Poursuivez la cuisson quelques instants en remuant avec une cuillère en bois, puis versez le bouillon et mélangez. Ajoutez le porto (ou le madère), salez et poivrez, puis laissez cuire 30 minutes à feu doux.

Pendant ce temps, faites sécher légèrement les tranches de pain au four préchauffé à 200 °C (therm. 6-7).

Allumez le gril. Répartissez les tranches de pain au fond de bols individuels supportant la chaleur du four. Versez la soupe par-dessus puis parsemez d'emmental. Passez les bols sous le gril entre 5 et 10 minutes. Servez brûlant.

POTAGE DE CAROTTES ET DE POTIRON AU CUMIN

POUR 4 PERSONNES
PRÉPARATION : **10 min**
CUISSON : **20 min**

- 500 g de carottes
- 500 g de potiron
- 1 pomme de terre bintje
- 1 c. à soupe d'huile d'olive
- 1 orange à jus
- 1 cube de bouillon de volaille
- 2 c. à café de cumin en poudre
- sel, poivre

Pelez les carottes, le potiron et la pomme de terre, lavez-les et coupez-les en morceaux.

Mettez l'huile à chauffer dans un autocuiseur et faites-y revenir les légumes pendant 2 minutes en remuant.

Pressez l'orange, versez le jus dans l'autocuiseur et ajoutez 1 litre d'eau, le cube de bouillon émietté et le cumin. Salez et poivrez.

Fermez l'autocuiseur et laissez cuire environ 15 minutes après la mise en rotation de la soupape. Mixez et servez bien chaud.

VARIANTE Si vous aimez les saveurs asiatiques, remplacez 20 cl de bouillon par du lait de coco et ajoutez 1 ou 2 cuillerées à café de curry (vous pouvez supprimer le jus d'orange). À la place de la pomme de terre, utilisez une patate douce.

SALADE DE CONCOMBRE AU YAOURT

POUR 4 PERSONNES
PRÉPARATION : 10 min
DÉGORGEMENT : 30 min

- 1 concombre
- 1/2 bouquet de ciboulette
- 1 yaourt nature
- 3 c. à soupe de crème fraîche
- 1/2 citron
- sel, poivre

Pelez le concombre, coupez-le en deux et retirez les pépins à l'aide d'une cuillère. Détaillez la chair en tranches fines et mettez celles-ci dans un plat creux en saupoudrant les couches au fur et à mesure d'un peu de sel. Laissez dégorger 30 minutes.

Pendant ce temps, lavez et ciselez la ciboulette. Mettez le yaourt et la crème fraîche dans un saladier ; salez, poivrez et ajoutez un filet de jus de citron. Mélangez puis ajoutez la ciboulette.

Égouttez les tranches de concombre dans une passoire et rincez-les longuement. Essorez-les dans un torchon.

Ajoutez le concombre dans le saladier et mélangez. Mettez la salade au réfrigérateur jusqu'au moment de servir.

CONSEIL Au moment de servir, parsemez la salade d'une poignée de pousses d'alfalfa. Dégustez-la avec des tranches de pain de campagne grillées.

JULIENNE DE CONCOMBRE POÊLÉE

POUR 4 PERSONNES
PRÉPARATION : 10 min
CUISSON : 8-10 min

- 2 gros concombres
- 1 carotte
- 30 g de beurre
- 1 c. à soupe de vinaigre
- 1 c. à soupe de sucre
- sel, poivre

EXPRESS

Pelez les concombres, coupez-les en deux et retirez les pépins à l'aide d'une cuillère. Détaillez la chair en petits bâtonnets de 5 cm de long. Épluchez et lavez la carotte, coupez-la en bâtonnets de même taille.

Faites bouillir de l'eau dans une casserole et plongez-y les bâtonnets de légumes ; laissez-les cuire 2 minutes pour les blanchir, puis égouttez-les.

Faites fondre le beurre dans une poêle, mettez-y les concombres et la carotte, salez légèrement et poivrez. Faites cuire pendant 4 ou 5 minutes à feu moyen en remuant.

Augmentez le feu, arrosez les légumes de vinaigre et saupoudrez-les de sucre. Mélangez, puis ôtez la poêle du feu et versez la julienne dans le plat. Servez bien chaud, par exemple, en accompagnement d'un poisson ou d'une viande blanche.

SALADE DE COURGETTES À LA MIMOLETTE ET AU MAGRET FUMÉ

POUR 4 PERSONNES
PRÉPARATION : **20 min**

- 4 c. à soupe de vinaigre balsamique
- 4 c. à soupe d'huile d'olive
- 3 courgettes
- 60 g de pignons de pin
- 120 g de mimolette vieille
- 20 tranches de magret de canard fumé
- sel, poivre

Dans un bol, mélangez le vinaigre avec l'huile, du sel et du poivre.

Lavez les courgettes puis, sans les éplucher, détaillez-les, à l'aide d'un Économe, en fines lanières sans aller jusqu'au cœur.

Faites griller les pignons de pin à sec dans une poêle. Retirez la croûte de la mimolette et faites des copeaux avec un Économe ou au couteau. Dégraissez les tranches de magret de canard.

Réunissez tous les ingrédients dans un saladier, versez la vinaigrette et mélangez délicatement. Servez aussitôt.

CONSEIL **Utilisez des petites courgettes : elles ont très peu de pépins et sont tendres et bien fermes. Vous pouvez également les râper.**

SALADE D'ÉPINARDS AUX LARDONS ET À L'ŒUF MOLLET

POUR 4 PERSONNES
PRÉPARATION : 30 min
CUISSON : 15 min environ

- 3 c. à soupe de vinaigre blanc
- 4 gros œufs
- 20 cl de vin rouge
- 10 cl de fond de veau
- 100 g de lardons
- 3 c. à soupe d'huile végétale
- 1/2 ficelle de pain
- 100 g de pousses d'épinards
- vinaigre de vin et huile d'olive pour assaisonner
- sel, poivre

Remplissez à moitié une casserole avec de l'eau et ajoutez le vinaigre. Portez à ébullition puis baissez le feu pour maintenir un frémissement. Cassez les œufs dans des ramequins individuels, puis versez-les délicatement dans l'eau vinaigrée frémissante. Laissez-les pocher 3 minutes, retirez-les à l'aide d'une écumoire et égouttez-les sur du papier absorbant.

Dans une petite casserole, faites réduire de moitié le vin avec du sel et du poivre. Versez le fond de veau, faites réduire encore un peu.

Saisissez les lardons dans une poêle avec 1 cuillerée à soupe d'huile. Égouttez-les sur du papier absorbant et ajoutez-les dans la sauce au vin.

Coupez le pain en tranches. Dans une poêle, faites dorer les tranches pendant 3 minutes avec l'huile restante.

Assaisonnez les pousses d'épinards avec un peu de vinaigre et d'huile d'olive. Répartissez-les dans les assiettes. Déposez un œuf poché dessus, nappez de sauce aux lardons et parsemez de croûtons. Servez aussitôt.

Pour réussir le pochage des œufs, ne salez jamais l'eau de cuisson. Vos œufs doivent être extra-frais, sinon le blanc et le jaune se séparent une fois plongés dans le liquide de pochage.

SALADE DE POIVRONS MARINÉS

POUR 4 PERSONNES
PRÉPARATION : 30 min
CUISSON : 10 min
REPOS : 2 h au moins

- 6 poivrons rouges
- 2 gousses d'ail
- le jus de 1 citron
- 6 c. à soupe d'huile d'olive
- 1 c. à café de thym effeuillé
- 12 filets d'anchois à l'huile
- 12 olives noires dénoyautées
- 1 c. à soupe de persil haché
- sel, poivre

Préchauffez le four à 220 °C (therm. 7-8).

Huilez la peau des poivrons. Mettez-les sur la plaque du four garnie de papier sulfurisé et enfournez-les pour 10 minutes, jusqu'à ce que leur peau devienne boursouflée.

Pendant ce temps, pelez et hachez finement l'ail.

Laissez tiédir les poivrons, puis pelez-les. Fendez-les en deux, retirez les graines et taillez la pulpe en lanières. Mettez celles-ci dans un plat creux.

Mélangez le jus du citron avec l'huile, l'ail et le thym. Épongez les filets d'anchois.

Arrosez les poivrons avec la sauce au citron. Mélangez puis disposez la salade dans le plat de service. Décorez le dessus avec les filets d'anchois et les olives. Ajoutez le persil et laissez reposer au frais pendant au moins 2 heures avant de servir.

CONSEIL Cette salade peut être conservée 2 ou 3 jours au frais.

Profitez de vos soirées estivales au jardin pour faire griller les poivrons au barbecue : comptez environ 35 minutes de cuisson et retournez les poivrons de temps en temps.

SALADE DE CHAMPIGNONS ET DE HARICOTS VERTS ▷

POUR 4 PERSONNES
PRÉPARATION : 20 min
CUISSON : 8-10 min

- 250 g de champignons de Paris
- le jus de 1/2 citron
- 200 g de haricots verts
- 1 échalote
- 1/2 bouquet de cerfeuil
- 1 œuf dur
- 3 c. à soupe d'huile d'olive
- 1 c. à soupe de vinaigre d'estragon
- sel, poivre

Nettoyez et émincez finement les champignons. Arrosez-les de jus de citron.

Plongez les haricots verts dans une casserole d'eau bouillante et laissez-les cuire de 8 à 10 minutes. Égouttez-les et laissez-les tiédir.

Pelez et hachez l'échalote. Ciselez le cerfeuil.

Écalez l'œuf dur et coupez-le en deux. Sortez le jaune et émiettez-le dans un bol. Ajoutez l'huile et le vinaigre ; salez et poivrez.

Réunissez les champignons et les haricots verts dans un saladier. Arrosez-les de sauce et mélangez. Ajoutez en décor le blanc d'œuf haché et le cerfeuil ciselé.

VARIANTE Vous pouvez remplacer le cerfeuil par de la coriandre.

CHAMPIGNONS À LA CRÈME

POUR 4 PERSONNES
PRÉPARATION : 10 min
CUISSON : 15 min environ

- 800 g de champignons de Paris
- 30 g de beurre
- le jus de 1/2 citron
- 40 cl de crème fraîche
- 2 c. à soupe de cerfeuil ciselé
- sel, poivre

Nettoyez et émincez finement les champignons. Mettez le beurre à fondre dans une poêle, ajoutez les champignons et le jus de citron ; salez et poivrez. Faites cuire pendant 10 minutes environ, à feu doux et à découvert, en remuant souvent.

Lorsque l'eau de végétation s'est évaporée, ajoutez la crème fraîche et remuez. Laissez cuire encore 5 minutes pour faire réduire légèrement la crème. Ajoutez du cerfeuil, goûtez et rectifiez l'assaisonnement.

Versez le contenu de la poêle dans un plat chaud et servez aussitôt.

SALADE DE LENTILLES ET DE CAROTTES

POUR 4 PERSONNES
PRÉPARATION : 15 min
CUISSON : 4 min

- 2 carottes
- quelques feuilles de salade verte (laitue, batavia)
- 4 œufs de caille
- 200 g de lentilles vertes cuites (tièdes)
- 20 cerneaux de noix
- quelques brins de persil

Pour la vinaigrette

- 1 c. à soupe de vinaigre de vin
- 2 c. à café de moutarde
- 1 c. à soupe d'huile de noix
- 2 c. à soupe d'huile d'arachide
- sel, poivre

Pelez et lavez les carottes, puis râpez-les sur une râpe à gros trous. Lavez les feuilles de salade et essorez-les.

Faites durcir les œufs de caille pendant 4 minutes dans de l'eau bouillante, puis écalez-les. Coupez-les en deux.

Préparez la vinaigrette. Versez le vinaigre dans un saladier ; salez et poivrez. Délayez avec la moutarde et émulsionnez avec les deux huiles.

Mettez dans le saladier les lentilles, les carottes, les œufs de caille et les feuilles de salade ciselées. Parsemez de noix et de persil, mélangez et servez aussitôt.

EXPRESS

Pour faire de cette salade un plat unique, accompagnez-la de tranches de jambon blanc ou fumé, ou bien incorporez directement dans le saladier du jambon coupé en dés.

TIAN DE LÉGUMES

POUR 4 PERSONNES
PRÉPARATION : 15 min
CUISSON : 1 h 15 environ

- 4 courgettes
- 6 tomates
- 2 aubergines
- 2 oignons blancs
- 2 gousses d'ail
- 2 branches de thym
- 1 feuille de laurier
- 3 c. à soupe d'huile d'olive
- quelques feuilles de basilic
- sel, poivre

Préchauffez le four à 160-170 °C (therm. 5-6).

Lavez les courgettes, les tomates et les aubergines. Coupez-les en rondelles. Pelez les oignons et l'ail, émincez-les.

Huilez un plat à four et déposez les rondelles de légumes, à la verticale, en les alternant. Parsemez d'oignon et d'ail. Effeuillez le thym au-dessus du plat et ajoutez la feuille de laurier. Arrosez du reste d'huile, salez et poivrez.

Faites cuire au four pendant environ 1 h 15. Parsemez le tian de basilic ciselé et servez directement dans le plat de cuisson avec, par exemple, des côtelettes d'agneau et du riz basmati.

VARIANTE Vous pouvez également peler les courgettes avec un Économe en laissant une bande de peau sur deux.

CONSEILS Une autre méthode pour préparer un tian consiste à faire revenir oignons, courgettes et aubergines dans un peu d'huile avant de les ranger dans le plat à gratin. Pour un tian encore plus gourmand, ajoutez quelques lamelles de mozarella ou de feta, et arrosez le plat d'un filet d'huile d'olive au moment de servir.

POÊLÉE DE CÈPES

POUR 4 PERSONNES
PRÉPARATION : 20 min
CUISSON : 7-8 min

- 800 g de petits cèpes
- 2 gousses d'ail
- 12 cl d'huile d'arachide
- le jus de 1/2 citron
- 3 c. à soupe de persil haché
- sel, poivre

Essuyez soigneusement les cèpes et supprimez le bout du pied terreux. Coupez-les en deux dans le sens de la hauteur.

Pelez et hachez l'ail. Mettez 6 cuillerées à soupe d'huile à chauffer dans une sauteuse, ajoutez les cèpes et le jus de citron ; salez et poivrez. Couvrez et faites cuire pendant 5 minutes en remuant de temps à autre. Égouttez les champignons sur du papier absorbant.

Chauffez l'huile restante (environ 3 cuillerées à soupe) dans une poêle, mettez-y les cèpes et l'ail ; rectifiez l'assaisonnement. Faites rissoler vivement pendant 2 ou 3 minutes. Versez les cèpes dans le plat de service, parsemez-les de persil haché et servez.

GIROLLES À LA CRÈME ET AUX LARDONS

POUR 4 PERSONNES
PRÉPARATION : 15 min
CUISSON : 15 min environ

- 600 g de girolles
- 1 botte de petits oignons
- 125 g de lardons
- 40 g de beurre
- 25 cl de vin blanc
- 10 cl de crème fraîche
- 1 c. à soupe de persil
- sel, poivre

Brossez délicatement les girolles et supprimez le bout du pied terreux. Si elles sont très sales, passez-les rapidement sous l'eau.

Pelez les petits oignons et coupez-les en deux. Dans une poêle, faites dorer les oignons avec les lardons. Égouttez-les et jetez la graisse de la poêle. Faites chauffer le beurre dans la poêle, remettez les lardons et les oignons, ajoutez les girolles et faites sauter le tout 5 minutes.

Versez le vin blanc, mélangez et laissez réduire de moitié à feu vif. Ajoutez la crème fraîche, mélangez de nouveau et faites encore réduire pendant 2 ou 3 minutes ; salez et poivrez. Versez le contenu de la poêle dans le plat de service, parsemez de persil et servez.

RATATOUILLE NIÇOISE

POUR 4-6 PERSONNES
PRÉPARATION : 30 min
CUISSON : 40 min environ

- 6 courgettes
- 2 oignons
- 3 poivrons
- 6 tomates
- 3 gousses d'ail
- 6 aubergines
- 10 cl d'huile d'olive
- 1 bouquet garni
- 1 branche de thym
- sel, poivre

Coupez le pédoncule des courgettes et détaillez celles-ci en rondelles, sans les peler. Épluchez et émincez les oignons.

Coupez les poivrons en deux, ôtez les pépins et les membranes blanches, puis détaillez chaque moitié en lanières.

Plongez les tomates pendant 20 secondes dans de l'eau bouillante, puis rafraîchissez-les à l'eau froide. Pelez-les, épépinez-les, puis concassez grossièrement la pulpe.

Pelez et écrasez les gousses d'ail. Coupez les aubergines en rondelles.

Chauffez 6 cuillerées à soupe d'huile d'olive dans une cocotte en fonte. Faites-y revenir les aubergines, puis mettez les poivrons, les tomates, les oignons et, enfin, les courgettes et l'ail.

Ajoutez le bouquet garni et le thym, salez, poivrez et laissez cuire pendant 30 minutes à petit feu. Ajoutez enfin 2 cuillerées à soupe d'huile d'olive et prolongez la cuisson plus ou moins longtemps suivant le goût. Retirez le bouquet garni et servez brûlant.

CONSEIL Préparez ce plat en grande quantité, car il est aussi bon, voire meilleur, réchauffé.

BON À SAVOIR
La ratatouille niçoise accompagne des rôtis, des volailles sautées, des poissons braisés ou des omelettes. Elle peut aussi se consommer froide.

Pour décupler les saveurs de la ratatouille, faites revenir les légumes un à un : commencez par les courgettes, puis réservez-les et procédez de même avec les aubergines, les oignons et les poivrons. En fin de cuisson, ajoutez quelques feuilles de basilic ciselé.

CAROTTES GLACÉES AU BEURRE

POUR 4 PERSONNES
PRÉPARATION : 15 min
CUISSON : 30 min environ

- 800 g de carottes nouvelles
- 60 g de beurre
- 30 g de sucre
- sel, poivre

Grattez puis rincez les carottes. Coupez-les en petits tronçons ou en rondelles si elles sont un peu plus grosses.

Dans une sauteuse, faites fondre le beurre à feu doux, ajoutez les carottes et remuez avec une cuillère en bois pour bien les enrober de beurre. Versez environ 50 cl d'eau ; elle doit juste couvrir les carottes. Salez et poivrez, puis portez doucement à ébullition. Baissez ensuite le feu et laissez cuire à découvert pendant 20 à 30 minutes.

Vérifiez la cuisson avec la pointe d'un couteau. Si les carottes sont encore trop fermes, rajoutez un peu d'eau et prolongez la cuisson.

Saupoudrez les carottes de sucre et laissez encore sur le feu pendant quelques instants en remuant délicatement. Goûtez et rectifiez l'assaisonnement. Servez aussitôt, par exemple en accompagnement d'une viande blanche rôtie.

CAROTTES VICHY

POUR 4 PERSONNES
PRÉPARATION : 20 min
CUISSON : 30 min environ

- 800 g de carottes nouvelles
- 1 c. à café de sel
- 1 c. à dessert de sucre
- 30 g de beurre
- 2 c. à soupe de persil ciselé

Grattez les carottes et coupez-les en fines rondelles.

Mettez les carottes dans une sauteuse et recouvrez-les d'eau juste à hauteur. Ajoutez le sel et le sucre et mélangez. Faites cuire à feu doux et à couvert jusqu'à ce que toute l'eau ait disparu.

Versez les carottes dans le plat de service. Coupez le beurre en petits morceaux, répartissez-les dessus et parsemez de persil.

BROUILLADE DE PETITS VIOLETS

POUR 6 PERSONNES
PRÉPARATION : **20 min**
CUISSON : **1 h environ**

- 30 petits artichauts violets de Provence
- le jus de 1 citron
- 4 tomates vertes
- 2 tomates mûres
- 2 gousses d'ail
- 2 petits oignons blancs
- 200 g de petits lardons maigres
- 5 c. à soupe d'huile d'olive
- 1 brin de thym
- 1/2 feuille de laurier
- 10 feuilles de basilic
- sel, poivre

Coupez le bout des feuilles de chaque artichaut avec des ciseaux. Extrayez le foin puis citronnez les artichauts sur toutes les faces.

Lavez les tomates et coupez-les en quartiers. Pelez et hachez finement l'ail et les oignons.

Mettez les lardons dans une poêle et faites-les rissoler. Égouttez-les sur du papier absorbant. Mettez ensuite les tomates et l'ail dans la poêle, faites-les sauter ; salez et poivrez. Égouttez le tout au bout de 5 minutes.

Mettez les artichauts et les oignons dans la même poêle, arrosez-les d'huile et faites-les revenir en remuant. Émiettez dessus le thym et le laurier.

Au bout de 10 minutes, ajoutez les tomates, l'ail et les lardons. Couvrez et laissez mijoter pendant 20 minutes.

Coupez grossièrement les feuilles de basilic et parsemez-en la brouillade. Laissez cuire encore 10 minutes, puis servez.

CONSEIL Cette brouillade accompagne de l'agneau grillé, des escalopes de veau ou des tournedos. Elle se mange aussi froide, en entrée, avec une vinaigrette à l'huile d'olive et au citron additionnée d'une pointe d'ail et d'estragon.

GRATIN DE CHOU-FLEUR ET DE BROCOLIS

POUR 4 PERSONNES
PRÉPARATION : 10 min
CUISSON : 25 min

- 500 g de bouquets de chou-fleur
- 500 g de bouquets de brocolis
- 30 g de beurre
- 2 œufs
- 25 cl de crème liquide
- 40 g d'amandes en poudre
- 50 g d'emmental râpé
- sel, poivre

Plongez les bouquets de chou-fleur et de brocolis dans de l'eau bouillante salée et laissez cuire 10 minutes. Égouttez soigneusement.

Préchauffez le four à 210 °C (therm. 7).

Beurrez un plat à four et disposez-y les légumes.

Cassez les œufs dans un bol et battez-les en omelette avec la crème et les amandes en poudre ; salez et poivrez. Versez dans le plat, saupoudrez d'emmental râpé et enfournez pour 15 minutes. Servez le gratin avec des escalopes de dinde poêlées.

CONSEIL Pour renforcer la saveur d'amande, remplacez la moitié de la crème par de la purée d'amandes toastées (en vente dans les magasins bio). Vous pouvez aussi parsemer le gratin d'amandes effilées 5 minutes avant la fin de la cuisson.

CRUMBLE DE CAROTTES ET DE CÉLERI-RAVE AU CARVI

POUR 4 PERSONNES
PRÉPARATION : 30 min
CUISSON : 30-35 min

- 350 g de carottes
- 350 g de céleri-rave
- 30 g de beurre
- 1 c. à soupe de graines de carvi
- sel, poivre

Pour la pâte à crumble

- 60 g de beurre mou
- 60 g de farine
- 1 c. à soupe de graines de carvi
- 70 g de parmesan râpé

Épluchez les carottes et le céleri-rave. Détaillez-les en petits cubes. Dans une poêle, mettez à fondre le beurre, ajoutez les cubes de légumes et la cuillerée de graines de carvi. Faites dorer légèrement puis versez 20 cl d'eau, salez et poivrez. Couvrez les légumes d'une feuille de papier sulfurisé et laissez cuire 20 minutes à feu moyen.

Pendant ce temps, préchauffez le four à 200 °C (therm. 6-7) et préparez la pâte à crumble. Dans un saladier, mélangez du bout des doigts le beurre avec la farine, le carvi et le parmesan. Vous devez obtenir un mélange granuleux.

Répartissez les légumes dans des plats à gratin individuels. Émiettez la pâte à crumble dessus. Faites cuire au four de 10 à 15 minutes. Servez aussitôt.

CONSEIL Pour donner aux légumes un aspect glacé, ajoutez 1 cuillerée à soupe de sucre dans la poêle juste avant d'y verser l'eau.

AUBERGINES AU GRATIN À LA TOULOUSAINE

POUR 4 PERSONNES
PRÉPARATION : 15 min
DÉGORGEMENT : 30 min
CUISSON : 30 min

- 4 aubergines
- 30 cl d'huile d'olive
- 5 tomates
- 2 gousses d'ail
- 50 g de mie de pain rassis
- 1 c. à soupe de persil haché
- sel, poivre

Coupez les aubergines en tranches épaisses, transversalement ou dans la longueur. Saupoudrez-les de sel et faites-les dégorger pendant 30 minutes, puis rincez-les et épongez-les soigneusement.

Versez 20 cl d'huile dans une poêle et faites dorer les tranches d'aubergine en les retournant souvent.

Coupez les tomates en deux, retirez les pépins. Mettez 3 cuillerées à soupe d'huile à chauffer dans une autre poêle et faites-y sauter les demi-tomates ; salez et poivrez.

Préchauffez le four à 200 °C (therm. 6-7).

Pelez et hachez l'ail, puis mélangez-le avec la mie de pain émiettée.

Garnissez un plat à gratin huilé avec les tomates, les aubergines et le hachis d'ail à la mie de pain en les alternant. Arrosez de l'huile restante et faites gratiner pendant 10 à 15 minutes. Servez bien chaud.

AUBERGINES À LA PARMESANE

POUR 6 PERSONNES
PRÉPARATION : 30 min
DÉGORGEMENT : 1 h
CUISSON : 50 min

- 1,5 kg d'aubergines
- 3 cuill. à soupe de farine
- 200 g de mozzarella
- 8 cuill. à soupe d'huile d'olive
- 50 cl de sauce tomate
- 30 g de parmesan râpé
- 25 g de beurre
- sel, poivre

Lavez les aubergines, coupez-les en fines lamelles (si elles sont grosses, coupez-les d'abord en deux dans le sens de la longueur). Poudrez-les de sel et laissez-les dégorger pendant 1 heure.

Rincez les lamelles d'aubergine, épongez-les à l'aide d'un torchon épais. Poudrez-les de farine.

Coupez la mozzarella en tranches fines.

Faites chauffer la moitié de l'huile dans une sauteuse et laissez-y revenir la moitié des aubergines pendant environ 10 minutes, en les retournant de temps en temps pour qu'elles dorent de toutes parts. Déposez-les sur du papier absorbant. Procédez de la même manière avec le reste de l'huile et des aubergines.

Préchauffez le four à 200 °C (therm. 6-7). Huilez un plat à gratin.

Garnissez le fond du plat d'une couche d'aubergines. Recouvrez de sauce tomate, puis du fromage en tranches ; salez et poivrez. Renouvelez l'opération. Poudrez la surface de parmesan et parsemez-la de noisettes de beurre.

Faites cuire au four pendant 30 minutes. Servez dans le plat de cuisson.

GRATIN DE POIREAUX ET DE POMMES DE TERRE

POUR 4 PERSONNES
PRÉPARATION : **20 min**
CUISSON : **55 min environ**

- 6 petits poireaux
- 4 belles pommes de terre à chair ferme
- 1 c. à soupe d'huile d'olive
- 1 tablette de bouillon de volaille
- 10 g de beurre
- 30 g de fécule de maïs
- 1 c. à soupe de purée d'amande (facultatif)
- 20 cl de lait
- 1 c. à café de graines de coriandre (facultatif)
- 80 g de comté râpé
- sel, poivre

Épluchez les poireaux, lavez-les soigneusement et coupez les feuilles vertes pour ne garder que le blanc et le vert pâle. Détaillez-les en julienne (petits bâtonnets). Épluchez et lavez les pommes de terre.

Dans une sauteuse, mettez l'huile à chauffer et faites-y revenir les poireaux pendant 5 minutes en remuant. Salez, poivrez, ajoutez un peu d'eau et poursuivez la cuisson pendant 15 minutes en remuant de temps en temps.

Faites cuire les pommes de terre à l'eau additionnée du bouillon de volaille pendant 15 minutes (elles doivent rester fermes). Égouttez-les en conservant l'eau de cuisson, puis coupez-les en rondelles et disposez-les dans un plat à four en les alternant avec la fondue de poireau.

Préchauffez le four à 190-200 °C (therm. 6-7).

Dans une petite casserole, faites fondre le beurre, versez la fécule en pluie et mélangez. Délayez la purée d'amande dans un peu de lait et ajoutez le mélange dans la casserole. Remuez puis versez le reste du lait et environ 20 cl d'eau de cuisson. Faites épaissir la préparation à feu doux tout en remuant. Salez, poivrez et ajoutez éventuellement les graines de coriandre concassées.

Nappez les poireaux et les pommes de terre avec la sauce et recouvrez de fromage râpé. Enfournez et laissez cuire pendant 15 minutes, jusqu'à ce que le gratin soit bien doré. Dégustez aussitôt.

VARIANTE À la place des graines de coriandre, vous pouvez ajouter quelques pincées de noix de muscade râpée.

CROQUETTES DE PURÉE AUX OLIVES

POUR 4 PERSONNES
PRÉPARATION : 10 min
CUISSON : 10-12 min
par poêlée

- 500 g de reste de purée de pommes de terre
- 75 g d'olives noires dénoyautées
- 75 g d'olives vertes dénoyautées
- 1 c. à soupe d'herbes de Provence
- 50 g de farine
- 3 œufs
- 50 g de beurre
- 2 c. à soupe d'huile de tournesol
- sel, poivre

Dans un grand saladier, mélangez la purée de pommes de terre avec les olives, les herbes de Provence, la farine et les œufs entiers ; salez, poivrez.

Mettez le beurre et l'huile à chauffer dans une grande poêle antiadhésive. Déposez 1 grosse cuillerée à soupe de purée dans le beurre mousseux puis tassez avec le dos de la cuillère pour former une croquette d'environ 1,5 cm d'épaisseur. Façonnez d'autres croquettes. Laissez-les cuire et dorer dans le beurre chaud pendant 5 ou 6 minutes sur chaque face.

Égouttez les croquettes sur du papier absorbant. Salez et poivrez à nouveau. Dégustez les croquettes avec une salade de cœurs de laitue.

CONSEIL Avant de commencer la préparation des croquettes, réchauffez légèrement la purée au micro-ondes : elle sera plus facile à travailler. Vous pouvez réaliser des croquettes avec toute autre purée de légumes.

GRATIN DAUPHINOIS

POUR 4-6 PERSONNES
PRÉPARATION : 15 min
CUISSON : 55 min environ

- 1 kg de pommes de terre à chair ferme
- 2 gousses d'ail
- 80 g de beurre
- 150 g d'emmental râpé
- 50 cl de lait
- 25 cl de crème fraîche
- sel, poivre et muscade

Épluchez les pommes de terre et coupez-les en fines rondelles. Pelez les gousses d'ail.

Préchauffez le four à 220 °C (therm. 6-7).

Frottez un plat à gratin avec l'ail puis beurrez-le généreusement. Disposez les pommes de terre en couches régulières en mettant à chaque fois du fromage, un peu de sel, du poivre et de la muscade.

Portez à ébullition le lait avec la crème, ajoutez 1 cuillerée à café rase de sel. Versez ce mélange sur les pommes de terre et parsemez de noisettes de beurre. Faites cuire 50 minutes au four. Servez brûlant.

CONSEIL Si vous souhaitez préparer un authentique gratin dauphinois, supprimez le fromage. Et pour une recette plus gourmande, remplacez le lait par de la crème.

VARIANTE Vous pouvez également précuire les pommes de terre à la casserole dans le mélange lait-crème. Démarrez la cuisson à froid, portez à ébullition et faites cuire 10 minutes à feu doux. Terminez la cuisson au four pendant 20 à 30 minutes.

TARTE AUX ÉPINARDS ET AU CHÈVRE

POUR 4-6 PERSONNES
PRÉPARATION : 15 min
CUISSON : 40 min environ

- 450 g d'épinards frais
- 30 g de beurre
- 2 œufs
- 10 cl de crème liquide
- 120 g de petits-suisses
- 70 g de comté ou d'emmental râpé
- 1 pincée de muscade râpée
- 1 pâte feuilletée préétalée
- 1/2 bûchette de chèvre
- 50 g de pignons de pin
- sel, poivre

Lavez, égouttez et équeutez les épinards. Faites fondre le beurre dans une sauteuse et mettez-y à chauffer les épinards pendant quelques minutes, jusqu'à ce qu'ils aient rendu leur eau.

Préchauffez le four à 180 °C (therm. 6).

Battez les œufs ; salez et poivrez. Incorporez la crème et les petits-suisses, puis ajoutez le fromage râpé et la muscade.

Garnissez de pâte feuilletée un moule à tarte de 24 cm de diamètre. Piquez le fond avec une fourchette. Étalez les épinards sur la pâte, puis recouvrez avec la préparation aux petits-suisses. Détaillez le fromage de chèvre en rondelles et répartissez celles-ci sur le dessus. Enfournez pour 30 minutes environ.

Parsemez la tarte de pignons de pin et remettez-la au four quelques minutes, jusqu'à ce que les pignons soient bien dorés. Servez chaud.

VARIANTE À la place d'une tarte au grand format, vous pouvez faire 4 tartelettes en utilisant des moules de 10 cm de diamètre et en réduisant le temps de cuisson à 15 à 20 minutes environ.

TATIN D'ENDIVES AUX AGRUMES

POUR 4 PERSONNES
PRÉPARATION : 20 min
CUISSON : 50 min environ

- 6 grosses endives blanches
- 1 orange non traitée
- 1 citron non traité
- 30 g de beurre demi-sel
- 2 c. à soupe de miel liquide
- 1 pâte feuilletée préétalée
- 20 cl de crème fraîche épaisse
- 3 pincées de muscade râpée
- sel, poivre

Coupez les endives en deux dans le sens de la longueur. Creusez le cône à la base. Prélevez finement le zeste de l'orange. Pressez ensuite l'orange et le citron, et filtrez leur jus.

Dans une sauteuse, faites chauffer le beurre puis mettez les endives à revenir. Ajoutez les jus des agrumes, du sel, du poivre. Faites cuire à couvert pendant 20 à 25 minutes, jusqu'à ce que les endives soient presque tendres.

Pendant ce temps, mettez le zeste d'orange dans de l'eau froide et portez à ébullition. Au bout de 2 minutes, égouttez-le et rafraîchissez-le.

Découvrez la sauteuse, récupérez 15 cl de jus de cuisson et laissez le reste de liquide s'évaporer. Ajoutez le miel et faites blondir les endives en les retournant plusieurs fois. Laissez-les tiédir hors du feu.

Préchauffez le four à 210 °C (therm. 7).

Couvrez de papier sulfurisé le fond d'un moule à manqué de 24 cm de diamètre. Disposez les demi-endives en rosace. Recouvrez le tout avec le disque de pâte feuilletée en rabattant bien les bords à l'intérieur du moule. Enfournez pour 25 minutes environ.

Juste avant la fin de la cuisson, portez la crème à ébullition avec le jus d'endive réservé, le zeste d'orange et la muscade. Salez, poivrez et mélangez. Laissez bouillir 3 minutes.

À la sortie du four, posez un plat de service sur le moule et retournez le tout. Retirez délicatement le moule. Nappez d'un peu de crème chaude. Servez chaud avec le reste de crème à part.

TARTE À LA TOMATE

POUR 4 PERSONNES
PRÉPARATION : **10 min**
CUISSON : **25 min**

- 5 tomates
- 1 pâte feuilletée ou brisée préétalée
- 2 ou 3 c. à soupe de tapenade
- 80 g d'emmental ou de comté
- 1 c. à soupe de graines de pavot
- quelques feuilles de roquette
- sel, poivre

Préchauffez le four à 210 °C (therm. 7).

Lavez les tomates, épépinez-les et coupez-les en rondelles assez fines. Foncez de pâte un moule à tarte de 25 cm de diamètre.

Badigeonnez le fond de tarte de tapenade et disposez les rondelles de tomate par-dessus. Salez modérément et poivrez. Recouvrez de lamelles de fromage.

Saupoudrez de graines de pavot, enfournez et laissez cuire 25 minutes environ. Servez la tarte garnie de feuilles de roquette.

CONSEIL **Pour accompagner cette tarte parfumée, vous pouvez préparer une salade de brocolis, de dés de jambon, de grains de maïs et de noix.**

QUICHE AU POTIRON ET AUX COURGETTES

POUR 4-6 PERSONNES
PRÉPARATION : 20 min
CUISSON : 1 h environ

- 250 g de pâte brisée préétalée
- 3 courgettes
- 200 g de chair de potiron (soit 1 tranche de 250 g environ)
- 4 œufs
- 25 cl de crème liquide
- 15 cl de lait
- 1 pincée de muscade râpée
- sel, poivre

Préchauffez le four à 180 °C (therm. 6).

Garnissez de pâte un moule à manqué de 26 cm de diamètre, préalablement recouvert de papier sulfurisé. Piquez le fond avec une fourchette, recouvrez-le de papier sulfurisé, versez dessus des légumes secs ou des billes de céramique, puis enfournez pour 10 minutes.

Pendant ce temps, lavez les courgettes, retirez leurs extrémités et découpez-les en cubes. Découpez en cubes également la chair de potiron. Mettez les cubes de légumes dans une casserole d'eau bouillante salée et faites-les cuire pendant 15 minutes environ.

Dans un saladier, battez les œufs avec la crème, le lait et la muscade. Salez, poivrez et mélangez.

Égouttez les légumes et ajoutez-les dans le saladier. Mélangez puis étalez cette préparation sur le fond de tarte précuit. Enfournez pour 40 minutes. Servez chaud.

VARIANTE Vous pouvez aussi préparer 4 petites quiches individuelles en utilisant des moules de 10 cm de diamètre. Réduisez alors le temps de cuisson à 20 minutes seulement.

TARTE FINE AUX ARTICHAUTS CONFITS

POUR 4 PERSONNES
PRÉPARATION : **10 min**
CUISSON : **30 min**

- 1 pâte feuilletée préétalée
- 4 ou 5 c. à soupe de tomates concassées en conserve
- 12 petits cœurs d'artichauts confits à l'huile
- 12 olives noires
- 50 g de parmesan
- sel, poivre

Préchauffez le four à 180 °C (therm. 6).

À l'aide d'un moule de 24 cm de diamètre, découpez un disque de pâte feuilletée. Posez-le sur la plaque de cuisson, recouvrez de papier sulfurisé puis superposez un moule plus petit (20 à 22 cm) pour empêcher la pâte de lever à la cuisson. Enfournez pour 10 minutes puis sortez la plaque du four.

Badigeonnez le fond de pâte de tomates concassées. Coupez les cœurs d'artichauts confits en deux ou en quatre et disposez-les par-dessus. Salez modérément et poivrez. Parsemez d'olives et de copeaux de parmesan. Enfournez pour 20 minutes environ. Servez tiède.

VARIANTE Vous pouvez préparer de la même manière 8 tartelettes en utilisant des moules de 7 ou 8 cm de diamètre. Prévoyez entre 8 et 10 minutes de cuisson.

POÊLÉE DE TOFU AUX POUSSES GERMÉES

EXPRESS

POUR 4 PERSONNES
PRÉPARATION : **10 min**
CUISSON : **20 min**

- 400 g de haricots verts surgelés
- 2 oignons
- 2 gousses d'ail
- 200 g de tofu
- 3 c. à soupe d'huile d'arachide
- 2 c. à café de gingembre en poudre
- 400 g de pousses de haricot mungo (ou « germes de soja ») fraîches ou en conserve
- 2 c. à soupe de sauce soja
- sel, poivre

Plongez les haricots verts dans de l'eau bouillante salée et faites-les cuire de 5 à 7 minutes après la reprise de l'ébullition. Égouttez-les.

Pelez et émincez les oignons et l'ail. Coupez le tofu en cubes. Dans une poêle, mettez 1 cuillerée à soupe d'huile à chauffer et faites-y suer les oignons et l'ail. Ajoutez les haricots verts, le tofu et le gingembre. Laissez cuire 5 minutes à feu moyen.

Rincez les pousses de haricot mungo puis égouttez-les. Versez le reste d'huile dans une autre poêle et faites sauter les pousses pendant 5 minutes ; salez et poivrez. Ajoutez la sauce soja, puis les haricots et le tofu, et poursuivez la cuisson encore 2 minutes. Servez aussitôt.

CONSEIL **Variez les légumes en fonction des saisons et préparez cette poêlée avec des courgettes, des carottes ou des champignons.**

BON À SAVOIR **Ce qu'on appelle souvent « germes de soja » n'est pas du vrai soja. Il s'agit de pousses de haricot mungo.**

GRATIN DE FENOUIL ET DE TOMATES AU PARMESAN

POUR 4 PERSONNES
PRÉPARATION : 15 min
CUISSON : 1 h

- 2 grosses tomates bien mûres
- 2 bulbes de fenouil
- 1 petit pot de tapenade (environ 100 g)
- 2 c. à café d'herbes de Provence
- 10 cl d'huile d'olive
- 50 g de parmesan
- sel, poivre

Préchauffez le four à 170 °C (therm. 5-6).

Lavez les tomates puis détaillez-les en tranches épaisses. Coupez les bulbes de fenouil en deux dans la hauteur. Déposez les demi-bulbes de fenouil et les tranches de tomate dans un grand plat à gratin. Badigeonnez chaque demi-bulbe d'une bonne épaisseur de tapenade. Saupoudrez d'herbes de Provence, salez et poivrez. Arrosez les légumes d'huile d'olive.

Râpez le parmesan et saupoudrez-en le fenouil et les tomates. Enfournez pour 1 heure. Dégustez bien chaud, en plat principal ou comme garniture d'une viande grillée.

VARIANTE Pour changer, vous pouvez réaliser la même recette avec des petites aubergines ou des courgettes.

COURGETTES FARCIES AU TOFU ET AU QUINOA

POUR 4 PERSONNES • PRÉPARATION : 15 MIN • CUISSON : 1 H 15 ENVIRON

4 belles courgettes • 1 oignon • 2 gousses d'ail • 2 tomates • 4 c. à soupe d'huile d'olive • 1 branche de thym • 80 g de quinoa • 100 g de tofu ferme • 50 g de cantal ou de comté râpé • 1 œuf • quelques pluches de persil plat • sel, poivre

1 Lavez les courgettes et découpez un « chapeau » sur chacune. Creusez-les délicatement à l'aide d'une cuillère pour extraire la chair.

2 Pelez l'oignon et l'ail, puis émincez-les.

3 Lavez les tomates, épépinez-les et coupez-les en dés.

4 Dans une poêle, mettez à chauffer 2 cuillerées à soupe d'huile d'olive et faites-y suer l'oignon pendant 3 minutes à feu moyen.

5 Ajoutez les tomates, la chair de courgette, l'ail, le thym émietté. Laissez mijoter pendant 20 minutes environ.

6 Rincez le quinoa, égouttez-le et versez-le dans une casserole. Recouvrez-le avec deux fois son volume d'eau froide, portez à ébullition puis laissez cuire à feu doux pendant 10 minutes.

7 Préchauffez le four à 180 °C (therm. 6). Émiettez le tofu. Râpez le cantal ou le comté.

8 Égouttez le quinoa après la cuisson.

9 Dans un saladier, battez l'œuf en omelette ; salez et poivrez.

10 Ajoutez le tofu et le fromage râpé. Incorporez le quinoa, la fondue de tomates et le persil ciselé. Rectifiez l'assaisonnement et ajoutez un filet d'huile d'olive.

11 Remplissez les demi-courgettes de la farce et replacez les chapeaux. Disposez-les dans un plat à gratin, arrosez-les d'huile d'olive restante. Versez un verre d'eau dans le plat et enfournez pour 40 minutes environ. Servez chaud.

PURÉE DE POMMES DE TERRE

POUR 4-6 PERSONNES
PRÉPARATION : 10 min
CUISSON : 20 min

- 1 kg de grosses pommes de terre à chair tendre
- 20 cl de lait entier
- 80 g de beurre
- 1/4 de c. à café de muscade râpée
- sel, poivre

Épluchez les pommes de terre, coupez-les en gros morceaux. Faites-les cuire 20 minutes à l'eau bouillante salée. Mettez le lait à chauffer.

Passez les pommes de terre au moulin à légumes ou au presse-purée, ajoutez le lait chaud et le beurre en morceaux. Mélangez, salez, poivrez et ajoutez la muscade. Dégustez bien chaud.

VARIANTE Selon le plat principal, vous pouvez parfumer la purée avec de l'huile d'olive et des herbes séchées ou fraîches (ciboulette, persil et estragon), avec de la tapenade et de l'huile d'olive, ou encore avec du lait de coco et du curry.

PURÉE DE TOPINAMBOURS À L'HUILE DE NOISETTE

POUR 4-6 PERSONNES
PRÉPARATION : 15 min
CUISSON : 35-40 min

- 150 g de pommes de terre
- 600 g de topinambours
- 8 cl de lait
- 50 g de beurre
- 4 c. à soupe d'huile de noisette
- 35 g de pignons de pin
- 2 c. à soupe d'amandes effilées
- sel, poivre

Épluchez les pommes de terre et les topinambours, puis coupez-les en morceaux. Faites-les cuire ensemble dans une grande casserole d'eau bouillante salée pendant 35 à 40 minutes. Mettez le lait à chauffer et faites fondre le beurre.

Écrasez les légumes au presse-purée, puis ajoutez le lait chaud, le beurre fondu et l'huile de noisette en remuant énergiquement avec une spatule en bois ; salez et poivrez.

Faites dorer les pignons et les amandes à sec dans une poêle. Parsemez-en la purée. Dégustez en garniture d'un poulet rôti.

VARIANTE Vous pouvez aussi réaliser la même recette avec des fonds d'artichaut à la place des topinambours.

POMMES DAUPHINE

POUR 6 PERSONNES
PRÉPARATION : 40 min
CUISSON : 40 min environ

- 750 g de pommes de terre
- 40 g de beurre
- 3 jaunes d'œufs
- huile de friture

Pour la pâte à choux

- 25 g de beurre
- 1/2 c. à café de sel
- 60 g de farine
- 1 pincée de muscade
- 2 petits œufs
- sel, poivre

Épluchez et lavez les pommes de terre, coupez-les en quartiers. Faites-les cuire 20 minutes à l'eau bouillante salée. Faites-les dessécher 3 ou 4 minutes au four préchauffé à 250 °C (therm. 8-9), jusqu'à ce que leur surface blanchisse. Réduisez-les en purée au moulin à légumes. Ajoutez le beurre, puis incorporez petit à petit les jaunes d'œufs battus et du sel.

Préparez la pâte à choux. Dans une casserole, faites bouillir 10 cl d'eau avec le beurre et le sel. Baissez le feu, versez la farine d'un coup, et faites cuire en remuant et en raclant les bords de la casserole jusqu'à ce que la pâte soit bien desséchée et se décolle toute seule des parois. Ôtez la casserole du feu, ajoutez du poivre et la muscade, puis incorporez les œufs, un par un.

Mélangez la pâte à choux avec les pommes de terre. Faites chauffer l'huile de friture à 180 °C.

Prenez de la pâte avec une cuillère, façonnez-la entre les mains pour lui donner la forme d'une boule. Faites glisser celle-ci dans la friture. Continuez ainsi, cuillerée par cuillerée. Quand les pommes dauphine sont gonflées et dorées, égouttez-les et épongez-les sur du papier absorbant ; salez légèrement et servez très chaud.

1

Pour réussir les pommes dauphine

1 Choisissez des pommes de terre farineuses, par exemple celles de la variété bintje.

2 Traditionnellement, la pâte des pommes dauphine est parfumée avec de la muscade, mais vous pouvez lui ajouter des herbes fraîches ou bien une épice.

3 Faites cuire les pommes dauphine par lots de 6, en comptant environ 10 minutes à chaque fois.

3

PÂTES, RIZ, SEMOULE ET AUTRES GRAINES

TAGLIATELLES AUX PETITS POIS ET AU JAMBON

POUR 4 PERSONNES
PRÉPARATION : **10 min**
CUISSON : **15 min**

- 150 g de petits pois surgelés
- 1 oignon
- 2 c. à soupe d'huile d'olive
- 150 g de jambon de Parme (ou autre jambon cru)
- 15 cl de crème liquide
- 300 g de tagliatelles fraîches
- 80 g de parmesan en copeaux
- sel, poivre

Faites cuire les petits pois pendant 5 minutes dans un grand volume d'eau bouillante salée, puis égouttez-les. Pelez et émincez l'oignon.

Mettez l'huile à chauffer dans une poêle et faites-y suer l'oignon. Ajoutez les petits pois, le jambon coupé en lanières, puis la crème ; salez et poivrez. Poursuivez la cuisson pendant 3 à 5 minutes à feu doux, en remuant.

Pendant ce temps, faites cuire les tagliatelles al dente dans un grand volume d'eau bouillante salée. Égouttez-les et versez-les dans un plat. Nappez-les de la sauce aux petits pois. Parsemez de copeaux de parmesan et servez aussitôt.

SPAGHETTIS À LA CARBONARA

POUR 4 PERSONNES
PRÉPARATION : 15 min
CUISSON : 12-15 min

- 400 g de spaghettis
- 1 oignon
- 30 g de beurre
- 200 g de lardons fumés
- 1/2 verre de vin blanc
- 1 œuf + 2 jaunes d'œufs
- 75 g de parmesan râpé
- sel, poivre

Faites cuire les spaghettis al dente dans un grand volume d'eau bouillante salée. Mettez le plat de service à tiédir sur un bain-marie.

Pelez et hachez l'oignon. Faites fondre le beurre dans une poêle et mettez-y à revenir l'oignon avec les lardons. Ajoutez le vin blanc et faites cuire 2 ou 3 minutes. Versez le tout dans le plat de service.

Battez l'œuf et les jaunes d'œufs ensemble, salez et poivrez, puis ajoutez le parmesan et 2 cuillerées à soupe d'eau de cuisson des pâtes.

Égouttez les spaghettis et versez-les dans le plat de service. Mélangez avec les lardons.

Versez immédiatement dessus les œufs au parmesan, mélangez et servez très chaud.

NOUILLES AUX NOIX

POUR 4 PERSONNES
PRÉPARATION : **10 min**
CUISSON : **20 min environ**

- 50 g de pignons de pin
- 50 g de cerneaux de noix
- 2 gousses d'ail
- 1/2 bouquet de persil plat
- 15 cl d'huile d'olive
- 400 g de nouilles fraîches
- sel, poivre

Faites griller les pignons à sec dans une poêle pendant 3 minutes en remuant de temps en temps. Concassez grossièrement les noix.

Pelez et hachez les gousses d'ail. Lavez et ciselez le persil.

Faites chauffer la moitié de l'huile dans une poêle et mettez-y à revenir l'ail et le persil pendant 3 ou 4 minutes en remuant. Ajoutez les noix et les pignons et faites-les dorer en mélangeant pendant 2 minutes.

Retirez la poêle du feu et versez alors le reste d'huile d'olive avec 10 cl d'eau. Fouettez pour bien mélanger. Rectifiez l'assaisonnement et gardez la sauce au chaud.

Faites cuire les nouilles dans un grand volume d'eau bouillante salée. Égouttez-les, versez-les dans le plat de service et mélangez-les avec la sauce. Parsemez de persil et servez aussitôt, avec une salade de roquette assaisonnée de vinaigre balsamique.

TAGLIATELLES AUX PLEUROTES

POUR 4 PERSONNES
PRÉPARATION : **10 min**
CUISSON : **20 min environ**

- 300 g de tagliatelles
- 4 c. à soupe d'huile d'olive
- 400 g de pleurotes
- 2 gousses d'ail
- 10 feuilles d'estragon
- sel, poivre

Faites cuire les tagliatelles 8 minutes dans une grande quantité d'eau légèrement salée avec 1 cuillerée à soupe d'huile, puis égouttez-les.

Pendant ce temps, nettoyez les pleurotes et émincez-les. Pelez et hachez l'ail. Lavez et ciselez l'estragon.

Faites chauffer 3 cuillerées à soupe d'huile dans une grande poêle. Ajoutez l'ail et remuez à la spatule pendant 2 minutes. Ajoutez les pleurotes et faites-les sauter pendant 7 ou 8 minutes.

Ajoutez les tagliatelles et l'estragon ciselé. Mélangez délicatement, baissez le feu et laissez chauffer 3 minutes. Poivrez, puis répartissez dans des assiettes chaudes et servez avec, par exemple, un dos de saumon cuit à l'unilatérale.

VARIANTE Vous pouvez remplacer les pleurotes par d'autres champignons. Pour obtenir un plat complet, faites sauter les champignons avec 2 tranches de jambon détaillées en lanières.

SALADE DE FUSILLIS AUX LÉGUMES D'ÉTÉ

POUR 4 PERSONNES
PRÉPARATION : 15 min
CUISSON : 6-12 min

- 250 g de fusillis (ou d'autres pâtes courtes, par exemple les papillons)
- 6 c. à soupe d'huile d'olive
- 4 tomates bien mûres mais fermes
- 1 avocat
- le jus de 1 citron
- 1 petite gousse d'ail
- 1 oignon nouveau
- 60 g de cœur de romaine

Faites cuire les fusillis dans un grand volume d'eau bouillante salée pendant 6 à 12 minutes, en les conservant juste fermes. Égouttez-les et mettez-les dans un saladier. Ajoutez l'huile d'olive, mélangez et laissez refroidir.

Plongez les tomates pendant 20 secondes dans de l'eau bouillante, puis rafraîchissez-les sous l'eau froide. Pelez-les et coupez-les en dés en éliminant les pépins.

Coupez l'avocat en deux, retirez le noyau. Pelez-le, coupez la chair en lamelles et arrosez-le avec le jus du citron. Pelez et hachez l'ail et l'oignon. Lavez la salade, essorez-la et coupez-la en lanières.

Lorsque les pâtes sont refroidies, ajoutez tous les autres ingrédients et mélangez bien.

Servez cette salade en accompagnement d'une viande froide l'été. Elle peut aussi constituer une entrée.

Pour éviter que les pâtes ne collent entre elles, arrosez-les d'un filet d'huile d'olive après les avoir rafraîchies et égouttées, puis mélangez-les.

PAPILLONS AUX AUBERGINES

POUR 4 PERSONNES
PRÉPARATION : 10 min
CUISSON : 20 min environ

- 2 aubergines
- 1 gousse d'ail
- 1/2 boîte de tomates concassées (200 g net)
- 3 c. à café de bouillon de volaille en poudre
- 3 c. à soupe d'huile d'olive
- 200 g de papillons
- sel, poivre

Épluchez les aubergines et coupez-les en dés. Pelez et émincez l'ail.

Déposez les aubergines avec les tomates égouttées dans un plat allant au micro-ondes. Ajoutez l'ail, le bouillon en poudre et 2 cuillerées à soupe d'huile. Salez et poivrez. Couvrez, puis faites cuire au micro-ondes à puissance maximale (850 W) pendant 12 à 15 minutes en remuant à mi-cuisson.

Pendant ce temps, faites cuire les pâtes al dente dans un grand volume d'eau bouillante salée. Égouttez-les, puis incorporez les aubergines à la tomate. Mélangez bien, ajoutez un filet d'huile d'olive et servez aussitôt.

VARIANTE Faites de ce plat un gratin : parsemez les pâtes de rondelles de mozzarella et faites gratiner 10 minutes à four chaud.

GRATIN DE MACARONIS AU GOUDA

POUR 4 PERSONNES
PRÉPARATION : 15 min
CUISSON : 25 min environ

> 400 g de macaronis
> 140 g de gouda au cumin
> 25 cl de crème liquide
> 150 g de lardons
> sel, poivre

Faites cuire les macaronis dans un grand volume d'eau bouillante salée, le temps indiqué sur l'emballage. Égouttez-les et rafraîchissez-les sous l'eau froide.

Coupez la moitié du gouda en petits morceaux. Dans une casserole, mettez à chauffer la crème, ajoutez le fromage coupé et laissez fondre celui-ci à feu doux en remuant avec une cuillère en bois.

Dans un récipient, mélangez les macaronis avec la crème au gouda, salez et poivrez.

Préchauffez le four à 200 °C (therm. 6-7).

Faites dorer les lardons dans une poêle sans matière grasse, puis égouttez-les sur du papier absorbant. Ajoutez-les aux macaronis, mélangez puis versez le tout dans un plat à gratin.

Râpez le reste du gouda au cumin et parsemez-en la surface des pâtes. Faites gratiner au four pendant 15 minutes. Servez très chaud.

ASTUCE Pour obtenir un gratin encore plus moelleux, faites tremper les macaronis, une fois cuits, pendant 12 heures dans du lait.

Ce gratin généreux peut devenir un plat complet si vous l'accompagnez d'une salade de mâche à l'huile de noisette, par exemple. Terminez le repas avec des pommes au four.

SALADE DE PENNE AU JAMBON DE PARME

POUR 4 PERSONNES
PRÉPARATION : **20 min**
CUISSON : **20 min environ**

- 500 g de penne
- 60 g de tomates séchées
- 1 bouquet de basilic
- 8 fines tranches de jambon de Parme
- 40 cl de coulis de tomates
- 20 olives noires
- 80 g de parmesan
- 3 c. à soupe d'huile d'olive
- sel, poivre

Faites cuire les penne de 8 à 10 minutes dans un grand volume d'eau bouillante salée. Égouttez-les, rafraîchissez-les sous l'eau froide.

Coupez les tomates séchées en petits morceaux, hachez le basilic, taillez les tranches de jambon en lanières.

Faites bouillir le coulis de tomates pendant 5 minutes dans une casserole large et basse. Ajoutez les tomates séchées, les olives, du sel et du poivre. Incorporez les penne et laissez-les chauffer 4 ou 5 minutes, à feu moyen, en les enrobant bien de sauce.

Ajoutez le jambon au dernier moment. Répartissez les pâtes dans les assiettes, parsemez de basilic haché et de copeaux de parmesan, arrosez d'huile d'olive et dégustez.

VARIANTE Pour un assaisonnement encore plus aromatique, faites fondre 2 échalotes et 2 gousses d'ail hachées dans 1 cuillerée à soupe d'huile d'olive avant d'y ajouter le coulis.

EXPRESS

RAVIOLIS AUX ÉPINARDS

POUR 4 PERSONNES
PRÉPARATION : 1 h
RÉFRIGÉRATION : 1 h
SÉCHAGE : 4 h
CUISSON : 10 min

- 100 g d'épinards surgelés
- 1 oignon
- 100 g de restes de bœuf
- 100 g de jambon blanc
- 100 g de veau
- 3 c. à soupe d'huile
- thym, laurier
- 1 verre de bouillon de bœuf ou de vin blanc
- 30 g de beurre
- 50 g de parmesan râpé

Pour la pâte à raviolis

- 400 g de farine
- 4 œufs
- sel, poivre

Préparez la pâte à raviolis. Tamisez la farine dans un saladier, faites un puits, cassez-y les œufs et ajoutez du sel. Avec une cuillère en bois, commencez à mélanger, ajoutez de l'eau et pétrissez la pâte jusqu'à ce qu'elle soit ferme et élastique. Roulez-la en boule, enveloppez-la dans du film alimentaire et mettez-la au réfrigérateur pour au moins 1 heure.

Faites cuire les épinards, égouttez-les et hachez-les. Pelez et hachez l'oignon. Hachez finement les restes de bœuf, le jambon et le veau.

Faites revenir l'oignon dans l'huile, ajoutez les viandes, un peu de thym et de laurier émiettés, salez et poivrez. Mouillez avec le bouillon ou le vin et mettez à cuire 5 minutes à feu doux. Incorporez les épinards.

Coupez la pâte en deux parts égales puis étalez chacune d'elles au rouleau en un grand rectangle de même taille, épais de 1,5 mm. À l'aide d'une poche à douille, disposez des petits tas égaux de farce sur l'un des rectangles, en rangées, tous les 4 cm environ. Avec un pinceau, humectez la pâte entre les portions de farce. Placez le second rectangle de pâte sur le premier et pressez entre les petits tas de farce pour souder les deux rectangles. Découpez les raviolis à la roulette et laissez-les sécher 4 heures au frais.

Faites cuire les raviolis de 8 à 10 minutes dans de l'eau bouillante salée. Égouttez-les. Arrosez-les de beurre fondu. Servez le parmesan à part.

1

Bon à savoir

1 La pâte à raviolis est la même que celle utilisée pour les autres pâtes farcies, par exemple, les cannellonis.

2 À la place de la viande, vous pouvez utiliser un mélange de ricotta et de parmesan.

3 Après séchage, les raviolis se conserveront 5 ou 6 jours au réfrigérateur.

RAVIOLES DE ROYAN AU BEURRE BLANC PIMENTÉ

POUR 4 PERSONNES
PRÉPARATION : **20 min**
CUISSON : **15 min environ**

- 1 grosse échalote
- 1/2 petit piment rouge
- 120 g de beurre
- 10 cl de vin blanc
- 10 cl de crème liquide
- 3 brins de coriandre
- 1 carotte
- 250 g de ravioles de Royan
- sel, poivre

Préparez le beurre blanc. Hachez l'échalote et le piment. Coupez le beurre en petits morceaux. Dans une casserole, portez à ébullition le vin blanc avec l'échalote ; laissez bouillir pour réduire le liquide des deux tiers. Ajoutez la crème, poursuivez la cuisson 5 minutes à feu moyen pour faire réduire encore de moitié. Hors du feu, ajoutez le beurre froid en petits morceaux, en fouettant sans cesse. Versez un peu d'eau chaude si le beurre blanc est trop épais.

Filtrez le beurre blanc dans une passoire fine, ajoutez la coriandre ciselée et le piment. Gardez cette sauce au chaud sans la faire bouillir.

Épluchez la carotte et coupez-la en petits cubes. Faites cuire ceux-ci pendant 5 minutes à l'eau bouillante salée. Rafraîchissez-les, égouttez-les et ajoutez-les au beurre blanc.

Plongez les ravioles dans de l'eau salée frémissante et laissez-les pocher 2 minutes sans les faire bouillir. Égouttez-les, répartissez-les dans des assiettes creuses. Nappez-les de beurre blanc et servez aussitôt.

VARIANTE Si vous manquez de temps, préparez une sauce à la crème rapide en faisant bouillir, pendant 5 minutes, 20 cl de crème liquide avec du sel et du poivre. Hors du feu, ajoutez une grosse noix de beurre, la coriandre et le piment. Mixez la crème pendant 20 secondes et servez.

CANNELLONIS AU FROMAGE ET AU JAMBON

POUR 4 PERSONNES
PRÉPARATION : 45 min
REPOS : 2 h
CUISSON : 20 min

- 300 g de pâte à cannellonis ou 12 rectangles de pâte fraîche du commerce
- 500 g de ricotta ou de fromage blanc égoutté
- 2 œufs + 1 jaune d'œuf
- 4 c. à soupe de persil ciselé
- 5 c. à soupe de parmesan râpé
- 25 g de beurre
- 12 tranches de jambon cru
- 30 cl de sauce tomate
- sel, poivre, muscade

Pour la pâte (si vous n'employez pas celle du commerce)

- 200 g de farine
- 2 œufs

Si vous n'employez pas les rectangles à cannellonis du commerce. Préparez la pâte à cannellonis. Tamisez la farine dans un saladier, faites un puits, cassez-y les œufs et ajoutez une bonne pincée de sel. Avec une cuillère en bois, commencez à mélanger, ajoutez de l'eau et pétrissez la pâte jusqu'à ce qu'elle soit ferme et élastique. Roulez-la en boule, enveloppez-la dans un film alimentaire et mettez-la au réfrigérateur pour au moins 1 heure. Farinez le plan de travail et étalez la pâte sur 3 mm d'épaisseur. Avec une roulette, découpez 12 rectangles de 6 x 8 cm et laissez-les sécher pendant 1 heure.

Faites cuire les rectangles de pâte (maison ou du commerce) pendant 4 minutes dans de l'eau bouillante salée, puis égouttez-les, plongez-les aussitôt dans de l'eau froide, égouttez-les de nouveau et étalez-les sur un linge humide.

Dans une terrine, mélangez la ricotta (ou le fromage blanc), les œufs et le jaune, le persil et 1 cuillerée à soupe de parmesan. Salez, poivrez et râpez de la muscade. Faites fondre le beurre.

Préchauffez le four à 100 °C (therm. 3).

Posez sur chaque rectangle de pâte une tranche de jambon, puis une portion de farce au fromage. Roulez les cannellonis et rangez-les dans un plat beurré.

Arrosez de beurre fondu, nappez de sauce tomate et poudrez du reste de parmesan. Enfournez pour 20 minutes.

Servez les cannellonis avec une salade de mâche aux noix et copeaux de parmesan.

LASAGNES À LA SAUCE BOLOGNAISE

POUR 4-6 PERSONNES
PRÉPARATION : 25 min
CUISSON : 2 h

- 450 g de lasagnes
- 1 gros oignon
- 1 carotte
- 1 petite branche de céleri
- 1 gousse d'ail
- 2 c. à soupe d'huile d'olive
- 250 g de bœuf haché
- 200 g de tomates concassées en boîte
- 60 cl de bouillon de bœuf
- 10 cl de vin blanc
- 25 g de beurre
- 25 g de farine
- 150 g de parmesan râpé
- sel, poivre, muscade

Portez à ébullition une grande quantité d'eau salée. Plongez-y les plaques de lasagnes (3 ou 4 à la fois). Laissez cuire 1 minute, le temps qu'elles remontent à la surface. Égouttez-les sur un linge.

Préparez la sauce bolognaise. Épluchez et hachez finement l'oignon, la carotte, le céleri et l'ail. Faites-les cuire doucement dans une cocotte avec l'huile pendant 10 minutes. Ajoutez la viande, faites-la revenir 5 minutes, puis mettez les tomates et laissez cuire 10 minutes. Versez 30 cl de bouillon de bœuf et le vin, salez et poivrez. Faites cuire la sauce 1 heure à feu doux et à couvert. Rectifiez l'assaisonnement.

Préparez la sauce blanche. Faites chauffer le reste de bouillon. Dans une casserole, mettez à fondre le beurre, ajoutez la farine et remuez vivement pour obtenir un mélange lisse. Laissez cuire 2 minutes, sans laisser colorer. Versez le bouillon de bœuf, fouettez et laissez cuire 10 minutes à feu très doux. Salez et poivrez, râpez de la muscade.

Préchauffez le four à 250 °C (therm. 8-9). Beurrez un plat à gratin.

Nappez le fond du plat d'un peu de sauce, puis alternez les couches de lasagnes, de sauce blanche, de sauce bolognaise et d'un peu de parmesan. Terminez par une couche de lasagnes et de sauce blanche. Saupoudrez du reste de parmesan et enfournez pour 30 minutes. Servez aussitôt.

RIZ À LA CRÉOLE

POUR 4 PERSONNES
PRÉPARATION : 2 min
CUISSON : 12-18 min

- 200 g de riz long, basmati ou thaï
- sel

Lavez plusieurs fois le riz, égouttez-le et mettez-le dans une casserole. Salez et recouvrez de trois fois son volume d'eau. Faites cuire à gros bouillons et à découvert.

Quand le niveau de l'eau ne dépasse plus les grains, couvrez et maintenez à tout petit feu, jusqu'à ce que le riz soit parfaitement sec.

RIZ CANTONAIS

POUR 4 PERSONNES
PRÉPARATION : 30 min
CUISSON : 15 min environ

- 200 g de riz long, basmati ou thaï
- 100 g de jambon cru ou de saucisse chinoise
- 4 œufs
- 3 c. à soupe d'huile d'arachide
- 2 c. à soupe de ciboule hachée
- sel, poivre

Faites cuire le riz à la créole (VOIR ci-dessus).

Coupez le jambon ou la saucisse en petits dés. Battez les œufs en omelette ; salez et poivrez.

Mettez à chauffer 2 cuillerées d'huile dans une poêle et faites-y cuire l'omelette, puis coupez-la en petits morceaux.

Versez le reste de l'huile dans la poêle, chauffez-la et faites-y sauter rapidement le riz. Ajoutez les dés de jambon ou de saucisse, les morceaux d'omelette et la ciboule, mélangez délicatement. Goûtez, rectifiez l'assaisonnement et disposez dans le plat de service.

RIZ PILAF

POUR 4 PERSONNES
PRÉPARATION : **15 min**
CUISSON : **25 min**

- 300 g de riz basmati
- 1 gros oignon
- 3 c. à soupe d'huile
- 75 cl de bouillon de volaille
- 1 c. à soupe de curry
- sel, poivre

Rincez puis égouttez le riz. Pelez et hachez finement l'oignon.

Dans une sauteuse, mettez l'huile à chauffer à feu moyen et faites-y cuire l'oignon jusqu'à ce qu'il commence à prendre couleur.

Ajoutez le riz et mélangez. Au bout de 2 ou 3 minutes, quand les grains de riz deviennent transparents, versez une louche de bouillon, remuez à nouveau et attendez que le riz ait tout absorbé. Ajoutez alors le curry, encore un peu de bouillon, salez légèrement et poivrez. Poursuivez la cuisson à feu doux pendant 15 minutes, en ajoutant le bouillon au fur et à mesure et en remuant souvent.

Pendant la cuisson du riz, préchauffez le four à 120 °C (therm. 4). Beurrez un plat allant au four.

Quand le riz est cuit, versez-le dans le plat, enfournez et laissez sécher pendant 6 à 8 minutes. Servez dans le plat de cuisson, en accompagnement d'une volaille ou d'une viande rôtie.

PRÊT À L'AVANCE

Pour faire de cette recette un plat complet, ajoutez-y 3 petites courgettes coupées en rondelles. Vous pouvez également l'agrémenter de pignons de pin préalablement grillés et de raisins secs.

RIZ À L'INDIENNE AUX FRUITS SECS

POUR 4 PERSONNES
PRÉPARATION : 10 min
CUISSON : 20 min

- 2 oignons
- 2 c. à soupe d'huile d'arachide
- 2 c. à café de curcuma en poudre
- 240 g de riz
- 40 cl de lait de coco
- 15 noix de cajou
- 7 c. à soupe rases d'amandes effilées ou de pistaches
- 3 c. à soupe rases de raisins secs
- sel, poivre

Pelez et émincez les oignons. Dans une grande poêle, mettez l'huile à chauffer et faites-y suer les oignons avec le curcuma. Ajoutez le riz, et faites cuire pendant 2 minutes à feu moyen en remuant. Incorporez le lait de coco, versez 30 cl d'eau frémissante puis portez à ébullition. Salez, poivrez, baissez le feu et laissez mijoter de 15 à 20 minutes jusqu'à ce que le riz soit cuit (ajoutez un peu d'eau frémissante en cours de cuisson s'il attache).

Pendant ce temps, faites dorer à sec les noix de cajou et les amandes dans une petite poêle antiadhésive.

Lorsque le riz est presque cuit, incorporez les raisins secs, et laissez mijoter encore 2 minutes. Parsemez de noix de cajou et d'amandes et servez aussitôt avec, par exemple, des cuisses de poulet rôties.

RISOTTO AUX FÈVES ET AUX ASPERGES

POUR 4 PERSONNES
PRÉPARATION : 10 min
CUISSON : 25 min

- 8 asperges vertes, fraîches ou surgelées
- 200 g de fèves pelées, fraîches ou surgelées
- 1 cube de bouillon de volaille
- 1 oignon
- 2 c. à soupe d'huile d'olive
- 60 g de beurre
- 200 g de riz rond pour risotto (arborio, carnaroli)
- 10 cl de vin blanc
- 40 g de parmesan
- sel, poivre

BON À SAVOIR

Les riz arborio et carnaroli absorbent beaucoup de liquide tout en conservant leur tenue. C'est pour cela qu'ils sont tout indiqués pour la préparation des risottos.

Plongez les asperges et les fèves pendant 5 minutes dans de l'eau bouillante salée. Égouttez-les.

Faites dissoudre le cube de bouillon dans 75 cl d'eau bouillante. Pelez et émincez l'oignon.

Mettez à chauffer l'huile et 30 g de beurre dans une sauteuse et faites revenir l'oignon. Ajoutez le riz et laissez dorer 2 minutes en remuant. Versez le vin puis, lorsqu'il est totalement évaporé, ajoutez le bouillon frémissant louche par louche. Salez si besoin, poivrez. Laissez cuire pendant 15 minutes.

Ajoutez les asperges et les fèves, et poursuivez la cuisson encore 5 minutes. Incorporez le reste de beurre en petits morceaux, parsemez de copeaux de parmesan et servez.

RISOTTO AU SAFRAN

POUR 4 PERSONNES
PRÉPARATION : **15 min**
CUISSON : **20 min**

- 1 litre de bouillon de volaille ou de bœuf
- 1 échalote
- 1 petite carotte
- 1 c. à soupe d'huile d'olive
- 300 g de riz rond à risotto (arborio ou carnaroli)
- 10 cl de vin blanc sec
- quelques pistils de safran
- 20 g de beurre
- 40 g de parmesan en copeaux
- sel, poivre

Faites chauffer le bouillon. Épluchez l'échalote et la carotte, puis émincez-les.

Dans une sauteuse, mettez à chauffer l'huile et faites-y revenir l'échalote et la carotte en remuant pendant 1 minute. Ajoutez le riz en pluie, mélangez jusqu'à ce qu'il devienne nacré.

Versez le vin et mélangez. Lorsqu'il est évaporé, ajoutez le bouillon frémissant, louche par louche, en attendant à chaque fois que le liquide soit évaporé avant d'en rajouter. Laissez cuire 15 minutes, jusqu'à ce que le riz soit presque cuit.

Ajoutez le safran et poursuivez la cuisson encore 2 ou 3 minutes.

Incorporez le beurre en petits morceaux, mélangez et parsemez de copeaux de parmesan. Servez aussitôt avec, par exemple, des noix de saint-jacques poêlées ou un dos de cabillaud rôti.

RISOTTO À LA MARINARA

POUR 4-6 PERSONNES
PRÉPARATION : **20 min**
CUISSON : **25 min environ**

- 8 filets de rouget d'environ 100 g chacun, avec la peau mais écaillés
- 16 gambas crues
- 300 g de palourdes
- 2 échalotes
- 1 gousse d'ail
- 2 c. à soupe de vin blanc sec
- 4 c. à soupe d'huile d'olive
- 100 g de pulpe de tomate en dés
- 200 g de riz rond pour risotto (carnaroli ou arborio)
- 60 cl de fumet de poisson (frais ou préparé avec une base de produit déshydraté)
- sel, poivre

Rincez les filets de rouget et les gambas à l'eau fraîche puis épongez-les avec soin. Rincez les palourdes dans plusieurs eaux, jusqu'à ce que la dernière soit claire. Égouttez-les.

Pelez et émincez les échalotes et la gousse d'ail.

Faites chauffer le vin dans une casserole, ajoutez les palourdes, couvrez et faites ouvrir les coquilles à feu vif en secouant souvent le récipient. Sortez-les à l'aide d'une écumoire et gardez-les au chaud dans un récipient au bain-marie. Filtrez le jus de cuisson et réservez-le.

Chauffez l'huile dans une sauteuse et faites revenir les filets de rouget à feu moyen pendant 3 minutes, la peau au-dessus. Sortez-les délicatement avec une écumoire et gardez-les au chaud dans une assiette posée sur une casserole d'eau frémissante, en les couvrant avec une feuille d'aluminium.

Faites revenir les gambas à feu vif dans la même sauteuse, pendant 1 minute de chaque côté. Décortiquez-les et maintenez-les au chaud avec les filets de rouget.

Mettez ensuite l'ail et l'échalote dans la sauteuse, faites-les revenir 1 ou 2 minutes puis ajoutez les dés de tomate et poursuivez la cuisson pendant encore 1 ou 2 minutes.

Versez le riz dans la sauteuse et mélangez bien. Quand les grains sont transparents, mouillez avec le fumet et le jus de cuisson des palourdes, remuez, puis couvrez et faites cuire doucement 15 à 20 minutes, jusqu'à ce que tout le liquide soit absorbé. Rectifiez l'assaisonnement.

Décoquillez les palourdes, mélangez-les au riz puis posez les filets de rouget et les gambas en surface. Retirez du feu, couvrez et laissez reposer 2 minutes avant de servir dans des assiettes bien chaudes.

CONSEIL Pour bien réussir le risotto, remuez très souvent le riz durant la cuisson pour que les grains libèrent leur amidon et apportent ainsi de l'onctuosité.

PAELLA

POUR 8 PERSONNES
PRÉPARATION : 50 min
CUISSON : 40 min

- 1 poulet de 1,5 kg
- 350 g de praires
- 350 g de coques
- 16 moules
- 400 g de calmars
- 2 oignons
- 2 poivrons
- 6 tomates
- 2 gousses d'ail
- 250 g de haricots verts
- 25 cl d'huile d'olive
- 16 langoustines
- 1 dose de safran
- 250 g de petits pois frais ou surgelés
- 400 g de riz long
- 1 pincée de piment de Cayenne
- sel, poivre

Découpez le poulet en 8 morceaux. Lavez et brossez les praires, les coques et les moules. Lavez les calmars et détaillez-les en lanières.

Pelez et hachez les oignons. Coupez les poivrons en deux, ôtez les pépins et les membranes blanches, puis détaillez chaque moitié en lanières. Coupez les tomates en petits cubes. Pelez et écrasez l'ail. Coupez les haricots verts en tronçons.

Dans une paellera (ou une cocotte ou un faitout plat), mettez à chauffer l'huile d'olive et faites-y dorer les langoustines. Retirez celles-ci et réservez-les.

Mettez dans le même récipient les morceaux de poulet et faites-les revenir. Ajoutez les calmars puis les oignons, les poivrons et les tomates. Saupoudrez le tout de safran, ajoutez l'ail écrasé, les haricots verts et les petits pois. Faites cuire environ 15 minutes à feu doux.

Préchauffez le four à 220 °C (therm. 7).

Mesurez le volume du riz et faites bouillir une quantité d'eau égale à deux fois ce volume.

Ajoutez le riz dans le ragoût, mélangez puis mettez les praires, les coques et les moules. Versez l'eau bouillante, salez et pimentez avec le cayenne. Portez le tout à ébullition, couvrez et faites cuire au four pendant 25 minutes.

Retirez le plat du four et posez les langoustines à la surface de la paella. Laissez reposer 10 minutes avant de servir.

COCOTTE D'ORGE PERLÉ AUX TOMATES ET AU BASILIC

POUR 4-6 PERSONNES
PRÉPARATION : 15 min
CUISSON : 50 min environ

- 300 g d'orge perlé précuit
- 500 g de tomates cerises
- 1 bouquet de basilic
- 4 gousses d'ail
- 5 échalotes
- 10 cl d'huile d'olive
- 200 g d'olives noires dénoyautées
- 100 g de tomates confites
- sel, poivre

Faites cuire l'orge perlé dans une grande quantité d'eau bouillante salée pendant 30 minutes (ou le temps indiqué sur l'emballage).

Pendant ce temps, lavez les tomates cerises. Lavez et effeuillez le basilic. Pelez et hachez l'ail et les échalotes.

Dans une cocotte, mettez à chauffer l'huile d'olive et saisissez l'ail et les échalotes quelques instants à feu vif pour qu'ils prennent une couleur, puis ajoutez les olives et les deux sortes de tomates. Faites cuire encore 5 minutes.

Égouttez l'orge et versez-le dans la cocotte. Salez, poivrez, couvrez et poursuivez la cuisson pendant 20 minutes en remuant pour que tous les ingrédients « compotent » ensemble. Dégustez bien chaud.

CONSEIL Servez cette cocotte d'orge comme un plat principal ou en garniture d'un poulet ou d'un rôti de porc. Vous pouvez utiliser ce plat comme farce pour les poivrons ou les tomates.

POÊLÉE DE QUINOA AUX LÉGUMES

POUR 4 PERSONNES
PRÉPARATION : 10 min
CUISSON : 40 min

- 180 g de quinoa
- 2 aubergines
- 4 tomates ou 1/2 boîte de tomates concassées (200 g net)
- 2 oignons
- 1 gousse d'ail
- 2 c. à soupe d'huile d'olive
- 25 cl de bouillon de légumes
- sel, poivre

Rincez le quinoa, déposez-le dans une casserole et ajoutez deux fois son volume d'eau. Salez, portez à ébullition puis laissez cuire 15 minutes à feu doux.

Pendant ce temps, épluchez les aubergines et coupez-les en dés. Plongez les tomates pendant 1 minute dans de l'eau bouillante, puis rafraîchissez-les. Pelez-les, épépinez-les et coupez la pulpe en dés.

Pelez les oignons et l'ail et émincez-les. Dans une poêle, faites revenir les oignons dans l'huile chaude. Ajoutez les dés d'aubergine et de tomate, l'ail et laissez cuire 5 minutes à feu moyen.

Versez le bouillon, puis laissez mijoter 20 minutes. Incorporez le quinoa égoutté, mélangez et servez aussitôt.

VARIANTE Transformez cette poêlée en gratin : ajoutez-y 1 ou 2 œufs battus, versez le tout dans un plat à four huilé, parsemez de fromage râpé et faites gratiner quelques minutes.

BON À SAVOIR
Le quinoa n'est pas une céréale, mais une plante de la même famille que la blette et l'épinard, riche en protéines. Il est exempt de gluten, ce qui le rend très intéressant pour ceux qui y sont intolérants.

Vous pouvez aussi préparer cette recette « façon pilaf » : une fois rincé, faites revenir le quinoa avec les oignons, ajoutez les autres ingrédients puis recouvrez d'environ 35 cl d'eau (soit 2 fois le volume de quinoa).

FRICASSÉE DE BOULGOUR AUX FRUITS SECS

POUR 4 PERSONNES
PRÉPARATION : 10 min
TREMPAGE : 30 min
CUISSON : 25 min environ

- 250 g de boulgour
- 6 abricots secs
- 6 dattes
- 2 c. à soupe de pistaches non salées
- 4 échalotes
- 3 c. à soupe d'huile d'olive
- 1 c. à café de graines de cumin
- 2 c. à soupe de raisins secs
- sel, poivre

Mettez le boulgour dans un grand saladier et versez de l'eau jusqu'à ce que son niveau se situe 3 cm au-dessus des graines. Laissez gonfler pendant 30 minutes à température ambiante ; l'eau doit être complètement absorbée.

Coupez les abricots et les dattes en petits morceaux. Concassez grossièrement les pistaches. Pelez et hachez les échalotes.

Dans une cocotte, mettez à chauffer l'huile d'olive et saisissez les échalotes, puis baissez le feu et faites-les roussir pendant 3 ou 4 minutes à feu doux en remuant. Ajoutez le cumin, les abricots, les dattes, les raisins et les pistaches. Mélangez, laissez cuire quelques minutes puis versez le boulgour ; salez et poivrez. Laissez mijoter 20 minutes en remuant de temps en temps.

Servez bien chaud, soit en plat principal, soit en garniture de côtes d'agneau ou de merguez grillées, par exemple.

VARIANTE Remplacez les fruits secs par un mélange d'épices et des morceaux de mangue fraîche.

COUSCOUS AUX LÉGUMES

POUR 4 PERSONNES
PRÉPARATION : 1 h
CUISSON : 1 h 30 environ

- 500 g de semoule
- 150 g de fèves pelées, fraîches ou surgelées
- 1 oignon
- 2 navets
- 2 carottes
- 2 tomates
- 2 courgettes
- 2 fonds d'artichaut en conserve ou surgelés
- 50 g de pois chiches en conserve
- 100 g de beurre
- quatre-épices ou ras al-hanout
- sel, poivre

Procédez à la première cuisson de la semoule. Remplissez la marmite d'un couscoussier aux deux tiers d'eau ou de bouillon et chauffez à feu vif. Lorsque le liquide arrive à ébullition, posez la partie supérieure contenant la semoule, entourez-la d'un linge mouillé à la jonction des deux récipients pour éviter toute perte de vapeur, et couvrez.

Au bout de 30 minutes environ, sortez la semoule, étalez-la dans un grand plat rond à rebord et manipulez-la avec les mains huilées pour casser les grumeaux.

Faites décongeler les fèves si elles sont surgelées. Pelez et émincez finement l'oignon. Épluchez les navets et les carottes ; coupez-les en morceaux. Détaillez les tomates et les courgettes en rondelles, et les fonds d'artichaut en dés.

Placez ces légumes dans la marmite du couscoussier, ajoutez les pois chiches ; salez. Couvrez aux deux tiers d'eau ou de bouillon de légumes avant de poser le panier du couscoussier rempli à nouveau de semoule. Faites cuire pendant 1 heure.

Sortez la semoule du couscoussier et égrenez-la de nouveau. Disposez dessus des noisettes de beurre et mélangez, puis déposez la semoule dans un plat creux.

Égouttez les légumes et mettez-les sur la semoule ou dans un plat à part.

Vérifiez l'assaisonnement du bouillon et relevez-le avec du poivre ou des épices diverses (quatre-épices ou ras al-hanout). Servez-le à part pour que chacun puisse en arroser légumes et semoule.

LÉGER

GNOCCHIS À LA ROMAINE

POUR 4 PERSONNES
PRÉPARATION : 10 min
CUISSON : 20 min
RÉFRIGÉRATION : 2 h

- 50 cl d'eau
- 35 cl de lait
- 1/2 c. à café de sel
- 180 g de semoule moyenne ou de polenta à cuisson rapide
- 1 œuf
- 100 g de parmesan râpé
- 4 c. à soupe d'huile d'olive

Dans une casserole, mélangez l'eau, le lait et le sel. Portez à ébullition, puis versez en pluie légère la polenta sans cesser de remuer avec une spatule en bois. Baissez le feu et laissez cuire 5 minutes environ, en continuant de mélanger.

Lorsque la polenta est cuite, incorporez l'œuf entier et la moitié du parmesan. Versez la polenta sur une grande feuille de papier sulfurisé ou une feuille en silicone et étalez-la sur une épaisseur de 1,5 cm environ. Lissez-la, laissez-la refroidir, puis faites-la durcir au moins 2 heures au réfrigérateur.

Préchauffez le four à 220 °C (therm. 7-8).

Découpez la polenta en disques à l'aide d'un emporte-pièce. Disposez les disques dans un plat à gratin de façon qu'ils se chevauchent comme les écailles d'un poisson. Saupoudrez de parmesan restant et enfournez pour 15 minutes environ. Servez aussitôt.

CONSEIL Lors de la dernière étape, vous pouvez ajouter du coulis de tomates, juste avant le parmesan.

VENEZ MANGER À LA MAISON !

FILET DE BŒUF EN CROÛTE

POUR 6 PERSONNES
PRÉPARATION : **15 min**
REPOS : **10 min**
CUISSON : **30 min environ**

- 1 kg de filet de bœuf
- 1 c. à soupe d'huile d'olive
- 1 pâte feuilletée préétalée
- 1 jaune d'œuf
- sel, poivre

Faites dorer le filet de bœuf sur toutes ses faces dans une sauteuse avec l'huile d'olive pendant 3 ou 4 minutes ; salez et poivrez. Ôtez la sauteuse du feu et laissez la viande reposer pendant 10 minutes.

Préchauffez le four à 210 °C (therm. 7).

Déroulez la pâte feuilletée, placez le filet de bœuf au centre. Rabattez les bords sur le dessus de façon à envelopper le filet et soudez-les en humectant la pâte avec un peu d'eau.

Battez le jaune d'œuf et badigeonnez-en toute la pâte au pinceau. Déposez le filet sur une plaque de cuisson et enfournez pour 25 minutes.

Laissez reposer le rôti pendant 5 minutes dans le four éteint, la porte ouverte. Découpez-le au couteau électrique, de préférence, ou avec un couteau-scie, et disposez les tranches sur un plat de service préalablement chauffé.

Servez le filet de bœuf accompagné de pommes de terre sautées et d'une salade verte.

TOURNEDOS ROSSINI

POUR 4 PERSONNES • PRÉPARATION : 15 MIN • CUISSON : 10 MIN ENVIRON

4 tranches de pain de mie • 120 g de foie gras cru • 4 tournedos de 120 g • 30 g de beurre • 3 c. à soupe de madère • sel, poivre, fleur de sel

1 Préchauffez le four à 90 °C (therm. 3). Ôtezla croûte des tranches de pain de mie.

2 Coupez le foie gras en 4 tranches et assaisonnez-les de sel et de poivre.

3 Salez et poivrez les tournedos.

4 Mettez à chauffer 10 g de beurre dans une poêle et faites-y dorer les tranches de pain de mie. Égouttez-les, répartissez-les dans quatre assiettes et gardez-les au four.

5 Mettez à chauffer une poêle antiadhésive et faites cuire les tranches de foie gras 1 minute de chaque côté.

6 Égouttez les tranches de foie gras sur du papier absorbant. Gardez-les au chaud dans le four, sous une feuille d'aluminium.

7 Faites chauffer le reste de beurre dans une poêle et saisissez les tournedos 2 ou 3 minutes de chaque côté, à feu moyen.

8 Retirez les tournedos de la poêle, ôtez la barde et les ficelles. Gardez la viande au chaud dans le four, sous une feuille d'aluminium.

9 Versez le madère dans la poêle et décollez les sucs de cuisson à feu vif.

10 Disposez les tranches de pain de mie dans chaque assiette et posez un tournedos par-dessus. Surmontez chaque tournedos d'une tranche de foie gras.

11 Nappez les tournedos de la sauce, parsemez de fleur de sel et servez aussitôt avec, par exemple, des carottes et des navets glacés ou une écrasée de pommes de terre à l'huile de truffe.

CÔTE DE BŒUF RÔTIE AUX PETITS LÉGUMES

POUR 4 PERSONNES
PRÉPARATION : **40 min**
CUISSON : **30 min environ**
REPOS : **30 min**

- 2 bottes de petites carottes
- 3 petits navets
- 100 g de haricots verts
- 200 g de chou-fleur
- 150 g de beurre
- 100 g de petits pois
- 3 branches de thym
- 400 g de petites pommes de terre nouvelles
- 1 côte de bœuf avec os de 1,4 kg
- 1/2 verre de bouillon de bœuf
- sel, poivre

Nettoyez tous les légumes et faites cuire séparément et à l'eau salée les carottes, les petits navets, les haricots verts et les bouquets de chou-fleur. Égouttez-les et faites-les revenir rapidement à la poêle avec 50 g de beurre.

Faites cuire les petits pois avec un demi-verre d'eau, 10 g de beurre, 1 pincée de sucre, 1 pincée de sel et le thym. Faites cuire les pommes de terre à la poêle dans 50 g de beurre. Réservez au chaud.

Préchauffez le four à 250 °C (therm. 8-9). Salez et poivrez la côte de bœuf, arrosez-la de 40 g de beurre fondu et faites-la cuire au four ; comptez 18 minutes environ par kilo.

Égouttez la viande, recouvrez-la d'une feuille d'aluminium et gardez-la 30 minutes dans le four éteint pour que la chaleur se répartisse uniformément à l'intérieur.

Pendant ce temps, faites chauffer le bouillon et versez-le dans le plat de cuisson de la viande, à feu moyen ; grattez bien les sucs avec une cuillère en bois. Faites réduire pour rendre le jus onctueux.

Dressez la côte sur le plat de service. Entourez-la de tous les légumes et nappez-la du jus réduit.

Essayez la cuisson sur lit de sel : étalez une couche épaisse de gros sel dans une poêle et faites chauffer. Déposez la viande sur le sel chaud et faites cuire 5 minutes de chaque côté.

PIÈCE DE BŒUF AUX ÉCHALOTES CONFITES

POUR 4 PERSONNES
PRÉPARATION : **20 min**
CUISSON : **45 min**

- 16 petites échalotes
- 20 cl d'huile de tournesol
- 1 carotte
- 1 petite branche de céleri (30 g environ)
- 75 cl de vin rouge
- 1 c. à soupe de cassonade
- 25 g de beurre
- 4 pavés de rumsteck
- sel, poivre

Pelez les échalotes. Mettez-les dans une casserole, versez l'huile jusqu'à ce qu'elle les recouvre ; salez et poivrez. Faites bien chauffer l'huile puis laissez les échalotes cuire à feu très doux pendant 30 minutes ; elles doivent être confites mais pas dorées. Laissez-les refroidir dans l'huile puis égouttez-les dans une passoire.

Épluchez la carotte et détaillez-la en petits cubes. Émincez finement la branche de céleri. Mettez les légumes dans une casserole avec le vin rouge. Faites réduire le vin des deux tiers à feu vif, puis ajoutez la cassonade et laissez cuire encore quelques minutes pour obtenir une sauce sirupeuse.

Hors du feu, ajoutez le beurre en petits morceaux tout en fouettant. Mettez les échalotes égouttées dans la sauce et réservez au chaud.

Dans une poêle, mettez à chauffer 1 cuillerée à soupe d'huile et faites-y cuire les pavés de bœuf 3 ou 4 minutes de chaque côté, à feu moyen ; salez et poivrez.

Servez aussitôt avec la sauce aux échalotes confites et une purée de topinambours ou de céleri.

SOURIS D'AGNEAU CONFITES, FRITES DE PATATE DOUCE

POUR 4 PERSONNES
PRÉPARATION : **30 min**
CUISSON : **1 h 45**

- 1 oignon
- 4 souris d'agneau
- 3 c. à soupe d'huile d'olive
- 1 c. à soupe de cannelle en poudre + 2 pincées
- 3 c. à soupe de miel liquide
- 600 g de patates douces à chair orangée
- 15 cl d'huile de tournesol
- sel, poivre

Pelez et émincez l'oignon.

Ficelez les souris d'agneau en les serrant bien. Dans une grande cocotte, mettez à chauffer l'huile d'olive et saisissez les souris d'agneau avec l'oignon pendant 2 ou 3 minutes. Saupoudrez-les avec 1 cuillerée à soupe de cannelle puis ajoutez le miel, du sel et du poivre. Laissez-les légèrement caraméliser.

Préchauffez le four à 170 °C (therm. 5-6).

Versez 50 cl d'eau dans la cocotte. Couvrez-la et enfournez-la pour 1 h 30. Faites cuire en retournant les souris et en les arrosant toutes les 15 minutes.

Épluchez les patates douces et détaillez-les en forme de grosses frites. Faites-les cuire 5 minutes dans de l'eau bouillante salée. Rafraîchissez-les sous l'eau froide, égouttez-les.

Au moment de servir, mettez l'huile de tournesol à chauffer dans une poêle et faites-y frire les patates douces 4 ou 5 minutes. Égouttez-les sur du papier absorbant, salez-les, poivrez-les, puis saupoudrez-les de 2 pincées de cannelle. Servez aussitôt avec les souris d'agneau confites et un peu de jus de cuisson.

BON À SAVOIR Il existe deux variétés de patate douce, l'une à chair blanche et l'autre à chair plus orangée. Cette dernière, utilisée dans cette recette, a un goût légèrement plus sucré.

GIGOT D'AGNEAU RÔTI AU BEURRE DE SAUGE

POUR 4 PERSONNES
PRÉPARATION : **20 min**
CUISSON : **45 min**
REPOS : **15 min**

- 12 feuilles de sauge
- 80 g de cerneaux de noix
- 100 g de beurre demi-sel
- 800 g de gigot d'agneau désossé non ficelé
- 1 c. à café de fleur de sel
- sel, poivre

Préchauffez le four à 180 °C (therm. 6).

Hachez les feuilles de sauge et les cerneaux de noix. Dans un bol, mélangez-les avec le beurre ramolli ; salez et poivrez.

Garnissez l'intérieur du gigot avec la moitié de ce beurre de sauge. Ficelez la viande, déposez-la dans un plat allant au four et badigeonnez-la avec le reste de beurre de sauge. Enfournez pour 40 à 45 minutes ; durant la cuisson, arrosez régulièrement le gigot avec le beurre de cuisson.

Sortez le gigot du four, enveloppez-le dans une feuille d'aluminium et laissez-le reposer 15 minutes. Au moment de servir, tranchez le gigot et parsemez-le de fleur de sel.

CONSEIL Vous pouvez ajouter 8 pommes de terre brossées et coupées en morceaux autour du gigot avant de le mettre à cuire.

VARIANTE Remplacez le gigot par une épaule d'agneau désossée. Dans ce cas, réduisez le temps de cuisson de 10 minutes.

CARRÉ D'AGNEAU AUX HERBES

POUR 4 PERSONNES
PRÉPARATION : 15 min
CUISSON : 20-25 min

- 2 échalotes
- 1 gousse d'ail
- 1 bouquet de persil plat
- 1 petit bouquet de cerfeuil
- 2 biscottes
- 4 branches de thym
- 2 c. à soupe de noisettes en poudre
- 1 carré d'agneau de 800 g à 1 kg
- 2 c. à soupe de moutarde forte
- 1 c. à soupe d'huile d'olive
- fleur de sel
- sel et poivre

Préchauffez le four à 210 °C (therm. 7).

Pelez les échalotes et l'ail, puis émincez-les. Lavez le persil et le cerfeuil, ciselez-les. Mixez les biscottes pour obtenir une chapelure. Mélangez cette chapelure avec le thym émietté, le persil, le cerfeuil, les échalotes, l'ail et les noisettes en poudre.

Badigeonnez le carré d'agneau de moutarde et enduisez-le de la préparation aux herbes ; salez et poivrez.

Déposez le carré dans un plat à four. Arrosez-le d'huile d'olive puis enfournez pour 20 à 25 minutes.

À la sortie du four, parsemez le carré de fleur de sel avant de servir.

CONSEIL Servez ce carré d'agneau avec un tian de courgettes et d'aubergines, et du boulgour ou des petites pommes de terre nouvelles rôties au four.

EXPRESS

En fin de cuisson, couvrez le carré d'agneau d'une feuille d'aluminium et laissez reposer 5 minutes dans le four éteint pour que les sucs se concentrent et que la viande reste bien tendre et juteuse.

FILET DE VEAU À L'ORANGE

POUR 4 PERSONNES
PRÉPARATION : **10 min**
CUISSON : **1 h 30**

- 1 filet de veau de 700 g
- 1 c. à soupe d'huile d'arachide
- 2 oranges non traitées
- 1 c. à soupe de cognac
- 3 c. à soupe de crème fraîche épaisse
- sel, poivre

Dans une cocotte, faites revenir le filet de veau avec l'huile d'arachide. Laissez-le dorer sur toutes les faces pendant 5 minutes.

Lavez les oranges, prélevez le zeste de l'une d'elles et détaillez-le finement. Pressez les deux fruits.

Ajoutez le jus d'orange et le zeste dans la cocotte. Laissez cuire pendant 5 minutes en mélangeant. Versez le cognac, faites-le flamber, puis salez et poivrez. Faites mijoter à couvert pendant 1 h 30.

Si vous préparez le plat à l'avance, laissez le filet dans la cocotte fermée pour éviter qu'il ne se dessèche et réchauffez-le avant de passer à table.

Au moment de servir, sortez le filet de la cocotte et réservez-le. Versez la crème fraîche dans la cocotte, mélangez avec le jus de cuisson et faites réduire jusqu'à obtenir une sauce onctueuse.

Pendant ce temps, tranchez le filet. Servez-le très chaud, avec la sauce, en l'accompagnant de pâtes fraîches ou des pommes de terre cuites à la vapeur.

CONSEIL À la place du filet, vous pouvez opter pour du quasi, tendre, moelleux et charnu.

Sortez la viande du réfrigérateur au moins 1 heure avant de la cuisiner, pour éviter les chocs thermiques et garder la viande bien tendre.

GRENADINS DE VEAU AUX TROMPETTES

POUR 4 PERSONNES
RÉHYDRATATION DES TROMPETTES : **1 h**
PRÉPARATION : **20 min**
CUISSON : **25 min environ**

- 120 g de trompettes-de-la-mort séchées
- 400 g de petits pois frais (poids net)
- 20 cl de jus de veau tout prêt
- 8 grenadins de veau de 80 g chacun
- 3 c. à soupe d'huile végétale
- 2 branches de thym frais
- 40 g de beurre
- sel, poivre

Faites réhydrater les trompettes-de-la-mort pendant 1 heure dans un bol avec 50 cl d'eau froide.

Faites cuire les petits pois pendant 5 ou 6 minutes dans de l'eau bouillante salée. Égouttez-les, rafraîchissez-les sous l'eau froide.

Versez le jus de veau dans une casserole, ajoutez 10 cl d'eau de réhydratation des trompettes et faites réduire de moitié à feu moyen. Salez, poivrez, puis ajoutez les trompettes égouttées. Gardez cette sauce au chaud sans la faire bouillir.

Ficelez les morceaux de veau pour qu'ils restent bien ronds à la cuisson. Assaisonnez-les. Faites-les saisir des deux côtés dans une poêle chaude avec l'huile pendant 1 ou 2 minutes. Baissez le feu et laissez cuire 5 ou 6 minutes de chaque côté. Retirez les morceaux de la poêle, enveloppez-les dans une feuille d'aluminium ; laissez reposer 10 minutes.

Dégraissez la poêle. Versez la sauce dans la poêle, ajoutez le thym effeuillé. Portez à ébullition puis ajoutez le beurre en petits morceaux tout en fouettant. Au dernier moment, réchauffez les petits pois dans la sauce et servez aussitôt avec les grenadins de veau.

CONSEIL En saison, utilisez des trompettes fraîches (comptez 120 g par personne) ou remplacez-les par des chanterelles jaunes ou par de petits cèpes.

FRICASSÉE DE RIS DE VEAU AUX ASPERGES ET AUX MORILLES

POUR 4 PERSONNES
TREMPAGE : 2 h
PRÉPARATION : 35 min
CUISSON : 30 min

- 30 g de morilles séchées
- 900 g de ris de veau
- 1 botte d'asperges vertes (environ 20 asperges)
- 4 c. à soupe de farine
- 80 g de beurre
- 1 c. à soupe d'huile de tournesol
- 50 cl de crème liquide
- sel, poivre

Faites tremper les morilles dans 20 cl d'eau tiède. En même temps, laissez dégorger les ris de veau dans un grand récipient d'eau froide pendant 2 heures.

Plongez les ris de veau pendant 10 minutes dans de l'eau bouillante, égouttez-les, retirez tous les filaments. Détaillez-les en petites escalopes. Réservez au frais.

Épluchez les asperges, coupez-les à environ 10 cm des pointes. Faites-les cuire pendant 6 à 8 minutes à l'eau bouillante salée ; elles doivent rester croquantes. Égouttez-les et rafraîchissez-les sous l'eau froide.

Égouttez les morilles et filtrez l'eau de trempage. Préchauffez le four à 50 °C (therm. 1).

Farinez légèrement les escalopes de ris de veau. Dans une grande poêle, mettez à fondre le beurre avec la cuillerée d'huile. Saisissez les ris de veau dans le beurre mousseux, salez, poivrez puis laissez cuire 10 minutes à feu doux, jusqu'à ce qu'ils commencent à dorer. Retournez-les et laissez-les dorer de l'autre côté pendant 5 à 10 minutes en les arrosant avec le beurre de cuisson. Lorsqu'ils sont dorés et croustillants, déposez-les dans une assiette et réservez au four tiède.

Mettez les asperges et les morilles dans le beurre chaud et faites-les revenir pendant 5 minutes. Réservez-les avec les ris de veau.

Versez l'eau de trempage des morilles dans la poêle, laissez réduire de moitié, ajoutez la crème et laissez réduire de nouveau d'un tiers pour obtenir une sauce légèrement épaisse. Salez et poivrez. Dressez les ris de veau, les asperges et les morilles dans les assiettes, nappez-les de sauce et dégustez aussitôt.

BON À SAVOIR La garniture délicieuse aux morilles et aux asperges peut constituer une entrée chaude à servir pour un repas de fête.

GAMBAS AUX ÉCHALOTES ET AU VIN BLANC

POUR 4 PERSONNES
PRÉPARATION : **10 min**
CUISSON : **15 min environ**

- 24 gambas
- 2 échalotes
- 60 g de beurre
- 15 cl de vin blanc sec
- 30 cl de crème fraîche
- 1 cuill. à soupe de persil plat ciselé
- sel, poivre

Rincez les gambas à l'eau fraîche et égouttez-les.

Pelez les échalotes et émincez-les finement.

Dans une sauteuse, faites fondre le beurre, ajoutez les gambas et faites-les revenir à feu vif pendant 2 ou 3 minutes jusqu'à ce que les carapaces rougissent.

Jetez le beurre de cuisson. Détachez les têtes et décortiquez les queues des gambas. Gardez les queues au chaud dans un plat posé au-dessus d'une casserole d'eau frémissante.

Dans un mortier, pilez les têtes et les carapaces de gambas. Versez ce mélange dans la sauteuse, remettez sur le feu, remuez à feu doux puis ajoutez les échalotes émincées. Faites-les cuire 5 ou 6 minutes.

Mouillez avec le vin blanc et faites cuire pendant 4 minutes. Versez la crème fraîche, portez à ébullition et faites cuire encore pendant 3 ou 4 minutes. Salez et poivrez.

Passez la sauce au chinois et versez-la dans le plat sur les queues de gambas. Parsemez de persil ciselé et servez aussitôt.

FILET DE CHEVREUIL AU BACON ET FONDUE DE CHOU ROUGE

POUR 4-6 PERSONNES
MARINADE : 12 h
PRÉPARATION : 25 min
CUISSON : 50 min environ

- 1 filet de chevreuil de 1 kg
- 1 petit chou rouge
- 6 tranches de bacon ou de jambon cru
- 20 cl de fond de veau
- 150 g de myrtilles (fraîches ou surgelées)
- 130 g de beurre
- 100 g de raisins secs
- 2 c. à soupe d'huile de tournesol
- sel, poivre

Pour la marinade

- 1 carotte
- 1 gros oignon
- 2 gousses d'ail
- 50 cl de vin rouge
- 10 grains de poivre
- 2 branches de thym frais
- 2 feuilles de laurier

La veille. Préparez la marinade. Épluchez puis émincez la carotte et l'oignon. Écrasez l'ail sans l'éplucher. Mettez à mariner le filet de chevreuil pendant une nuit avec le vin rouge, les grains de poivre, la carotte et l'oignon, le thym, le laurier et l'ail.

Le jour même. Égouttez le filet de chevreuil ; fitrez et réservez la marinade.

Émincez le chou rouge. Enveloppez le filet de chevreuil dans les tranches de bacon et ficelez-le comme un rôti.

Faites réduire la marinade de trois quarts, versez le fond de veau et faites réduire l'ensemble encore de moitié à feu doux. Ajoutez les myrtilles, mélangez et écrasez légèrement les fruits dans la sauce ; salez et poivrez. Réservez au chaud.

Faites fondre 80 g de beurre dans une casserole et saisissez le chou et les raisins secs. Baissez le feu, salez, poivrez et laissez confire 30 minutes à couvert.

Préchauffez le four à 270 °C (therm. 9).

Dans une poêle, mettez 50 g de beurre et l'huile à chauffer. Saisissez le rôti pendant 1 ou 2 minutes dans le beurre mousseux, puis laissez-le colorer quelques minutes sur toutes les faces. Déposez-le dans un plat allant au four, nappez du beurre de cuisson et enfournez pour 20 minutes. Lorsque la viande est cuite, laissez-la reposer pendant 5 minutes sous une feuille d'aluminium. Découpez-la en tranches, nappez de sauce et servez, avec la fondue de chou rouge.

VARIANTE Vous pouvez préparer de la même façon une gigue de chevreuil (avec ou sans os) ; la cuisson de la viande doit être alors prolongée de 15 à 20 minutes.

POULET EN CROÛTE DE SEL

POUR 4-6 PERSONNES
PRÉPARATION : **15 min**
CUISSON : **1 h 30**

- 2 brins d'estragon ou 1 brin de thym
- 1 poulet de 1,6 kg à 1,8 kg
- 1 kg de gros sel de mer
- 1 kg de farine

Glissez l'estragon (ou le thym) à l'intérieur du poulet. Dans un saladier, mélangez le gros sel et la farine. Ajoutez peu à peu de l'eau (environ 25 cl) jusqu'à obtenir une pâte homogène et souple.

Préchauffez le four à 240 °C (therm. 8). Étalez la pâte au rouleau sur 1 cm d'épaisseur environ. Posez le poulet au milieu et rabattez la pâte sur le dessus en soudant bien de tous les côtés.

Déposez le poulet sur la plaque du four recouverte de papier sulfurisé. Faites cuire pendant 1 h 30.

Sortez la plaque du four. Cassez la croûte avec un marteau. Essuyez soigneusement le poulet avec du papier absorbant, puis déposez-le dans le plat de service. Dégustez aussitôt.

CONSEIL Vous pouvez cuire de cette façon d'autres volailles, mais aussi des poissons. Essayez le gros sel parfumé (aux légumes, aux épices) et ajoutez des quartiers de citron à l'intérieur du poulet.

1

Réussir une cuisson en croûte de sel

1 N'étalez pas la pâte trop finement. Pour renforcer les arômes, vous pouvez lui incorporer des herbes fraîches ou séchées.

2 Soudez la pâte hermétiquement autour du poulet. Devenue une gangue solide, elle le protégera du dessèchement durant la cuisson.

3 Lorsque la cuisson est terminée, si la croûte est trop dure, n'hésitez pas à prendre un marteau pour la casser.

3

CAILLES AUX RAISINS

POUR 4 PERSONNES
PRÉPARATION : **10 min**
CUISSON : **25 min**

- 4 cailles
- 60 g de beurre
- 15 cl de vin blanc
- 2 c. à soupe de jus de citron
- 20 à 25 gros grains de raisin
- 1 c. à soupe d'amandes effilées
- sel, poivre

Salez et poivrez les cailles à l'intérieur et ficelez-les.

Faites chauffer le beurre dans une cocotte, mettez-y les cailles et laissez-les dorer sur tous les côtés. Ajoutez le vin blanc et le jus de citron. Baissez le feu, couvrez et faites mijoter 15 minutes.

Lavez et épongez les grains de raisin, pelez-les et épépinez-les. Ajoutez-les dans la cocotte avec les amandes. Remuez et prolongez la cuisson de 10 minutes.

Servez les cailles aussitôt, accompagnées de blé nature ou de patates douces rissolées.

CAILLES AUX CERISES

POUR 4 PERSONNES
PRÉPARATION : **10 min**
CUISSON : **35 min**

- 500 g de griottes
- 125 g de sucre
- 1 c. à soupe de gelée de groseille
- 4 cailles bardées
- 20 g de beurre
- 1 c. à soupe d'huile
- sel, poivre

Équeutez et dénoyautez les griottes. Mettez-les dans une casserole avec le sucre et un demi-verre d'eau. Faites-les cuire de 8 à 10 minutes. Ajoutez la gelée de groseille et laissez cuire encore 5 minutes.

Préchauffez le four à 200 °C (therm. 6-7).

Mettez les cailles dans un plat allant au four avec le beurre et l'huile, salez-les et poivrez-les. Enfournez pour 15 minutes.

Quand les cailles sont cuites, ajoutez les cerises et un peu de leur jus dans le plat de cuisson, remettez au four pendant 2 minutes. Servez les cailles entourées de cerises.

MAGRETS DE CANARD AUX CHÂTAIGNES ET AUX PETITS OIGNONS

POUR 4 PERSONNES
PRÉPARATION : 15 min
CUISSON : 35 min

- 1 botte de petits oignons nouveaux
- 1/2 bouquet de cerfeuil
- 2 gros magrets de canard (ou 3 plus petits)
- 3 c. à soupe de miel liquide
- 420 g de châtaignes en bocal
- sel, poivre

Pelez les oignons nouveaux et retirez la partie verte. Lavez et effeuillez le cerfeuil.

Dégraissez légèrement les magrets de canard. Dans une poêle antiadhésive, saisissez-les côté peau, à feu vif, pendant 1 minute puis laissez-les cuire à feu doux entre 5 et 10 minutes, selon leur taille, pour bien faire fondre presque toute la graisse ; la peau doit devenir bien dorée et croustillante. Salez et poivrez, puis retournez les magrets et faites-les cuire côté chair, à feu moyen, pendant 1 ou 2 minutes ; salez et poivrez de nouveau. Égouttez les magrets et enveloppez-les dans une feuille d'aluminium. Laissez-les reposer le temps de préparer les oignons et les châtaignes.

Jetez la graisse de cuisson des magrets et, dans la même poêle encore enduite de graisse chaude, saisissez les oignons pendant 30 secondes pour les faire colorer puis ajoutez le miel, baissez le feu et laissez confire de 10 à 15 minutes.

Pendant la cuisson des oignons, préchauffez le four à 150 °C (therm. 5).

Lorsque les oignons sont cuits et caramélisés par le miel, ajoutez les châtaignes. Poursuivez la cuisson encore 5 minutes en remuant ; salez et poivrez.

Faites réchauffer les magrets, toujours enveloppés d'aluminium, pendant 2 minutes sur la plaque du four. Détaillez-les ensuite en tranches fines et disposez celles-ci avec les châtaignes et les oignons dans le plat de service.

Parsemez de cerfeuil et dégustez aussitôt avec, par exemple, une purée de céleri.

CANARD À L'ORANGE

POUR 4-6 PERSONNES
PRÉPARATION : **35 min**
CUISSON : **1 h 15 environ**

- 6 oranges
- 200 g de kumquats
- 70 g de beurre
- 1 canard de 2 kg
- 15 cl de liqueur d'orange
- 1 c. à soupe de vinaigre
- 15 cl de fond de veau
- 10 g de farine
- sel, poivre

Prélevez le zeste de 2 oranges et détaillez-le en fins bâtonnets. Plongez ceux-ci dans de l'eau bouillante pendant 5 minutes, puis égouttez-les. Réservez-les.

Pelez les 4 autres oranges à vif (en enlevant bien la peau blanche), coupez-les en tranches. Coupez les kumquats en rondelles épaisses.

Dans une cocotte, mettez 60 g de beurre à fondre et faites-y dorer le canard à feu modéré ; salez-le et poivrez-le. Couvrez la cocotte, baissez le feu et laissez mijoter 40 minutes en retournant le canard plusieurs fois.

Versez 10 cl de liqueur d'orange et laissez cuire encore 5 minutes.

Égouttez le canard, enveloppez-le dans une feuille d'aluminium et tenez-le au chaud.

Pressez le jus des oranges zestées et ajoutez-le dans la cocotte avec les kumquats, le vinaigre, le reste de liqueur et le fond de veau. Faites mijoter 10 minutes. Passez et dégraissez cette sauce.

Dans une assiette, mélangez à la fourchette le reste de beurre à la farine jusqu'à ce qu'il ait absorbé celle-ci. Incorporez ce mélange à la sauce.

Mettez les tranches d'orange dans une petite casserole, ajoutez 4 cuillerées de sauce, chauffez et, à la première ébullition, retirez les tranches. Versez le contenu de la casserole dans la cocotte.

Découpez le canard et disposez-le dans un plat chaud. Récupérez le jus écoulé dans la feuille d'aluminium, mettez-le dans la cocotte, réchauffez, puis passez la sauce.

Versez quelques cuillerées de sauce sur le canard. Parsemez de zestes et entourez de tranches d'orange. Présentez le reste de la sauce à part, et servez ce grand classique des fêtes avec une purée de pommes de terre ou des petits navets glacés.

MAGRETS DE CANARD AUX PÊCHES

POUR 4 PERSONNES
PRÉPARATION : 15 min
CUISSON : 20 min environ

- 2 magrets de canard
- 4 grosses pêches blanches
- 80 g de beurre
- 2 c. à soupe de sucre en poudre
- 1 c. à moka de fond de volaille en poudre
- 5 cl de vin blanc
- sel, poivre

Incisez légèrement la peau des magrets avec un petit couteau.

Plongez les pêches pendant 2 minutes dans de l'eau bouillante, rafraîchissez-les sous l'eau froide. Pelez-les, coupez-les en deux, retirez le noyau et recoupez chaque moitié en deux.

Mettez 20 g de beurre à chauffer dans une poêle et faites-y cuire les magrets côté peau pendant 5 minutes, à feu très vif. Égouttez-les, jetez la graisse, remettez-les dans la poêle ; salez et poivrez. Poursuivez la cuisson à feu moyen pendant 5 minutes de chaque côté.

Retirez les magrets de la poêle, coupez-les en tranches et disposez-les dans un plat de service chaud.

Mettez 20 g de beurre à fondre dans la poêle, ajoutez le sucre et faites-y cuire les quartiers de pêche de 5 à 7 minutes en les retournant. Ajoutez-les dans le plat de service en les disposant autour des magrets.

Délayez le fond de volaille dans le vin blanc, versez ce mélange dans la poêle, grattez bien les sucs de cuisson et faites réduire d'un tiers environ. Hors du feu, ajoutez le reste de beurre et versez cette sauce sur les magrets. Servez bien chaud.

CONSEIL Les magrets de canard se marient particulièrement bien aux fruits. N'hésitez pas à préparer cette recette en remplaçant les pêches par des abricots ou des poires.

FOIE GRAS CHAUD AUX AGRUMES

POUR 4 PERSONNES
PRÉPARATION : **10 min**
CUISSON : **15 min environ**

- 1 orange
- 1 pamplemousse
- 25 g de beurre
- 3 c. à soupe de miel
- 5 cl de floc de Gascogne
- 10 cl de fond de volaille
- 1 foie gras de canard cru de 500 g environ
- sel, poivre

Lavez l'orange et le pamplemousse. Coupez 4 fines tranches de pamplemousse et d'orange, puis pressez les deux fruits pour récupérer le jus.

Mettez le beurre à chauffer dans une poêle et faites-y dorer les tranches d'agrumes 1 minute de chaque côté, puis ajoutez 1 cuillerée à soupe de miel. Laissez légèrement caraméliser les tranches à feu doux.

Faites caraméliser le reste de miel dans une petite casserole. Ajoutez le jus des agrumes et le floc de Gascogne. Laissez réduire pendant 5 minutes, ajoutez le fond de volaille et faites réduire encore pour obtenir une sauce onctueuse ; salez et poivrez. Gardez la sauce au chaud.

Lavez puis épongez le foie gras ; ne le dénervez pas. Coupez-le en 4 tranches épaisses. Chauffez une poêle sans matière grasse. Salez et poivrez les tranches de foie gras puis déposez-les dans la poêle. Laissez-les cuire 2 minutes à feu moyen, retournez-les délicatement et faites-les cuire encore 2 minutes. Égouttez-les sur du papier absorbant.

Répartissez les tranches d'agrumes et de foie gras dans des assiettes, donnez quelques tours de moulin à poivre et nappez de sauce. Servez aussitôt.

CONSEIL **Vous pouvez ajouter dans la sauce des quartiers d'orange et de pamplemousse à la fin de la cuisson. Dans ce cas, ne faites pas bouillir la sauce après.**

PINTADE AUX SAVEURS D'HIVER

POUR 4 PERSONNES
PRÉPARATION : 30 min
CUISSON : 1 h 10 environ

- 1 pintade
- 1 échalote
- 1 gousse d'ail
- 1 carotte
- 4 c. à soupe d'huile d'olive
- 3 c. à soupe de vinaigre de cidre
- 30 cl de cidre brut
- 25 cl de bouillon de volaille
- 800 g de courge butternut
- 2 pommes
- 2 poires
- 30 g de beurre
- une vingtaine de châtaignes cuites
- sel et poivre

Coupez la pintade en morceaux. Pelez et émincez l'échalote et l'ail. Épluchez la carotte, lavez-la et coupez-la en rondelles.

Dans une cocotte, mettez à chauffer 1 cuillerée à soupe d'huile d'olive et faites-y revenir les morceaux de pintade sur toutes leurs faces (procédez en plusieurs fois). Retirez-les et réservez.

Dans la cocotte, faites de nouveau chauffer 1 cuillerée à soupe d'huile et faites suer l'échalote, l'ail et les carottes. Déglacez avec le vinaigre en grattant bien le fond de la cocotte pour décoller les sucs.

Remettez les morceaux de pintade dans la cocotte, versez le cidre et le bouillon, puis portez à ébullition. Salez modérément, poivrez, couvrez puis laissez mijoter tout doucement pendant 1 heure.

Pendant la cuisson de la pintade, préparez la garniture de fruits et légumes. Coupez la courge en tranches de 1,5 à 2 cm d'épaisseur, puis épluchez-la et rincez-la. À l'aide d'un emporte-pièce, découpez dans la chair de courge des ronds d'environ 5 cm de diamètre.

Épluchez les pommes et les poires, coupez-les en deux, ôtez-en le cœur et les pépins, et coupez-les à nouveau en deux.

Préchauffez le four à 160 °C (therm. 5-6).

Dans une poêle, mettez à chauffer 10 g de beurre et 1 cuillerée à soupe d'huile et faites-y dorer les tranches de courge sur chaque face, pendant 5 minutes environ. Disposez-les sur une plaque à pâtisserie. Procédez de même avec les pommes et les poires. Salez, poivrez, arrosez d'huile restante, puis enfournez pour 20 minutes environ.

Mettez à chauffer le reste de beurre dans la poêle et faites-y dorer les châtaignes pendant 10 minutes environ. Salez et poivrez.

Servez la pintade entourée des palets de butternut, des châtaignes, des pommes et des poires.

DINDONNEAU RÔTI FARCI AUX MARRONS

POUR 6 PERSONNES
PRÉPARATION : 30 min
CUISSON : 1 h 40

- 1 dindonneau de 2,5 kg
- 6 cl de fond de volaille
- 600 g de châtaignes en conserve au naturel ou surgelées
- 80 g de barde
- sel, poivre

Préparez le dindonneau sans le ficeler. Salez-le et poivrez-le à l'intérieur.

Faites chauffer le fond de volaille dans une casserole et plongez-y les châtaignes. Faites-les cuire pendant 5 minutes.

Préchauffez le four à 200 °C (therm. 6-7).

Égouttez les châtaignes, mettez-les à l'intérieur de la volaille et cousez l'ouverture.

Bardez le dindonneau et ficelez-le, salez et poivrez. Mettez-le dans un plat avec 2 ou 3 cuillerées à soupe d'eau. Enfournez pour 50 à 55 minutes environ (20 minutes par livre pour une cuisson au four, 15 minutes pour une cuisson à la broche).

Environ 15 minutes avant la fin de la cuisson, enlevez la barde pour que la volaille soit dorée de tous les côtés ; salez. Arrosez souvent au cours de la cuisson.

Passez le jus de cuisson et servez-le en saucière à part. Découpez la volaille en morceaux. Servez-la accompagnée de châtaignes.

CONSEIL Si vous avez la possibilité de cueillir des châtaignes, faites-les cuire vous-même. Avec un petit couteau, fendez l'écorce des châtaignes dans leur partie la plus bombée. Plongez les marrons pendant 10 minutes dans de l'eau bouillante. Épluchez-les quand ils sont chauds en les sortant au fur et à mesure de l'eau avec une écumoire. Mettez-les dans du bouillon en ébullition (elles doivent être largement recouvertes), ajoutez une branche de céleri et faites cuire de 30 à 40 minutes, puis égouttez. Pour obtenir 600 g de châtaignes cuites, il vous faudra 1 kg de châtaignes fraîches.

RÔTI DE LOTTE AU JUS D'HERBES, CRÈME DE CÉLERI

POUR 4 PERSONNES
PRÉPARATION : 25 min
CUISSON : 30 min environ

- 400 g de céleri-rave (poids net)
- 150 g de beurre
- 10 cl de crème liquide
- 1 bouquet de cerfeuil
- 1 bouquet de coriandre
- 4 morceaux de filet de lotte de 160 g environ
- 25 cl de fumet de poisson
- 3 c. à soupe d'huile d'olive
- sel, poivre

Coupez le céleri-rave en morceaux. Faites-le cuire pendant 20 minutes dans de l'eau bouillante salée. Égouttez-le puis mettez-le dans la cuve d'un robot avec 100 g de beurre et la crème liquide. Mixez 2 minutes pour obtenir une crème onctueuse ; gardez-la au chaud.

Lavez et ciselez le cerfeuil et la coriandre.

Ouvrez les filets de lotte en portefeuille en les tranchant dans l'épaisseur, sans les couper entièrement. Garnissez l'intérieur avec la moitié des herbes ciselées, salez, poivrez puis reconstituez les morceaux et ficelez-les en rôtis.

Faites réduire de moitié le fumet de poisson dans une petite casserole. Ajoutez le reste du beurre en morceaux, faites bouillir 2 minutes. Hors du feu, ajoutez le reste des herbes et mixez la sauce pour l'émulsionner.

Dans une poêle, mettez l'huile d'olive à chauffer et saisissez les filets de lotte pendant 1 ou 2 minutes. Baissez le feu et laissez cuire de 6 à 8 minutes en retournant régulièrement les filets.

Servez les rôtis de lotte dans des assiettes calottes avec la crème de céleri et nappés de sauce mousseuse.

CONSEIL Ne faites pas cuire la lotte trop longtemps, car elle risquerait de devenir trop élastique.

SAUMON EN CROÛTE

POUR 6-8 PERSONNES
PRÉPARATION : **30 min**
RÉFRIGÉRATION : **30 min**
CUISSON : **45 min**

- 1 saumon entier de 900 g à 1 kg
- 2 œufs
- 400 g de pâte feuilletée (à acheter chez le boulanger)
- sel, poivre

Écaillez et videz le saumon (ne lui coupez pas la tête). Lavez-le soigneusement à l'intérieur.

Faites bouillir 2 litres d'eau. Posez le saumon sur une grille et mettez celle-ci sur un plat creux. Versez de l'eau bouillante sur tout le corps du saumon (sauf la tête) et enlevez la peau. Retournez le saumon et recommencez l'opération. Épongez-le avec du papier absorbant. Salez et poivrez l'intérieur.

Tapissez la plaque du four de papier sulfurisé. Farinez le plan de travail.

Battez les œufs dans un bol. Étalez les deux tiers de la pâte en un rectangle de 36 x 14 cm, sur 3 mm d'épaisseur environ. Déposez ce rectangle sur la plaque. Posez le saumon sur la pâte. Salez et poivrez. Repliez chaque côté de pâte sur lui-même sur quelques centimètres et, avec un pinceau, passez de l'œuf dessus.

Étalez le dernier tiers de pâte en un rectangle de 30 x 10 cm sur 4 mm d'épaisseur. Posez-le sur le poisson et soudez bien les bords sur la partie dorée à l'œuf. Découpez l'excédent de pâte en suivant la forme du saumon. Avec la pointe d'un couteau, dessinez légèrement la tête, la queue et des écailles. Puis dorez bien la pâte à l'œuf battu.

Mettez la plaque au réfrigérateur pendant 30 minutes.

Préchauffez le four à 180 °C (therm. 6). Dorez une nouvelle fois la pâte et enfournez pour 45 minutes.

Sortez la plaque du four et laissez le saumon reposer 10 minutes. Glissez-le sur le plat de service et servez bien chaud.

PRÊT À L'AVANCE

GRAVELAX DE SAUMON

POUR 8 PERSONNES • PRÉPARATION : 15 MIN
(À COMMENCER 3 JOURS À L'AVANCE)

2 filets de saumon de 500 g chacun, très frais • 2 bouquets d'aneth • 4 c. à soupe de sucre • 4 c. à soupe de poivre blanc • 4 c. à soupe de gros sel POUR LA SAUCE • 1 bouquet d'aneth • 2 c. à café de moutarde • 2 c. à café de sucre • 2 c. à café de vinaigre de vin • 1 jaune d'œuf • 10 cl de crème fraîche épaisse • sel, poivre

1 Commencez trois jours à l'avance. Passez votre doigt sur les filets, dans les deux sens, pour détecter d'éventuelles arêtes. S'il y en a, retirez-les à l'aide d'une pince à épiler.

2 Lavez l'aneth et hachez-le grossièrement.

3 Dans un bol, mélangez l'aneth avec le sucre, le poivre blanc et le gros sel.

4 Garnissez un plat de la taille des filets avec du film alimentaire en faisant largement déborder celui-ci.

5 Mettez-y un filet, côté peau vers le bas, et répartissez à sa surface la moitié du mélange à l'aneth.

6 Posez le second filet sur le plan de travail, côté peau vers le bas, et garnissez-le avec le mélange restant.

7 Placez ce filet sur le premier, côté peau vers le haut.

8 Rabattez le film alimentaire dessus. Vous pouvez ensuite envelopper le tout dans une feuille d'aluminium pour éviter les odeurs.

9 Posez une planchette sur le saumon et mettez dessus des poids pour presser (des boîtes de conserve, par exemple). Déposez le tout au réfrigérateur et laissez mariner pendant 3 jours en retournant chaque jour les deux filets soudés.

10 Le jour-même, préparez la sauce. Lavez et ciselez l'aneth. Dans un bol, mélangez-le avec la moutarde, le sucre, le vinaigre, le jaune d'œuf, la crème fraîche, du sel et du poivre.

11 Séparez les deux filets et détaillez-les en tranches très fines. Dressez celles-ci sur un plat. Servez avec la sauce froide à part.

KOULIBIAC DE SAUMON

POUR 6 PERSONNES
PRÉPARATION : 40 min
CUISSON : 1 h environ

- 100 g de riz
- 4 œufs
- 3 c. à soupe de semoule de blé fine
- 600 g de filet de saumon
- 1 verre de vin blanc
- 1 bouquet garni
- 1 c. à soupe de paprika
- 3 échalotes
- 350 g de champignons de Paris
- 165 g de beurre
- 500 g de pâte feuilletée (à acheter chez le boulanger)
- sel, poivre

Rincez le riz et faites-le cuire pendant 15 minutes dans une grande quantité d'eau bouillante salée. Faites durcir 3 œufs.

Étalez la semoule sur une assiette et aspergez-la d'eau bouillante salée (1 fois et demie le volume de la semoule).

Lavez le saumon et épongez-le dans du papier absorbant. Portez à ébullition 1,5 litre d'eau salée avec le vin blanc, le bouquet garni et le paprika. Mettez-y le saumon, baissez le feu et faites cuire 10 minutes à petits frémissements. Laissez le saumon refroidir dans sa cuisson puis égouttez-le.

Hachez les échalotes et les champignons. Faites-les dorer dans une casserole avec 15 g de beurre ; salez et poivrez.

Écalez les œufs et coupez-les en quatre.

Préchauffez le four à 230 °C (therm. 7-8).

Tapissez la plaque du four de papier sulfurisé. Farinez le plan de travail et étalez les deux tiers de la pâte feuilletée sur 3 mm d'épaisseur, en forme de rectangle. Égalisez les bords de ce rectangle et mettez-le sur la plaque tapissée.

Étalez, en couches, sans aller jusqu'aux bords, le riz, le saumon émietté, les champignons, la semoule et les quartiers d'œufs durs. Relevez les bords du rectangle et repliez-les sur la garniture. Abaissez le reste de la pâte et recouvrez-en le pâté. Pincez les bords pour les souder.

Décorez avec des bandes de pâte, puis dorez à l'œuf battu. Glissez la plaque au four pour 30 minutes. Servez très chaud, avec le reste de beurre fondu en saucière.

ESCALOPES DE SAUMON À L'OSEILLE

POUR 4 PERSONNES
PRÉPARATION : **15 min**
CUISSON : **10 min environ**

- 100 g d'oseille
- 2 échalotes
- 4 escalopes de saumon de 120 g prises dans la partie la plus charnue
- 8 cl de vin blanc
- 8 cl de fumet de poisson
- 3 cl de vermouth
- 30 cl de crème fraîche très épaisse
- le jus de 1/4 de citron
- sel, poivre

Lavez rapidement l'oseille et équeutez-la. Pelez et hachez les échalotes.

Aplatissez délicatement les escalopes de saumon entre deux feuilles de papier sulfurisé huilé. Salez-les et poivrez-les d'un seul côté.

Versez le vin blanc, le fumet de poisson et le vermouth dans une casserole, ajoutez les échalotes. Faites réduire jusqu'à ce qu'il ne reste presque plus de liquide.

Ajoutez la crème, laissez bouillir jusqu'à obtenir une consistance onctueuse et mettez l'oseille dans cette sauce. Retirez la casserole du feu au bout de 2 minutes. Salez, poivrez et ajoutez le jus de citron.

Pendant que la sauce réduit, faites chauffer une poêle antiadhésive. Mettez-y les escalopes de saumon sur la partie non assaisonnée. Faites-les cuire 30 secondes sur cette face et 20 secondes sur l'autre.

Répartissez la sauce dans quatre assiettes chaudes et disposez dessus les escalopes de saumon. Servez aussitôt.

CONSEIL Pour bien réussir cette recette, ne faites pas trop cuire le saumon ; il doit rester rosé à cœur pour être bien moelleux, sans se dessécher.

EXPRESS

TURBOT POCHÉ HOLLANDAISE

POUR 4 PERSONNES
PRÉPARATION : **20 min**
CUISSON : **30 min environ**

- 1 turbot de 2 kg environ
- quelques brins de persil frisé

Pour le court-bouillon au lait

- 1 oignon
- 1 gousse d'ail
- 1 carotte
- 1 bouquet garni
- 12 à 14 g de gros sel
- 1 litre de lait
- poivre

Pour la sauce hollandaise

- 250 g de beurre
- 1 c. à soupe de vinaigre de vin
- 1 c. à café de poivre mignonnette (poivre concassé)
- 4 jaunes d'œufs
- le jus de 1/2 citron
- 1 pincée de sel

Demandez au poissonnier d'ébarber, d'étêter et de vider le turbot, puis de le couper en 4 morceaux (trois sur le dos, un sur le ventre).

Rincez les morceaux de turbot et épongez-les avec du papier absorbant.

Préparez le court-bouillon au lait. Pelez l'oignon et la gousse d'ail. Épluchez la carotte et coupez-la en rondelles. Dans une casserole, mettez les légumes et le bouquet garni. Ajoutez 1 litre d'eau, le sel et le lait. Poivrez. Portez à ébullition et faites cuire à petits frémissements pendant 15 minutes. Écumez en cours de cuisson. Laissez refroidir.

Plongez délicatement les morceaux de turbot dans le court-bouillon froid. Portez à la limite de l'ébullition et faites-les cuire à petits frémissements pendant 15 minutes.

Pendant ce temps, préparez la sauce hollandaise. Coupez le beurre en petits morceaux. Chauffez de l'eau dans une casserole pour un bain-marie. Dans une casserole plus petite, chauffez le vinaigre avec la mignonnette. Faites bouillir quelques instants pour diminuer le volume. Ajoutez les jaunes d'œufs et 1 cuillerée à soupe d'eau froide en fouettant doucement jusqu'à obtenir un mélange homogène. Mettez la casserole au bain-marie sans cesser de fouetter. Lorsque le mélange commence à épaissir, incorporez le beurre par petites quantités, tout en continuant de fouetter. Rectifiez l'assaisonnement. Arrosez d'un filet de jus de citron et gardez au chaud.

Sortez délicatement les morceaux de turbot du court-bouillon à l'aide d'une écumoire. Retirez leur peau et disposez-les dans un plat chaud. Entourez-les de pluches de persil.

Servez avec la sauce hollandaise à part, dans une saucière chaude.

DAURADE ROYALE AU CITRON CONFIT

POUR 4-6 PERSONNES
PRÉPARATION : 5 min
CUISSON : 30 min

- 1 daurade de 1,6 kg
- 5 c. à soupe d'huile d'olive
- 15 tranches de citron confit au sel
- 1 c. à soupe de graines de coriandre
- le jus de 1 ou 2 citrons
- sel, poivre

Écaillez et videz la daurade. À l'aide d'un couteau, pratiquez sur son dos de légères entailles en croix.

Préchauffez le four à 230 °C (therm. 7-8). Huilez un plat à gratin et garnissez le fond de 9 tranches de citron confit. Posez-y la daurade, salez et poivrez. Parsemez de graines de coriandre.

Déposez 6 tranches de citron confit sur le dos du poisson et arrosez de 2 cuillerées à soupe de jus de citron et de 4 cuillerées à soupe d'huile d'olive.

Glissez le plat au four pour 30 minutes en arrosant plusieurs fois.

EXPRESS

MÉDAILLONS DE LOTTE À LA MANGUE

POUR 4 PERSONNES
PRÉPARATION : 15 min
CUISSON : 6-8 min

- 4 médaillons de lotte d'environ 200 g chacun
- 1 mangue
- le jus de 1 citron vert
- 1 c. à café d'huile d'olive
- 100 g de crème fraîche
- 1 pincée de piment de Cayenne
- sel, poivre

Rincez les médaillons de lotte et épongez-les avec du papier absorbant. Salez-les et poivrez-les. Pelez la mangue, détachez la chair du noyau et coupez-la en cubes. Arrosez-la aussitôt avec le jus de citron.

Chauffez à feu modéré une poêle juste enduite d'huile. Faites-y cuire les médaillons de lotte 3 ou 4 minutes de chaque côté selon leur épaisseur, en les retournant délicatement avec une spatule.

Pendant ce temps, mixez la mangue et le jus de citron avec la crème. Ajoutez le cayenne, salez et poivrez. Versez le tout dans une petite casserole et chauffez doucement en remuant.

Versez un peu de sauce dans le fond de quatre assiettes chaudes et posez les médaillons de lotte dessus. Versez le reste de la sauce dans une saucière chaude. Servez aussitôt.

EXPRESS

MOUCLADE AUX PISTILS DE SAFRAN

POUR 4-6 PERSONNES
PRÉPARATION : 1 h
CUISSON : 20 min environ

- 3 à 3,5 kg de moules
- 2 verres de vin blanc
- 8 gousses d'ail
- 150 g de beurre
- une dizaine de brins de persil
- quelques pistils de safran ou 1 pincée de safran en poudre
- 20 cl de crème fraîche
- 1 c. à café de fécule de maïs

Nettoyez et lavez soigneusement les moules. Mettez-les dans un grand faitout, ajoutez le vin blanc et faites-les ouvrir à feu vif, pendant 5 à 10 minutes en remuant souvent ou en secouant le faitout. Égouttez les moules et réservez le jus de cuisson. Enlevez la demi-coquille vide et mettez chaque moule à demi décoquillée dans le plat de service. Gardez au chaud.

Pelez et hachez l'ail. Coupez le beurre en petits morceaux. Lavez et ciselez le persil ; vous devez en avoir 2 cuillerées à soupe environ.

Filtrez le jus de cuisson des moules dans une passoire tapissée de papier absorbant. Faites chauffer ce jus sans le laisser bouillir, ajoutez-y l'ail et le persil puis le beurre, en remuant bien avec une cuillère en bois, et enfin le safran. Quand le beurre est fondu, ajoutez la crème fraîche.

Augmentez le feu et portez à légère ébullition. Délayez la fécule de maïs dans un peu d'eau, versez-la dans la sauce en remuant. Versez sur les moules, mélangez et servez tout de suite.

VARIANTE Vous pouvez remplacer le safran par 1 cuillerée à café de curry et la liaison à la fécule par 1 jaune d'œuf délayé avec un peu de crème et ajouté hors du feu.

AUMÔNIÈRES DE SAINT-JACQUES AUX POIREAUX

POUR 4 PERSONNES
PRÉPARATION : 20 min
CUISSON : 20 min environ

- 2 petits poireaux
- 60 g de beurre
- 2 c. à soupe d'huile d'olive
- 12 ou 16 noix de saint-jacques sans corail
- 4 crêpes de blé noir ou de froment
- 2 branchettes de thym
- sel, poivre

Retirez les grosses feuilles vertes des poireaux. Taillez le reste en fine julienne puis rincez soigneusement. Dans une poêle, mettez à chauffer 30 g de beurre et faites-y fondre les poireaux pendant 6 à 8 minutes.

Dans une autre poêle, faites chauffer l'huile d'olive et saisissez les noix de saint-jacques pendant 1 minute de chaque côté.

Préchauffez le four à 180 °C (therm. 6). Recouvrez la plaque du four de papier sulfurisé.

Répartissez la fondue de poireaux au centre des crêpes. Ajoutez 3 ou 4 noix de saint-jacques par-dessus. Parsemez de thym effeuillé, salez, poivrez puis déposez une noisette de beurre dans chaque crêpe.

Fermez délicatement les crêpes en aumônières ou en portefeuille, en les faisant tenir avec des cure-dents. Déposez les crêpes sur la plaque et enfournez pour 6 à 8 minutes.

VARIANTE Vous pouvez ajouter une julienne de truffe fraîche dans les poireaux après leur cuisson.

Pour réussir les aumônières

1 Taillez les poireaux en julienne très finement.

2 Pour fermer plus facielement les aumônières, repliez la crêpe à droite et à gauche vers le milieu pour lui donner une forme allongée.

3 Pour maintenir les aumônières fermées, relevez les deux extrémités, froncez légèrement la crêpe et transpercez-la de cure-dents.

3

SAINT-JACQUES ET ENDIVES BRAISÉES À L'ORANGE

POUR 4 PERSONNES
PRÉPARATION : 15 min
CUISSON : 30 min

- 3 oranges bio ou non traitées
- 6 endives
- 20 g de beurre
- 2 c. à soupe d'huile d'olive
- 1 c. à café de sucre en poudre
- 20 noix de saint-jacques
- 1 c. à soupe de miel liquide
- 2 c. à soupe de xérès
- sel, poivre

Lavez 1 orange, puis prélevez 3 bandes de zeste à l'aide d'un Économe. Faites blanchir le zeste dans une casserole d'eau bouillante pendant 2 ou 3 minutes. Égouttez-le et détaillez-le en fines lanières. Pressez 2 oranges et recueillez leur jus dans un bol.

Ôtez le pied des endives, rincez celles-ci rapidement et coupez-les en deux dans le sens de la longueur.

Dans une poêle, mettez à chauffer le beurre et 1 cuillerée à soupe d'huile et mettez-y les demi-endives ; salez et poivrez. Laissez dorer quelques instants puis ajoutez le sucre, la moitié des zestes et le jus des oranges. Laissez cuire à couvert à feu moyen environ 15 minutes en remuant de temps en temps. Ôtez le couvercle et poursuivez la cuisson encore 10 minutes, jusqu'à ce que les endives soient tendres.

Faites chauffer le reste d'huile dans une autre poêle et saisissez les noix de saint-jacques à feu vif, environ 1 minute de chaque côté. Salez, poivrez et réservez au chaud.

Versez le miel et le xérès dans la poêle, grattez le fond pour faire dissoudre les sucs de cuisson, puis ajoutez le jus de la dernière orange et le reste des zestes. Laissez réduire de moitié.

Disposez les saint-jacques dans des assiettes chaudes, nappez-les de la sauce à l'orange et accompagnez avec les endives braisées.

LANGOUSTINES RÔTIES ET POMMES DE TERRE RATTES

POUR 4 PERSONNES
PRÉPARATION : **15 min**
CUISSON : **20 min**

- 600 à 700 g de pommes de terre rattes
- 30 langoustines
- 1 c. à soupe d'huile de tournesol

Pour la vinaigrette

- 1 c. à soupe de vinaigre de cidre
- 3 c. à soupe d'huile de noisette
- quelques brins de ciboulette
- sel, poivre

Préparez la vinaigrette. Versez le vinaigre de cidre dans un bol et fouettez-le avec du sel et du poivre. Incorporez l'huile de noisette et émulsionnez à la fourchette. Lavez et ciselez finement la ciboulette puis ajoutez-la dans la vinaigrette.

Faites cuire les pommes de terre à la vapeur pendant 15 minutes environ, jusqu'à ce qu'elles soient tendres. Épluchez-les puis coupez-les en rondelles fines.

Décortiquez les langoustines, ôtez le boyau noir et gardez la queue pour la décoration. Faites chauffer l'huile de tournesol dans une poêle, et saisissez les langoustines à feu vif 1 ou 2 minutes sur chaque face. Assaisonnez de sel et de poivre.

Disposez les pommes de terre en rosace dans chaque assiette et arrosez avec la vinaigrette. Dressez les langoustines sur les pommes de terre et servez aussitôt.

VARIANTE **Pour varier les saveurs, vous pouvez utiliser un vinaigre balsamique et de l'huile aromatisée à la truffe.**

LANGOUSTE GRILLÉE AU XÉRÈS

POUR 4-6 PERSONNES
PRÉPARATION : 10 min
CUISSON : 20 min environ

- 2 langoustes de 800 g à 1 kg environ chacune
- 2 litres de court-bouillon pour poisson
- 100 g de beurre
- 4 c. à soupe de xérès sec
- 1 pincée de paprika
- 1 pincée de piment de Cayenne
- 1 c. à soupe d'huile
- poivre

Avant la cuisson, ficelez les langoustes à plat sur une planchette pour leur conserver une forme régulière.

Mettez le court-bouillon dans une grande marmite et portez à ébullition. Plongez-y les langoustes et faites-les cuire pendant 2 minutes. Sortez-les à l'aide d'une écumoire et laissez-les tiédir.

Préchauffez le gril du four ou préparez le barbecue de façon à avoir de bonnes braises.

Lorsque les langoustes sont tièdes, coupez-les en deux dans le sens de la longueur.

Dans une petite casserole, faites fondre le beurre, ajoutez le xérès, le paprika et le piment de Cayenne. Mélangez et gardez au chaud dans un bain-marie.

Posez les langoustes, carapace au-dessus, sur une plaque légèrement huilée sous le gril du four ou sur la grille du barbecue. Faites-les griller pendant 10 minutes. Retournez-les et arrosez-les de beurre au xérès, poivrez et faites griller pendant encore 5 minutes. Servez aussitôt.

PARMENTIERS DE CRABE AU CARVI

POUR 4 PERSONNES
PRÉPARATION : 20 min
CUISSON : 35 min environ

- 400 g de pommes de terre
- 15 cl de lait
- 40 g de beurre
- 1 c. à soupe de crème fraîche épaisse
- 1 c. à soupe de graines de carvi
- 1 gros bouquet d'herbes fraîches mélangées (cerfeuil, ciboulette, estragon, persil)
- 300 g de chair de crabe
- 3 c. à soupe d'huile d'olive
- 20 g de chapelure
- vinaigre balsamique et huile d'olive pour assaisonner les herbes
- sel, poivre

Épluchez les pommes de terre et coupez-les en morceaux. Faites-les cuire 20 minutes dans de l'eau bouillante salée. Égouttez-les dans une passoire puis passez-les au presse-purée.

Chauffez le lait dans une casserole avec 30 g de beurre puis versez le tout sur la chair de pomme de terre. Ajoutez la crème fraîche, les graines de carvi, du sel et du poivre. Mélangez pour obtenir une purée onctueuse mais légèrement épaisse.

Lavez et hachez les herbes. Émiettez la chair de crabe. Faites-la saisir pendant 3 ou 4 minutes dans une poêle avec l'huile d'olive. Hors du feu, ajoutez la moitié des herbes, du sel et du poivre.

Préchauffez le four à 180 °C (therm. 6).

Déposez quatre emporte-pièces en métal ou quatre cercles à pâtisserie sur la plaque du four recouverte de papier sulfurisé. Enduisez-les de beurre restant et remplissez-les avec les trois quarts de purée. Répartissez ensuite la chair de crabe puis recouvrez-la avec le reste de purée. Saupoudrez la surface de chapelure et déposez dessus quelques noisettes de beurre. Faites gratiner les parmentiers de 10 à 15 minutes.

Juste avant la fin de la cuisson, assaisonnez le reste des herbes avec un filet d'huile d'olive et de vinaigre balsamique. Sortez les parmentiers du four, déposez-les sur des assiettes, retirez délicatement les cercles en métal en passant la lame d'un couteau le long de la paroi. Déposez un peu de salade d'herbes dessus et dégustez aussitôt.

CONSEIL Pour cette recette, évitez d'utiliser de la chair de crabe en conserve, qui est trop émiettée. Il en existe de la très bonne, surgelée en gros morceaux, avec chair et pattes mélangées.

GRATIN DE FRUITS DE MER AU POIREAU

POUR 4 PERSONNES
PRÉPARATION : 30 min
CUISSON : 40 min environ

- 50 g de beurre
- 60 g de farine
- 30 cl de lait
- 15 cl de fumet de poisson
- 1 gros poireau
- 3 c. à soupe d'huile d'olive
- 800 g de mélange de fruits de mer surgelé
- 50 g d'emmental râpé
- 40 g de chapelure
- sel, poivre

Faites fondre 30 g de beurre dans une casserole. Ajoutez la farine, faites cuire 3 minutes à feu moyen puis versez le lait. Portez à ébullition et laissez bouillir pendant 5 minutes en remuant au fouet pour obtenir une béchamel épaisse. Ajoutez le fumet de poisson, salez et poivrez.

Lavez et émincez le poireau. Mettez le reste de beurre à chauffer dans une casserole et faites-y fondre le poireau pendant 8 à 10 minutes ; salez et poivrez.

Préchauffez le four à 200 °C (therm. 6-7).

Dans une grande poêle, faites chauffer l'huile d'olive et saisissez les fruits de mer (non décongelés) pendant 1 ou 2 minutes. Salez, poivrez puis laissez cuire de 6 à 8 minutes à feu vif. Égouttez dans une passoire.

Mélangez les fruits de mer avec la béchamel. Répartissez un peu de fondue de poireau dans le fond de quatre caquelons individuels puis déposez les fruits de mer en sauce. Parsemez la surface d'emmental râpé et saupoudrez de chapelure. Faites gratiner au four pendant 15 à 20 minutes. Servez aussitôt.

CONSEIL Si vous utilisez des fruits de mer frais (coques, moules, crevettes, calmars), incorporez-les à la béchamel avec du jus de moules ou de coques à la place du fumet de poisson.

SAVEURS D'AILLEURS

CHILI CON CARNE

POUR 6-8 PERSONNES
PRÉPARATION : 15 min
CUISSON : 2 h 30 environ

- 4 gros oignons
- 3 gousses d'ail
- 1,5 kg de gîte à la noix ou de tranche
- 4 c. à soupe d'huile de maïs ou d'arachide
- 3 c. à café de chili en poudre
- 1 c. à café de graines de cumin
- 1 c. à café d'origan séché
- Tabasco®
- 50 cl de bouillon de bœuf
- 400 g de tomates pelées en conserve
- 2 boîtes de haricots rouges au naturel (800 g environ)
- 100 g de cheddar
- sel, poivre

Pelez et hachez 2 oignons et l'ail. Coupez la viande en très petits dés ou hachez-la grossièrement.

Chauffez l'huile dans une grande cocotte et faites-y revenir les oignons et l'ail. Au bout de 10 minutes, ajoutez la viande et poursuivez la cuisson à découvert, en remuant, pendant 5 ou 6 minutes. Ajoutez le chili, le cumin, l'origan, quelques gouttes de Tabasco®, du sel et du poivre. Remuez et réglez sur feu doux. Versez le bouillon.

Égouttez les tomates et ajoutez-les dans la cocotte. Mélangez bien et faites mijoter à couvert entre 1 heure et 1 h 10.

Ajoutez les haricots rouges égouttés et poursuivez la cuisson encore 1 heure.

Pelez et hachez les 2 oignons restants. Mettez-les dans une coupelle. Râpez le cheddar dans une autre coupelle.

Servez le chili brûlant avec ces deux condiments.

TORTILLAS À LA MEXICAINE

POUR 4 PERSONNES
PRÉPARATION : **20 min**
CUISSON : **35 min environ**

Pour les tortillas

- 200 g de farine de blé
- 7 g de levure chimique
- 10 cl d'huile végétale + 3 c. à soupe pour la cuisson

Pour la garniture

- 1 oignon
- 2 gousses d'ail
- 1 piment frais
- 1 poivron rouge ou jaune
- 2 c. à soupe d'huile végétale
- 400 g de viande de bœuf hachée
- 1 c. à café de piment de Cayenne en poudre
- 1 c. à café de cumin en poudre
- 10 cl de sauce tomate ou de tomates concassées en conserve
- sel, poivre

Préparez les tortillas. Dans un saladier, mélangez la farine avec la levure, l'huile, 20 cl d'eau tiède et du sel. Détaillez la pâte en 8 petites boules puis étalez celles-ci en disques fins de 15 à 20 cm de diamètre environ.

Faites cuire les tortillas dans une poêle avec les 3 cuillerées à soupe d'huile pendant 1 ou 2 minutes de chaque côté.

Préparez la garniture. Pelez et hachez l'oignon et l'ail. Hachez le piment. Rincez le poivron, épépinez-le et détaillez-le en lanières.

Mettez l'huile à chauffer dans une poêle et faites-y revenir les lanières de poivron pendant 3 minutes. Ajoutez la viande, l'oignon, l'ail et le piment haché. Laissez cuire 10 minutes à feu vif en remuant. Ajoutez les épices, la sauce tomate, du sel et du poivre, et poursuivez la cuisson encore 10 minutes à feu moyen.

Au moment de servir, disposez la garniture sur les tortillas, roulez celles-ci délicatement et dégustez aussitôt.

CONSEIL Vous pouvez également préparer ces tortillas en ajoutant du fromage à pâte dure (edam, cheddar) ou des portions de fromage fondu (type La vache qui rit®).

VARIANTE Remplacez le bœuf par du poulet ou garnissez les tortillas avec uniquement des légumes grillés aux épices.

Si vous manquez de temps, utilisez des tortillas toutes prêtes que vous trouverez au rayon « produits exotiques » des grandes surfaces.

SOUPE DU RAMADAN

POUR 4 PERSONNES
TREMPAGE : **12 h**
PRÉPARATION : **30 min**
CUISSON : **1 h 30**

- 120 g de pois chiches secs
- 2 grosses pommes de terre
- 2 grosses carottes
- 1 branche de céleri
- 1 oignon
- 2 gousses d'ail
- 350 g de viande de bœuf à bouillir
- 3 c. à soupe d'huile végétale
- 1 c. à café de curcuma
- 1 c. à soupe de harissa
- 2 litres de bouillon de bœuf
- 2 tomates
- 80 g de riz long
- sel, poivre

La veille. Mettez les pois chiches à tremper pendant 12 heures dans un récipient d'eau froide.

Le jour même. Épluchez les pommes de terre et les carottes ; détaillez-les en cubes. Émincez la branche de céleri. Pelez et hachez l'oignon et l'ail. Coupez la viande en petits morceaux.

Faites chauffer l'huile dans une grande casserole et saisissez les morceaux de viande avec l'oignon et l'ail pendant 2 ou 3 minutes. Ajoutez le curcuma et la harissa, laissez cuire 2 minutes puis versez le bouillon. Ajoutez les pois chiches et les légumes ; salez et poivrez. Faites cuire pendant 1 heure à feu moyen.

Coupez les tomates en morceaux. Mettez-les dans la soupe avec le riz et poursuivez la cuisson encore 30 minutes. Servez bien chaud, avec du pain.

VARIANTES Remplacez le riz par des lentilles corail qui cuisent très rapidement.

Si vous manquez de temps, utilisez des pois chiches en conserve. Pour rendre la soupe plus épaisse, vous pouvez la lier en fin de cuisson avec un peu de fécule de pomme de terre.

PRÊT À L'AVANCE

MOUSSAKA

POUR 4 PERSONNES
PRÉPARATION : **30 min**
CUISSON : **1 h 30 environ**

- 4 petites aubergines
- 2 oignons
- 1 gousse d'ail
- 5 tomates (ou 1 boîte de tomates pelées et concassées)
- 5 c. à soupe d'huile d'olive
- 300 g de bœuf haché
- 200 g d'épaule ou de gigot d'agneau, haché(e)
- 1 branche de thym
- 1 feuille de laurier
- 50 g de parmesan râpé
- sel et poivre

Préchauffez le four à 190-200 °C (therm. 6-7).

Ôtez les extrémités des aubergines, lavez-les puis coupez-les en tranches dans le sens de la longueur. Disposez-les sur la plaque du four huilée, salez, poivrez, arrosez d'un peu d'huile. Enfournez et faites cuire de 6 à 8 minutes de chaque côté (procédez en plusieurs fois).

Pelez et émincez les oignons et l'ail. Plongez les tomates quelques secondes dans de l'eau bouillante, puis rafraîchissez-les, épluchez-les, et coupez-les en dés.

Dans une poêle, mettez à chauffer 1 cuillerée à soupe d'huile et faites-y suer les oignons avec les deux viandes hachées. Ajoutez les tomates, l'ail, le thym et le laurier, salez et poivrez. Laissez mijoter 30 minutes.

Disposez une couche d'aubergines dans un plat à four et recouvrez d'une couche de préparation à la viande et aux tomates. Alternez ainsi les couches en terminant par les aubergines. Parsemez de parmesan puis de chapelure, enfournez et laissez cuire 30 minutes, jusqu'à ce que le dessus soit bien doré.

VARIANTE Cette moussaka peut être préparée avec uniquement du bœuf ou uniquement de l'agneau. Vous pouvez lui ajouter une couche épaisse de béchamel. Vous pouvez également ajouter 1 œuf à la viande, une fois qu'elle est cuite.

KEFTAS DE BŒUF À LA FETA ET AU CUMIN

POUR 4 PERSONNES
PRÉPARATION : 20 min
CUISSON : 10 min

- 1 oignon rouge
- 160 g de feta
- 400 g de bœuf haché
- 2 c. à soupe de graines de cumin
- 1 c. à café de cumin en poudre
- 2 c. à soupe de farine
- 3 c. à soupe d'huile d'arachide ou de colza
- sel, poivre

Pelez et hachez l'oignon. Coupez la feta en petits morceaux. Dans un saladier, mélangez la viande avec l'oignon, les graines de cumin, le cumin en poudre, la feta, du sel et du poivre.

Formez les keftas en pressant la préparation avec vos mains autour de petites piques à brochette. Roulez-les dans la farine.

Mettez l'huile à chauffer dans une poêle et faites-y cuire les keftas de 8 à 10 minutes en les retournant régulièrement. Égouttez-les sur du papier absorbant. Servez aussitôt, avec une salade verte.

EXPRESS

VARIANTE Remplacez le bœuf par du veau. Dans ce cas, ajoutez 1 cuillerée à soupe de farine dans la préparation. Vous pouvez aussi ajouter à la préparation quelques graines de coriandre écrasées et parsemer les keftas de coriandre fraîche au moment de servir.

WOK DE BŒUF PIMENTÉ, NOUILLES SAUTÉES AUX LÉGUMES

POUR 4 PERSONNES
PRÉPARATION : 30 min
MARINADE : 3 h
CUISSON : 15 min

- 700 g de bavette de bœuf
- 250 g de nouilles chinoises
- 2 carottes
- 1 courgette
- 3 c. à soupe d'huile d'olive
- 3 c. à soupe d'huile d'arachide ou de colza
- sel, poivre

Pour la marinade

- 10 cl de sauce au piment asiatique
- 2 c. à soupe de sauce d'huîtres
- 3 c. à soupe de sauce soja forte
- 1 piment rouge

Coupez la viande en morceaux et mettez-les dans un saladier.

Préparez la marinade. Dans un bol, mélangez la sauce au piment avec la sauce d'huîtres, la sauce soja, le piment coupé en petits morceaux et du poivre. Versez la marinade sur la viande et mélangez pour bien en enrober les morceaux. Couvrez le saladier de film alimentaire et placez-le au réfrigérateur. Laissez mariner pendant 3 heures.

Faites cuire les nouilles dans un grand volume d'eau bouillante salée pendant 2 minutes. Égouttez-les et rafraîchissez-les sous l'eau froide.

Épluchez les carottes, rincez la courgette. Taillez les deux légumes en fins bâtonnets. Dans une grande poêle, mettez l'huile d'olive à chauffer et faites-y revenir les légumes pendant 3 ou 4 minutes. Ajoutez les nouilles et faites-les sauter 3 minutes à feu vif en remuant.

Égouttez les morceaux de viande. Faites chauffer l'huile d'arachide dans un wok et saisissez les morceaux pendant 1 minute de chaque côté.

Ajoutez à la marinade 1 petit verre d'eau. Une fois la viande saisie, versez la marinade diluée dans le wok. Laissez cuire 3 ou 4 minutes à feu vif en remuant. Servez aussitôt avec les nouilles sautées aux légumes.

VARIANTE Vous pouvez ajouter 2 cuillerées à soupe de graines de sésame doré dans le wok en fin de cuisson ; vous pouvez également ajouter 100 g de germes de soja dans les nouilles sautées.

BON À SAVOIR

Les sauces composant la marinade de ce plat se trouvent au rayon « cuisine exotique » des supermarchés. Il existe plusieurs variétés de sauce soja, plus ou moins salées ou sucrées. Lisez bien les étiquettes et préférez les sauces issues de fermentation naturelle, sans caramel ni autre additif.

WOK DE PORC AU LAIT DE COCO

POUR 4 PERSONNES
PRÉPARATION : **10 min**
CUISSON : **20 min**

- 2 oignons
- 2 gousses d'ail
- 500 g de porc (filet, épaule)
- 2 c. à soupe d'huile d'arachide
- 2 c. à café de curry en poudre
- 1 pincée de piment en poudre
- 1 c. à café de gingembre en poudre
- 20 cl de lait de coco
- 1 yaourt nature brassé (125 g) ou 12 cl de crème fraîche liquide
- sel, poivre

Pelez les oignons et les gousses d'ail, puis émincez-les. Détaillez la viande en lamelles.

Faites chauffer l'huile dans un wok ou dans une poêle et saisissez l'oignon et les lamelles de porc à feu vif jusqu'à ce que la viande soit bien dorée. Saupoudrez de curry, de piment et de gingembre, puis ajoutez l'ail.

Incorporez le lait de coco et le yaourt ; salez et poivrez. Laissez mijoter à feu doux pendant 15 minutes.

Servez bien chaud, avec des nouilles de riz ou du chou chinois émincé et sauté pendant quelques minutes à feu vif.

CONSEIL Ce wok peut aussi être réalisé avec des lanières de poulet ou d'épaule d'agneau. Au moment de servir, parsemez le plat de coriandre fraîche ciselée.

EXPRESS

PORC FRIT AUX VERMICELLES DE SOJA

POUR 4 PERSONNES
PRÉPARATION : 15 min
CUISSON : 20 min

- 100 g de vermicelles de soja
- 2 oignons
- 2 tomates
- 1 petit morceau de gingembre frais
- 1 petit bouquet de coriandre
- 1 morceau de rouelle de porc de 600 g
- 40 g de saindoux
- 1 c. à soupe de sauce soja
- 1 c. à soupe de vin de riz ou de xérès
- sel

Faites tremper les vermicelles de soja dans de l'eau froide pendant 5 minutes. Égouttez-les.

Pelez et émincez les oignons. Plongez les tomates 1 minute dans de l'eau bouillante, pelez-les, coupez-les en rondelles. Pelez et râpez le gingembre. Lavez et hachez la coriandre. Ôtez la couenne du porc, coupez la viande en fines lamelles.

Dans un wok ou dans une poêle chaude, mettez à fondre le saindoux. Faites-y revenir les oignons en les remuant jusqu'à ce qu'ils soient transparents. Ajoutez le gingembre et les lamelles de porc, et laissez-les cuire 5 minutes en les retournant jusqu'à ce qu'elles soient légèrement dorées.

Ajoutez les tomates puis, au bout de 5 minutes de cuisson, la sauce soja et le vin de riz. Faites réduire la sauce à feu vif pendant 2 minutes en remuant.

Portez 50 cl d'eau à ébullition. Salez. Plongez-y les vermicelles et laissez-les cuire 5 minutes. Égouttez-les. Mettez le porc au centre d'un plat de service rond. Disposez les vermicelles en couronne tout autour. Parsemez de coriandre et servez.

TRAVERS DE PORC À LA CITRONNELLE

POUR 4 PERSONNES
PRÉPARATION : 15 min
MACÉRATION : 2 h
CUISSON : 35 min

- 1 oignon
- 1 gousse d'ail
- 1 petit piment de Cayenne
- 2 branches de citronnelle
- 2 c. à soupe d'huile végétale
- 1 morceau de travers de porc de 800 g
- sel

Pelez et hachez l'oignon et l'ail. Lavez le piment, retirez le pédoncule et les graines, puis hachez la chair. Lavez et ciselez la citronnelle.

Dans un bol, mélangez la citronnelle, l'ail, l'oignon et le piment. Arrosez d'huile et salez.

Incisez le travers de porc entre les os sans le couper totalement. Enduisez l'intérieur des fentes de la préparation précédente et laissez macérer le travers au frais pendant 2 heures.

Préchauffez le four à 200 °C (therm. 6-7).

Déposez le travers dans un plat allant au four. Enfournez et laissez cuire pendant 35 minutes. Pour servir, sortez le travers du plat, égouttez-le, coupez-le entre les os.

COLOMBO DE PORC

POUR 6 PERSONNES
PRÉPARATION : **20 min**
MARINADE : **30 min**
CUISSON : **55 min**

- 1,2 kg d'échine de porc
- 2 oignons nouveaux
- 1 mangue verte
- 3 aubergines moyennes
- 3 pommes de terre
- 3 c. à soupe d'huile d'arachide
- 3 c. à soupe de poudre de colombo
- le jus de 1 citron

Pour la marinade

- 2 gousses d'ail
- 1 petit piment
- 3 c. à soupe de vinaigre
- sel, poivre

Préparez la marinade. Pelez et écrasez les gousses d'ail, ou hachez-les finement. Coupez le piment en fines lamelles. Mélangez l'ail et le piment dans un plat creux avec le vinaigre, du sel et du poivre.

Coupez la viande en cubes. Mettez-la dans la marinade ; roulez les cubes dedans. Laissez mariner 30 minutes.

Pendant ce temps, pelez les petits oignons et hachez-les finement. Pelez la mangue, ouvrez-la pour retirer le noyau et coupez-la en morceaux. Épluchez les aubergines et les pommes de terre, rincez-les et coupez-les en cubes.

Dans une cocotte, faites chauffer l'huile à feu modéré. Égouttez la viande, mettez-la dans la cocotte avec la mangue et le hachis d'oignon. Faites dorer le tout doucement 5 minutes environ en remuant.

Délayez la poudre de colombo dans un peu d'eau et versez-la dans la cocotte. Ajoutez les aubergines et les pommes de terre. Salez, poivrez et mélangez. Versez juste assez d'eau pour recouvrir les ingrédients et portez à ébullition. Baissez ensuite le feu, couvrez la cocotte et laissez cuire 50 minutes.

Environ 5 minutes avant la fin de la cuisson, ajoutez le jus de citron. Goûtez et rectifiez l'assaisonnement, puis versez le colombo dans le plat de service. Servez bien chaud avec du riz à la créole.

PRÊT À L'AVANCE

NEMS DE PORC

POUR 4 PERSONNES (16 NEMS ENVIRON)
PRÉPARATION : 40 MIN • CUISSON : 10 MIN

80 g de champignons noirs séchés • 50 g de vermicelles de riz • 2 oignons • 3 gousses d'ail • 1 carotte • 700 g de viande de porc hachée • 2 œufs + 1 blanc d'œuf • 3 c. à soupe de sauce nuoc-mâm • 16 feuilles de brick • huile pour la friture • feuilles de salade • sel, poivre

1 Mettez les champignons séchés et les vermicelles dans un bol, puis versez dessus de l'eau bouillante afin de les réhydrater. Laissez tremper 15 minutes.

2 Pelez et hachez les oignons et les gousses d'ail.

3 Égouttez les champignons et les vermicelles. Hachez-les grossièrement ou coupez-les aux ciseaux.

4 Épluchez et râpez finement la carotte.

5 Dans un saladier, mélangez la viande avec 2 œufs, les champignons, les vermicelles, la carotte, les oignons et l'ail, le nuoc-mâm, du sel et du poivre.

6 Découpez les feuilles de brick en carrés.

7 Déposez une portion de farce en bas d'une feuille, rabattez les côtés gauche et droit vers le milieu.

8 Roulez le nem sur lui-même.

9 Refermez-le en collant la pâte avec du blanc d'œuf légèrement battu. Roulez ainsi les autres nems.

10 Faites frire les nems dans un bain d'huile très chaude.

11 Une fois frits, égouttez les nems sur du papier absorbant. Servez-les aussitôt, avec des feuilles de salade et du nuoc-mâm mélangé avec un peu de sucre, de sel et quelques morceaux de carotte râpée.

ÉPAULE DE PORC AU CINQ-ÉPICES

POUR 4-6 PERSONNES
PRÉPARATION : 5 min
CUISSON : 1 h environ

- 3 gousses d'ail
- 4 échalotes
- 1 c. à soupe de sucre en poudre
- 1 c. à soupe de sauce nuoc-mâm
- 1 c. à soupe de sauce soja
- 1 c. à soupe de cinq-épices
- 1 rôti de porc dans l'épaule de 1 kg
- 20 cl de fond blanc
- sel, poivre

Pelez et hachez l'ail et les échalotes. Écrasez-les dans un mortier (ou au mixeur) avec le sucre, le nuoc-mâm, la sauce soja, le cinq-épices et 3 tours de moulin à poivre.

Dans une cocotte, dorez l'épaule de porc avec sa couenne pendant 10 minutes, puis ajoutez le mélange d'épices.

Versez le fond blanc, couvrez et faites cuire 50 minutes à feu doux, en retournant la viande à mi-cuisson.

Roulez l'épaule dans son jus de cuisson avant de la retirer de la cocotte. Détaillez-la en tranches, disposez sur un plat et arrosez du jus de cuisson.

Servez ce rôti accompagné, par exemple, de nouilles chinoises ou de mangue poêlée avec de l'échalote et du lait de coco.

CONSEIL **Pour une viande encore plus moelleuse, demandez à votre boucher de vous préparer un rôti dans l'échine ou dans la palette.**

COUSCOUS D'AGNEAU CONFIT AUX CAROTTES ET AUX RAISINS

POUR 4 PERSONNES
PRÉPARATION : **15 min**
CUISSON : **3 h environ**

- 1 oignon
- 1 gousse d'ail
- 400 g de carottes
- 3 c. à soupe d'huile d'olive
- 1 kg d'épaule d'agneau désossée
- 10 cl de porto
- 1,5 litre de fond de veau
- 2 branches de thym
- 1 branche de romarin
- 250 g de semoule de blé fine
- 120 g de raisins secs
- sel, poivre

Pelez et émincez l'oignon et l'ail. Épluchez les carottes et coupez-les en tronçons. Dans une cocotte, mettez à chauffer l'huile d'olive puis faites saisir l'épaule d'agneau. Ajoutez l'oignon et l'ail, laissez cuire 5 minutes puis versez le porto. Salez, poivrez, laissez bouillir 5 minutes et versez le fond de veau. Ajoutez les carottes, le thym et le romarin.

Couvrez la cocotte et laissez cuire pendant 2 h 30 environ à feu doux en retournant la viande régulièrement jusqu'à ce qu'elle soit confite. Ajoutez un peu d'eau en cours de cuisson si la viande n'est pas suffisament recouverte de liquide.

Ôtez la cocotte du feu et laissez la viande refroidir dans son jus de cuisson. Sortez ensuite la viande et les carottes de la cocotte. Effilochez la viande en morceaux.

Mouillez la semoule avec une tasse d'eau froide salée et laissez gonfler 5 minutes. Étalez-la dans le panier d'un autocuiseur et faites-la cuire pendant 5 à 8 minutes à partir de la rotation de la soupape. Sortez-la de l'autocuiseur et égrenez-la à l'aide d'une fourchette.

Réchauffez le jus de cuisson de la viande avec les raisins secs pendant 10 minutes à feu doux. Ajoutez la viande effilochée et les carottes ; laissez réchauffer doucement. Égouttez la viande, les carottes et les raisins, et déposez-les dans le plat de service. Mettez la semoule à côté et servez, avec la sauce à part.

CONSEIL **Vous pouvez cuire la semoule à l'avance. Mélangez-la dans un saladier avec 3 cuillerées à soupe d'huile d'olive et du sel. Versez de l'eau bouillante à hauteur, couvrez le saladier avec un torchon puis laissez gonfler la semoule. Réchauffez-la rapidement au micro-ondes au moment de servir.**

TAJINE D'AGNEAU AUX FÈVES ET AU CITRON CONFIT

POUR 6 PERSONNES
PRÉPARATION : 30 MIN
CUISSON : 1 H 45

- 1 épaule d'agneau désossée
- 200 g d'oignons
- 3 gousses d'ail
- 6 c. à soupe d'huile d'olive
- 4 tomates
- 6 pommes de terre
- 1 c. à café de cannelle en poudre
- 1 c. à café de cumin en poudre
- 250 g de fèves
- 4 citrons confits
- 4 fonds d'artichaut
- 1 bouquet de coriandre fraîche
- sel, poivre

Coupez la viande en morceaux. Pelez et hachez les oignons et l'ail.

Faites chauffer l'huile d'olive dans un tajine (ou dans une cocotte). Mettez les morceaux de viande à dorer avec les oignons émincés.

Lavez les tomates, puis coupez-les en quartiers. Épluchez et lavez les pommes de terre. Coupez-les en gros morceaux.

Mettez les pommes de terre, les tomates et les épices dans le tajine. Salez, poivrez et arrosez de 20 cl d'eau. Couvrez et laissez mijoter à feu doux pendant 1 heure.

Épluchez les fèves. Coupez les citrons confits en quatre. Ajoutez-les dans le tajine après 1 heure de cuisson, ainsi que les fonds d'artichaut. Prolongez la cuisson de 30 minutes.

Lavez et équeutez la coriandre. En fin de cuisson, parsemez le tajine de coriandre et servez aussitôt.

CURRY D'AGNEAU

POUR 4-6 PERSONNES
MACÉRATION : **1 h**
PRÉPARATION : **40 min**
CUISSON : **40 min**

- 1 c. à soupe de gingembre frais râpé
- 1 mesure de safran
- 5 c. à soupe d'huile d'arachide
- 1 grosse pincée de piment de Cayenne
- 1,5 kg de collier ou d'épaule d'agneau en morceaux
- 3 grosses tomates
- 4 gros oignons
- 3 gousses d'ail
- 1 c. à soupe de curry
- 1 bouquet garni
- 1 pomme granny-smith
- 15 cl de lait de coco
- 300 g de riz basmati ou thaï
- 2 ou 3 tranches d'ananas frais (ou en boîte)
- 1 banane
- le jus de 1/2 citron
- 50 g de noix de cajou
- 30 g de raisins secs
- sel, poivre

Mélangez le gingembre, le safran, 2 cuillerées à soupe d'huile, le piment de Cayenne, du sel et du poivre. Roulez dans ce mélange les morceaux d'agneau et laissez-les macérer 1 heure.

Ébouillantez les tomates, pelez-les et coupez-les en morceaux. Pelez les oignons et coupez-les en rondelles ; pelez et hachez l'ail.

Dans une cocotte, faites chauffer le reste d'huile, dorez les morceaux de viande puis retirez-les. Versez les oignons et faites-les revenir 5 minutes puis ajoutez les tomates, le curry, l'ail et le bouquet garni.

Épluchez et râpez la pomme, ajoutez-la dans la cocotte et remuez pendant 2 ou 3 minutes. Remettez la viande dans la cocotte, mélangez, ajoutez le lait de coco. Couvrez et laissez mijoter 40 minutes.

Pendant la cuisson du curry, lavez plusieurs fois le riz, égouttez-le et mettez-le dans une casserole. Salez et recouvrez de trois fois son volume d'eau. Faites cuire à gros bouillons et à découvert. Quand le niveau de l'eau ne dépasse plus les grains, couvrez et maintenez à tout petit feu, jusqu'à ce que le riz soit parfaitement sec.

Goûtez et rectifiez l'assaisonnement du curry. Coupez les tranches d'ananas en dés. Détaillez la banane en rondelles et mélangez-les avec le jus de citron. Servez le curry avec le riz et disposez dans des raviers séparés les noix de cajou, les raisins secs, l'ananas et la banane pour que chacun ajoute ce qu'il veut dans son assiette.

LÉGUMES CHOP SUEY

POUR 6 PERSONNES
PRÉPARATION : 30 min
CUISSON : 8 min environ

- 4 petites carottes
- 3 petites courgettes
- 3 petits poireaux
- 1 poivron
- 2 c. à soupe d'huile d'arachide
- 1/2 botte de petits oignons nouveaux
- 150 g de pousses de haricot mungo (« germes de soja »)
- 1 gousse d'ail
- 2 tomates
- 1 c. à soupe de sauce soja
- 1 c. à café d'huile de sésame
- sel, poivre

BON À SAVOIR

Ce qu'on appelle souvent « germes de soja » n'est pas du vrai soja. Il s'agit de pousses de haricot mungo.

Épluchez, lavez et taillez en bâtonnets les carottes, les courgettes, les poireaux et le poivron.

Mettez les légumes dans une sauteuse avec l'huile d'arachide, remuez, couvrez et laissez étuver doucement pendant 4 ou 5 minutes.

Coupez les tiges des oignons en bâtonnets et hachez les bulbes.

Ébouillantez les pousses de haricot mungo, rafraîchissez-les à l'eau froide puis égouttez-les. Pelez et hachez l'ail.

Plongez les tomates pendant 20 secondes dans de l'eau bouillante, puis rafraîchissez-les à l'eau froide. Pelez-les et coupez-les en dés.

Mettez les pousses de haricot mungo dans la sauteuse, mélangez et faites cuire pendant 1 minute. Ajoutez les tomates, les oignons, l'ail, du poivre, la sauce soja, un peu de sel ainsi que l'huile de sésame. Mélangez et laissez cuire pendant 1 minute. Servez aussitôt.

TAJINE DE POULET AUX POMMES DE TERRE ET AUX OLIVES

POUR 4 PERSONNES
PRÉPARATION : 20 min
CUISSON : 1 h 30 environ

- 1 gros oignon
- 8 pommes de terre
- 3 c. à soupe d'huile d'olive
- 1 poulet coupé en 8 morceaux
- 3 c. à soupe de miel
- 120 g d'olives vertes
- 1 c. à café de pistils de safran
- sel, poivre

Pelez et émincez l'oignon. Brossez les pommes de terre, lavez-les et coupez-les en quatre.

Dans une grande cocotte, mettez à chauffer l'huile d'olive et faites-y dorer les morceaux de poulet. Ajoutez l'oignon et laissez cuire 5 minutes à feu moyen puis mettez le miel. Laissez légèrement caraméliser puis ajoutez les pommes de terre, les olives et le safran ; salez et poivrez.

Versez 50 cl d'eau dans la cocotte. Couvrez la cocotte aux trois quarts et laissez cuire 1 h 15 à feu doux, jusqu'à ce que les morceaux de poulet soient fondants. Ajoutez un peu d'eau en cours de cuisson si nécessaire. Servez bien chaud.

CONSEIL Pour ce tajine, choisissez de préférence un poulet jaune des Landes. Il cuira un peu plus longtemps, mais son goût sera meilleur et sa couleur jaune sera accentuée par le safran.

PASTILLA DE POULET AU SAFRAN

POUR 4-6 PERSONNES
PRÉPARATION : 40 min
CUISSON : 1 h 30

- 3 c. à soupe d'huile d'olive
- 1 poulet de 1,2 kg environ coupé en morceaux
- 1 c. à café rase de pistils de safran
- 1 cube de bouillon de volaille
- 2 oignons rouges
- 40 g de beurre fondu
- 8 feuilles de brick
- 1 c. à café de cannelle en poudre
- 2 c. à soupe de sucre en poudre
- sel, poivre

Dans une cocotte, mettez à chauffer la moitié de l'huile d'olive et faites-y saisir les morceaux de poulet ; salez et poivrez. Couvrez le poulet d'eau, ajoutez le safran et le cube de bouillon. Laissez cuire pendant 1 h 10 environ à feu moyen.

Pelez et émincez les oignons. Dans une poêle, faites-les fondre avec l'huile restante pendant 15 minutes.

Une fois le poulet cuit, désossez complètement les morceaux, hachez grossièrement la chair puis mélangez-la avec les oignons.

Préchauffez le four à 180 °C (therm. 6).

Badigeonnez de beurre le fond d'un moule à manqué et chemisez-le avec 2 feuilles de brick beurrées. Mettez-y un tiers de farce au poulet, saupoudrez d'un peu de cannelle et de sucre. Recouvrez de 2 autres feuilles de brick beurrées, mettez un autre tiers de farce, de la cannelle et du sucre. Recommencez enore une fois puis terminez par les 2 dernières feuilles de brick beurrées en rabattant leurs bords vers l'intérieur du moule. Beurrez le dessus, saupoudrez avec le reste de sucre et de cannelle. Faites cuire au four pendant 20 minutes.

Démoulez délicatement la pastilla et coupez-la en parts à l'aide d'un couteau-scie. Servez aussitôt.

1

2

Pour réussir la pastilla

1 Ne sortez pas les feuilles de brick de leur emballage trop à l'avance car, au contact de l'air, elles se dessèchent et deviennent cassantes.

2 Le poulet peut être remplacé par de l'agneau ou du veau, mais la pastilla marocaine traditionnelle se fait avec du pigeon.

3 Rentrez bien les bords des dernières feuilles de brick à l'intérieur du moule pour assurer à la pastilla une finition irréprochable.

3

POULET TANDOORI

POUR 4 PERSONNES
PRÉPARATION : 30 min
MARINADE : 24 h
CUISSON : 1 h 30

- 1 poulet de 1,2 kg environ
- 2 yaourts nature (soit 250 g)
- 10 cl de jus de citron vert
- 2 c. à soupe bombées de poudre tandoori
- 2 c. à soupe de vinaigre de vin
- 3 c. à soupe d'huile d'arachide
- 1 citron vert coupé en quartiers pour servir
- sel, poivre

La veille. Coupez le poulet en quatre puis recoupez chaque morceau en deux. Retirez la peau et, avec la pointe d'un couteau, incisez la viande en plusieurs endroits en allant jusqu'à l'os.

Dans un bol, mélangez les yaourts avec le jus de citron vert, la poudre tandoori, le vinaigre, l'huile, du sel et du poivre. Mettez les morceaux de poulet dans un grand saladier et enrobez-les de marinade. Couvrez le saladier de film alimentaire et placez au réfrigérateur pendant 24 heures.

Le jour même. Préchauffez le four à 140 °C (therm. 4-5).

Sortez les morceaux de poulet du saladier en les gardant enrobés de marinade. Déposez-les sur la plaque du four recouverte de papier sulfurisé. Faites cuire pendant 1 h 30 environ, sans toucher aux morceaux, jusqu'à ce qu'ils soient bien dorés.

Servez ce plat avec des quartiers de citron vert et accompagnez-le d'un riz aux raisins secs et à la cannelle.

CONSEIL Pour raccourcir le temps de préparation, vous pouvez faire mariner les morceaux de poulet d'abord pendant 2 heures dans du jus de citron seul, avec un peu de sel, puis les mettre à mariner 12 heures seulement dans le yaourt mélangé avec le reste des ingrédients.

CURRY DE POULET

POUR 4-6 PERSONNES
PRÉPARATION : 20 min
CUISSON : 45-50 min

- 1 poulet de 1,3-1,5 kg
- 3 oignons
- 2 bananes
- le jus de 1/2 citron
- 2 pommes
- 2 tomates
- 2 c. à soupe d'huile d'arachide
- 3 c. à soupe de curry en poudre
- 20 cl de lait de coco
- 200-300 g de riz basmati ou thaï
- 1 yaourt
- sel

Préparez le poulet et coupez-le en morceaux.

Pelez et hachez les oignons. Coupez les bananes en rondelles épaisses, mettez-les dans un saladier et arrosez-les de jus de citron. Épluchez les pommes et coupez-les en dés. Ajoutez-les dans le saladier.

Plongez les tomates pendant 20 secondes dans de l'eau bouillante, pelez-les et concassez grossièrement la pulpe.

Mettez l'huile à chauffer dans une cocotte et faites-y revenir les morceaux de poulet avec l'oignon. Saupoudrez de 1 cuillerée à soupe de curry, mélangez et faites cuire 5 minutes en remuant.

Égouttez les bananes et les pommes et ajoutez-les dans la cocotte avec le reste du curry ainsi que les tomates.

Versez le lait de coco, mélangez et salez. Couvrez la cocotte et faites cuire à feu doux pendant 35 minutes environ.

Pendant ce temps, lavez plusieurs fois le riz, égouttez-le et mettez-le dans une casserole. Salez et recouvrez de trois fois son volume d'eau. Faites cuire à gros bouillons et à découvert. Quand le niveau de l'eau ne dépasse plus les grains, couvrez et maintenez à tout petit feu, jusqu'à ce que le riz soit parfaitement sec.

Retirez les morceaux de poulet de la cocotte, gardez-les au chaud dans le plat de service.

Ajoutez le yaourt dans la cocotte, mélangez et faites cuire pendant 5 à 10 minutes pour faire épaissir la sauce. Goûtez et rectifiez l'assaisonnement, puis versez la sauce sur les morceaux de poulet. Servez le riz à part.

YAKITORI

POUR 4 PERSONNES
PRÉPARATION : **20 min**
MARINADE : **2 h**
CUISSON : **8 min**

- 3 c. à soupe de sauce soja forte
- 3 c. à soupe de saké
- 1 c. à café de poivre moulu
- 1 c. à soupe de sucre en poudre
- 4 petits blancs de poulet

Dans un bol, mélangez la sauce soja, le saké, le poivre et le sucre. Coupez les blancs de volaille en petits cubes et enfilez ceux-ci, bien serrés, sur des piques en bois. Déposez les brochettes dans un plat, versez la marinade dessus. Couvrez de film alimentaire et laissez mariner pendant 2 heures au réfrigérateur.

Égouttez les brochettes. Versez la marinade dans une petite casserole et faites-la réduire des deux tiers à feu vif pour qu'elle devienne sirupeuse.

Faites cuire les brochettes dans une poêle antiadhésive pendant 6 à 8 minutes à feu moyen en les retournant régulièrement. Passez-les ensuite dans la sauce réduite.

Servez aussitôt, en accompagnant les brochettes de riz blanc ou d'une purée de pommes de terre.

VARIANTE Remplacez le poulet par de la pintade, beaucoup plus goûteuse et originale.

BON À SAVOIR
Vous pouvez préparer cette recette avec de la sauce yakitori toute prête, en vente dans les épiceries asiatiques et au rayon « cuisine exotique » des supermarchés.

POULET TERIYAKI

POUR 4 PERSONNES
PRÉPARATION : 15 min
MARINADE : 4 h
CUISSON : 50 min

- 4 cuisses de poulet
- 6 c. à soupe de sauce soja forte
- 3 c. à soupe d'huile de sésame
- 3 c. à soupe de vinaigre de riz
- 1 c. à soupe de gingembre frais râpé
- 1 c. à soupe de sucre en poudre
- le jus de 2 citrons
- poivre

Dégraissez les cuisses de poulet. Entaillez-les légèrement à plusieurs endroits avec la pointe d'un couteau.

Dans un bol, mélangez au fouet la sauce soja, l'huile de sésame, le vinaigre, le gingembre, le sucre et le jus de citron avec un fouet ; poivrez mais ne salez pas, la sauce soja l'est déjà.

Rangez les cuisses de poulet dans un plat à bords hauts en les serrant bien. Versez dessus la marinade et enrobez-les bien. Couvrez le plat de film alimentaire et laissez mariner au moins 4 heures au réfrigérateur.

Préchauffez le four à 140 °C (therm. 4-5).

Déposez les cuisses de poulet marinées dans un plat allant au four, tapissé de papier sulfurisé. Arrosez-les avec la marinade. Faites-les cuire entre 50 minutes et 1 heure en les arrosant régulièrement mais sans les retourner.

Servez aussitôt, avec un riz aux amandes, par exemple.

CONSEIL Vous pouvez ajouter à la marinade 2 ou 3 cuillerées à soupe de saké. À défaut de gingembre frais, utilisez du gingembre en poudre.

BROCHETTES DE POISSON TIKKA

POUR 4 PERSONNES
PRÉPARATION : **30 min**
MARINADE : **4 h**
CUISSON : **10 min**

- 600 g de filet de cabillaud ou de perche
- 1 oignon rouge
- 80 g de concombre
- 1/4 de bouquet de coriandre
- 1 yaourt nature (soit 125 g)
- 1 citron vert pour servir
- sel, poivre

Pour la marinade

- 2 gousses d'ail
- 2 yaourts nature (soit 250 g)
- 1/2 oignon rouge
- 1 c. à soupe de gingembre frais râpé
- le jus de 2 citrons verts
- 1 c. à soupe de garam masala
- 1 c. à soupe de piment en poudre

Préparez la marinade. Pelez et hachez les gousses d'ail. Dans un bol, mélangez les yaourts avec le demi-oignon haché, le gingembre, l'ail, le jus de citron, le garam masala, le piment, du sel et du poivre.

Coupez les filets de poisson en cubes. Épluchez l'oignon rouge et coupez-le en grosses rondelles.

Montez les brochettes en intercalant les morceaux de poisson et les rondelles d'oignon. Déposez-les dans un plat, versez dessus la marinade au yaourt. Retournez les brochettes dedans pour bien les enrober. Couvrez de film alimentaire et laissez mariner au moins 4 heures au réfrigérateur.

Préchauffez le four à 200 °C (therm 6-7).

Épluchez le concombre et détaillez-le en petits cubes. Lavez et ciselez la coriandre. Dans un bol, mélangez le concombre et la coriandre avec le yaourt, du sel et du poivre.

Déposez les brochettes sur la plaque du four couverte de papier sulfurisé et enfournez pour 10 minutes.

Servez les brochettes avec la sauce et des quartiers de citron vert et proposez en accompagnement des nans (pains indiens non levés), des tranches d'aubergine grillées et du riz basmati.

CONSEIL **Vous pouvez réaliser des brochettes en mélangeant plusieurs variétés de poissons : saumon, thon, espadon, etc.**

MAKIS AU SURIMI

POUR 4 PERSONNES
PRÉPARATION : 30 min
RÉFRIGÉRATION : 15 min
CUISSON : 15 min environ

- 150 g de riz rond pour makis
- 1 c. à café de sel
- 3 c. à café de sucre en poudre
- 1 petit avocat
- 4 bâtonnets de surimi
- 4 feuilles d'algues de 10 cm x 16 cm environ
- 3 c. à soupe de vinaigre de riz
- sauce soja pour servir

Rincez le riz à l'eau froide. Mettez-le dans une casserole avec une fois et demie son volume d'eau froide, le sel et le sucre. Portez à ébullition, puis faites cuire de 12 à 15 minutes. Laissez le riz refroidir.

Coupez l'avocat en deux, retirez le noyau et la peau, puis détaillez la chair en lamelles. Découpez le surimi en fins bâtonnets.

Préparez 4 rectangles de film alimentaire et déposez dessus les feuilles d'algues. À l'aide d'un pinceau, réhydratez celles-ci avec le vinaigre de riz. Étalez le riz sur les algues, puis posez dessus les bâtonnets de surimi et les lamelles d'avocat. Roulez délicatement les makis en serrant légèrement et en vous aidant du film alimentaire. Laissez-les reposer 15 minutes au réfrigérateur avant de les découper en tronçons de 2 cm. Servez avec de la sauce soja.

LÉGER

VARIANTE Vous pouvez varier la garniture des makis en remplaçant le surimi par du saumon très frais ou par des crevettes.

BON À SAVOIR Vous trouverez les feuilles d'algues dans les magasins de produits diététiques et au rayon « produits du monde » des grandes surfaces.

Pour réussir les makis

1 Après avoir déposé les bâtonnets de surimi et les lamelles d'avocat sur le riz, enfoncez-les légèrement pour qu'ils restent bien en place lorsque vous roulerez le maki.

2 Commencez par rouler le maki en maintenant la garniture du bout des doigts, puis aidez-vous du film alimentaire pour obtenir un maki bien serré.

3 Utilisez un couteau très bien affûté pour trancher les makis sans les écraser.

3

THON MI-CUIT AU SÉSAME

POUR 4 PERSONNES
PRÉPARATION : 25 min
MARINADE : 6 h
CUISSON : 5-6 min

- 4 pavés de thon de 150 g environ
- 80 g de graines de sésame doré
- 3 c. à soupe d'huile de sésame ou d'une autre huile végétale
- sauce soja et wasabi pour servir

Pour la marinade

- 20 g de gingembre frais
- 10 cl de sauce soja
- 3 c. à soupe de saté
- 1 c. à café rase de sucre en poudre
- 1/2 c. à café de piment de Cayenne

Préparez la marinade. Épluchez et râpez finement le gingembre. Dans un bol, mélangez-le avec la sauce soja, le saté, le sucre et le piment de Cayenne.

Disposez les pavés de thon dans un plat. Versez la marinade dessus et couvrez le plat de film alimentaire. Laissez mariner pendant 6 heures au réfrigérateur en retournant les pavés de thon au bout de 3 heures.

Égouttez les pavés. Passez-les dans le sésame en pressant légèrement dessus pour faire adhérer les graines.

Mettez à chauffer l'huile de sésame dans une poêle et faites-y cuire les pavés pendant 2 ou 3 minutes de chaque côté, à feu moyen. Laissez-les reposer 3 minutes dans une assiette avant de les trancher délicatement. Servez avec de la sauce soja mélangée avec une pointe de wasabi.

POUR ACCOMPAGNER Ces pavés de thon seront délicieux avec un tempura de coriandre. Pour le préparer, mélangez 100 g de farine avec 1 demi-cuillerée à café de bicarbonate de soude et 15 à 20 cl d'eau glacée pour obtenir une pâte légèrement liquide. Trempez de grandes feuilles de coriandre fraîche dedans et faites-les frire quelques secondes dans un bain d'huile très chaud.

TAJINE DE DORADE AUX COURGETTES

POUR 4 PERSONNES
PRÉPARATION : **15 min**
CUISSON : **35 min**

- 400 g de courgettes
- 2 échalotes
- 10 cl d'huile d'olive
- 1 c. à soupe rase de curcuma
- 4 filets de dorade de 160 g environ coupés en morceaux
- sel, poivre

Lavez les courgettes et coupez-les en deux dans la longueur puis en tranches. Pelez et hachez les échalotes. Mettez à chauffer la moitié de l'huile dans une poêle et faites-y fondre les échalotes pendant 5 minutes à feu moyen. Ajoutez les courgettes, la moitié du curcuma, du sel et du poivre ; laissez cuire 15 minutes en remuant régulièrement.

Préchauffez le four à 210 °C (therm. 7).

Répartissez les courgettes dans le fond d'un plat à tajine ou d'un plat à gratin. Déposez les morceaux de dorade dessus, saupoudrez avec le reste de curcuma et arrosez de l'huile d'olive restante.

Couvrez le plat d'une feuille d'aluminium. Enfournez pour 15 minutes. Servez à la sortie du four.

VARIANTE **Préparez ce tajine avec des filets de rouget barbet et remplacez le curcuma par 1 cuillerée à soupe bombée de graines de fenouil ou de cumin.**

SAUMON À LA CHERMOULA

POUR 4 PERSONNES
PRÉPARATION : 30 min
RÉFRIGÉRATION : 1 h
CUISSON : 10-15 min

- 4 pavés de saumon sans la peau

Pour la chermoula

- 1 gousse d'ail
- 10 feuilles de menthe
- 1 bouquet de coriandre fraîche
- 1 c. à café de graines de coriandre
- 1 c. à café de cumin en poudre
- 1 c. à café de paprika
- 1 pincée de safran
- 1 c. à café de harissa
- le jus de 1 citron
- 3 c. à soupe d'huile d'olive
- sel

Préparez la chermoula (ou marinade). Épluchez la gousse d'ail. Mettez-la dans le bol d'un mixeur avec la menthe et la coriandre fraîche, les graines de coriandre, le cumin, le paprika, le safran, la harissa, le jus de citron, l'huile d'olive et 3 ou 4 pincées de sel. Mixez pendant 2 ou 3 minutes pour obtenir une pâte légèrement lisse.

Déposez les pavés de saumon dans un plat et badigeonnez-les avec la chermoula. Couvrez de film alimentaire et laissez mariner pendant 1 heure au frais.

Préchauffez le four à 180 °C (therm. 6). Sortez les pavés de la marinade. Tapissez un plat à four d'une feuille d'aluminium, mettez-y les pavés de saumon avec la chermoula. Enfournez pour 10 à 15 minutes.

Servez à la sortie du four, avec une salade d'oignons rouges et de coriandre fraîche assaisonnée d'huile d'olive et de jus de citron.

CABILLAUD À L'INDIENNE

POUR 4-6 PERSONNES
PRÉPARATION : 15 min
CUISSON : 45 min

- 2 filets de cabillaud de 400 à 500 g
- 1 oignon rouge
- 2 gros oignons jaunes
- 5 tomates
- 2 gousses d'ail
- 1 petit bouquet de persil
- 6 c. à soupe d'huile d'arachide
- 1 grosse c. à soupe de curry en poudre
- 20 cl de vin blanc sec
- 3 ou 4 brins de coriandre
- sel, poivre

Salez et poivrez les filets de cabillaud.

Pelez et hachez les oignons. Plongez les tomates pendant 20 secondes dans de l'eau bouillante. Pelez-les et coupez-les en morceaux. Pelez et hachez l'ail. Ciselez le persil.

Mettez à chauffer 4 cuillerées à soupe d'huile dans une cocotte, faites-y revenir les oignons et les tomates pendant quelques minutes à feu vif, puis couvrez et laissez fondre pendant 20 minutes.

Salez, poivrez, ajoutez l'ail et le persil, et poursuivez la cuisson encore 10 minutes.

Préchauffez le four à 220 °C (therm. 7-8).

Posez le cabillaud dans la cocotte, sur les légumes, saupoudrez-le de curry, arrosez de 2 cuillerées à soupe d'huile et du vin blanc. Faites partir l'ébullition sur le feu, puis enfournez la cocotte pour 15 minutes en arrosant le poisson trois ou quatre fois avec le jus de cuisson.

Parsemez de feuilles de coriandre et servez bien chaud, acompagné de riz basmati ou thaï.

CURRY DE LOTTE AUX BANANES

POUR 4 PERSONNES
PRÉPARATION : 20 min
CUISSON : 30-35 min

- 600 g de lotte
- 400 g de bananes

Pour la sauce

- 100 g d'oignons
- 1 gousse d'ail
- 1 c. à soupe d'huile d'olive
- 1 c. à soupe de noix de coco râpée
- 1 c. à soupe bombée de curry doux
- 200 g de tomates concassées en conserve
- sel, poivre

Préparez la sauce. Pelez les oignons et émincez-les finement. Pelez et écrasez l'ail.

Mettez l'huile d'olive à chauffer dans une cocotte en fonte émaillée ou dans une sauteuse et faites-y dorer les oignons pendant 5 minutes à feu doux en remuant de temps en temps. Ajoutez l'ail, la noix de coco, le curry et les tomates concassées. Couvrez et laissez mijoter 15 minutes à feu doux. Salez et poivrez.

Pendant ce temps, coupez la lotte en 8 morceaux, si votre poissonnier ne l'a pas déjà fait. Épluchez les bananes puis détaillez-les en rondelles épaisses.

Lorsque la sauce est prête, ajoutez-y le poisson et les bananes. Couvrez et prolongez la cuisson de 10 à 15 minutes à feu doux.

Servez le curry bien chaud accompagné, par exemple, de riz basmati cuit dans de l'eau avec 1 pincée de safran, qui lui donnera une belle couleur jaune.

PRÊT À L'AVANCE

BON À SAVOIR

La lotte est un poisson fragile qui s'altère rapidement. Sa texture doit être bien ferme et sa couleur d'un beau blanc nacré. Fuyez les spécimens dotés de filaments jaunâtres sur la queue, signe d'un manque de fraîcheur.

CURRY DE CREVETTES

POUR 4 PERSONNES
PRÉPARATION : 30 min
CUISSON : 20 min environ

- 400 g de grosses crevettes décortiquées surgelées
- 1 gros oignon
- 2 tiges de citronnelle
- un morceau de gingembre frais de 2,5 cm de long
- 2 tomates
- 2 petits piments rouges
- 2 c. à soupe d'huile de tournesol
- 1 c. à soupe de cumin en poudre
- 1 c. à soupe de sauce nuoc-mâm
- 25 cl de lait de coco
- 1 c. à café de sucre en poudre
- le jus de 1 citron vert
- 1 bouquet de coriandre

Faites décongeler les crevettes.

Hachez l'oignon et coupez finement la citronnelle. Râpez le gingembre. Coupez les tomates en dés. Détaillez les piments en petits morceaux en retirant les graines. Réservez.

Faites chauffer l'huile dans un wok ou une poêle profonde. Mettez-y les oignons et faites-les revenir jusqu'à ce qu'ils se colorent. Ajoutez la citronnelle, le gingembre, le cumin et les piments. Faites revenir le tout pendant 2 minutes en remuant.

Versez la sauce nuoc-mâm et le lait de coco dans le wok. Mélangez bien puis ajoutez les dés de tomate. Laissez cuire à feu doux jusqu'à ce que les tomates soient fondues et que toutes les saveurs de la sauce s'expriment bien. Si vous préparez ce curry à l'avance, arrêtez-vous là et reprenez 10 minutes avant de passer à table en faisant d'abord réchauffer la sauce.

Plongez les crevettes dans le mélange et laissez mijoter à feu doux pendant 5 minutes, jusqu'à ce que les crevettes soient rosées et tendres. Ajoutez le sucre et le jus de citron vert. Laissez chauffer encore 1 minute et versez dans un plat.

Parsemez le curryde feuilles de coriandre et servez aussitôt, avec du riz blanc et des poivrons sautés, par exemple.

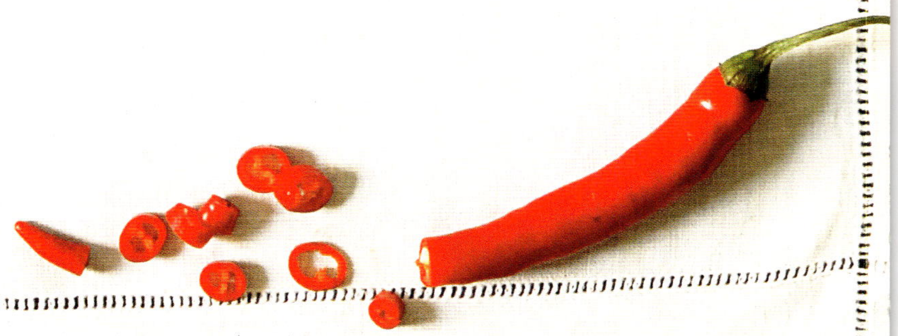

CREVETTES À LA THAÏE

POUR 4 PERSONNES
PRÉPARATION : 25 min
CUISSON : 10 min

- 2 gousses d'ail
- 1 oignon blanc
- 1 citron vert
- 1 petit piment rouge
- 3 c. à soupe d'huile d'arachide ou de colza
- 1 c. à soupe bombée de curry en poudre
- 600 g de crevettes roses décortiquées
- 10 cl de coulis de tomates
- 20 cl de crème de coco
- 2 branches de coriandre
- sel, poivre

Pelez et hachez l'ail et l'oignon. Lavez le citron vert, pressez-le après en avoir râpé le zeste. Hachez finement le piment.

Dans une poêle, mettez l'huile à chauffer et faites-y fondre l'ail et l'oignon pendant 3 minutes. Saupoudrez de curry et laissez cuire 5 minutes à feu moyen pour bien le faire griller. Ajoutez les crevettes et le piment, laissez-les dorer puis versez le coulis de tomates et la crème de coco. Salez, poivrez et faites cuire de 8 à 10 minutes à feu moyen ; versez un peu d'eau si la sauce épaissit de trop.
En fin de cuisson, ajoutez le jus et le zeste de citron vert, puis laissez cuire encore 1 minute en remuant.

Répartissez les crevettes et la sauce dans des assiettes, parsemez de feuilles de coriandre et servez aussitôt.

CONSEIL Pour les adeptes de la cuisine pimentée, ajoutez 1 cuillerée à café de piment en poudre en même temps que le curry.

BROCHETTES DE GAMBAS AU BACON

POUR 4 PERSONNES
PRÉPARATION : 30 min
MARINADE : 2 h
CUISSON : 8 min

- 1 pointe de harissa
- 3 c. à soupe d'huile d'olive
- 1 c. à café de piment doux
- le jus de 1/2 citron
- 12 grosses gambas
- 6 grandes tranches de bacon
- sel, poivre

Dans un bol, mélangez la harissa avec l'huile d'olive, le piment, le jus de citron, du sel et du poivre.

Décortiquez délicatement les gambas en laissant l'extrémité de la queue intacte. Coupez les tranches de bacon en deux dans la longueur. Roulez chaque demi-tranche autour d'une gamba en serrant légèrement.

Enfilez 3 gambas sur chaque pique à brochette. Rangez celles-ci dans un plat. Versez l'huile au piment dessus. Couvrez de film alimentaire et laissez mariner au moins 2 heures au réfrigérateur.

Au moment de servir, faites griller les brochettes 3 ou 4 minutes de chaque côté à la plancha ou dans une poêle. Dégustez-les aussitôt avec, par exemple, un riz parfumé ou un mesclun.

VARIANTE Vous pouvez remplacer le bacon par de fines tranches de lard fumé. Pour des brochettes moins piquantes, remplacez le piment doux par du piment d'Espelette.

WOK DE LANGOUSTINES À LA CITRONNELLE

POUR 4 PERSONNES
PRÉPARATION : 30 min
CUISSON : 6-8 min

- 1,5 kg de langoustines crues
- 1 tige de citronnelle fraîche
- un morceau de gingembre frais de 2,5 cm de long environ
- 2 gousses d'ail
- 300 g de pois gourmands
- 80 g de pousses de haricot mungo (« germes de soja »)
- 1/2 c. à café de purée de piment
- 1 c. à soupe de sauce soja
- 1 c. à soupe de vinaigre de riz
- 1 c. à soupe d'huile d'arachide
- 1 c. à café d'huile de sésame

Décortiquez les langoustines : détachez les têtes. Sectionnez avec des ciseaux pointus la membrane ventrale de la carapace jusqu'au dernier anneau. Incisez la chair le long du dos et retirez le boyau noir. Rincez-les puis épongez-les soigneusement avec du papier absorbant.

Après avoir retiré les feuilles extérieures, émincez la tige de citronnelle en fines rondelles. Pelez et hachez finement le gingembre et l'ail.

Lavez et séchez les pois gourmands et les pousses de soja.
Dans une tasse, mélangez le piment, la sauce soja et le vinaigre de riz.

Chauffez un wok (ou à défaut une grande poêle) à feu très vif.
Versez l'huile d'arachide puis, quand elle est bien chaude, faites revenir l'ail, la citronnelle et le gingembre pendant 15 secondes.
Ajoutez les langoustines et faites-les revenir 1 à 2 minutes.
Sortez-les du wok à l'aide d'une écumoire et gardez-les au chaud dans un plat couvert posé au-dessus d'une casserole d'eau frémissante.

Laissez le wok à feu moyen, ajoutez les légumes et faites-les revenir 4 à 5 minutes en remuant souvent.

Remettez les langoustines dans le wok, ajoutez la sauce soja pimentée et mélangez délicatement. Poursuivez la cuisson pendant encore 1 minute.

Versez dans un plat chaud et servez aussitôt en arrosant d'huile de sésame.

BON À SAVOIR

Ce qu'on appelle souvent « germes de soja » n'est pas du vrai soja. Il s'agit de pousses de haricot mungo.

STAUB

ATELIER DE CUISINE

LES SAUCES, LES TECHNIQUES ET LES TOURS DE MAIN

Mayonnaise

POUR 8 PERSONNES (OU 50 CL ENVIRON DE SAUCE)

PRÉPARATION : **10 min**

- **2 jaunes d'œufs**
- **2 c. à café de moutarde forte**
- **2 c. à soupe de vinaigre de vin (blanc ou rouge) ou de jus de citron**
- **50 cl d'huile de colza ou de tournesol**
- **sel, poivre**

1 Sortez tous les ingrédients 1 heure avant de préparer la mayonnaise et gardez-les à température ambiante. Cassez les œufs en séparant les blancs des jaunes. Conservez les blancs pour une autre utilisation et mettez les jaunes dans un grand bol.

2 Ajoutez la moutarde et le vinaigre choisi aux jaunes d'œufs. Salez et poivrez, puis mélangez vivement au fouet.

3 Continuez de fouetter et versez l'huile goutte à goutte, puis en un mince filet, jusqu'à ce que la sauce commence à épaissir.

4 Incorporez ensuite le reste de l'huile un peu plus rapidement sans cesser de fouetter pour que la mayonnaise soit bien ferme. Elle va s'éclaircir au fur et à mesure que la quantité d'huile augmente.

1

2

3

4

Mayonnaise safranée

Prévoyez 1 jaune d'œuf, 20 cl d'huile, 10 à 15 cl de crème fraîche liquide, 1 c. à soupe de paprika doux, 1 dose de safran, 1 pointe de piment de Cayenne, du sel et, éventuellement, 2 c. à café de moutarde forte.
Préparez une mayonnaise avec le jaune d'œuf, le vinaigre et l'huile comme indiqué ci-dessus, en y mettant ou non de la moutarde. Ajoutez le paprika, le safran, le piment et le sel. Dans un autre bol, fouettez la crème fraîche très froide en chantilly puis incorporez-la délicatement à la mayonnaise. Servez celle-ci en accompagnement des crustacés et des poissons froids.

Rattraper une mayonnaise tournée

Fouettez énergiquement 1 cuillerée à soupe d'eau froide avec 1 cuillerée à soupe de la mayonnaise, puis incorporez le reste de mayonnaise petit à petit tout en continuant de battre vigoureusement.
Une autre méthode consiste à casser un jaune d'œuf dans un autre récipient et à recommencer la mayonnaise dès le début en utilisant celle qui a tourné à la place de l'huile.

Sauce vinaigrette

POUR 6 PERSONNES (OU 6 CL ENVIRON DE SAUCE)

PRÉPARATION : **5 min**

- **1 c. à soupe de vinaigre**
- **1 pincée de sel**
- **3 c. à soupe d'huile**
- **poivre**

1 Mettez le vinaigre et le sel dans un bol.

2 Mélangez vivement avec un fouet jusqu'à ce que le sel soit bien dissous, puis versez l'huile en filet en continuant à fouetter pour obtenir une belle émulsion.

3 Poivrez à votre goût. Ajoutez éventuellement quelques herbes, fraîches ou séchées, en accord avec l'aliment qu'accompagnera la vinaigrette.

Réussir la vinaigrette

La saveur de la vinaigrette dépend de la proportion des ingrédients qui la composent. En principe, on compte trois fois plus d'huile que de vinaigre, mais les quantités peuvent évoluer en fonction de l'ajout de divers éléments tels que moutarde forte, jus de citron (à la place du vinaigre), etc. Dans ce dernier cas, on compte 1 cuillerée à soupe de jus de citron pour 4 ou 5 cuillerées à soupe d'huile. La proportion de moutarde varie en fonction de sa force : en général, il suffit de 1 cuillerée à café pour 4 cuillerées à soupe d'huile.

Vinaigrette à l'avocat

Mixez la chair d'un demi-avocat avec le jus d'un demi-citron vert et du sel, puis versez 6 cuillerées à soupe d'huile. Ajoutez une pincée de piment de Cayenne. Servez en accompagnement d'un poisson ou d'une viande froide.

Vinaigrette à la noisette

Préparez une vinaigrette avec du vinaigre à la framboise et de l'huile de noisette. Ajoutez 1 cuillerée à soupe de cerfeuil ciselé et 1 cuillerée à soupe de noisettes finement hachées. Cette variante de la vinaigrette convient à une salade de chou rouge ou d'épinards.

Vinaigrette thaïe

Préparez une vinaigrette avec 1 cuillerée à soupe de vinaigre de riz et 3 cuillerées à soupe d'huile de tournesol. Ajoutez 1 cuillerée à soupe de coriandre ciselée, 1 cuillerée à soupe de citronnelle hachée, 1 cuillerée à soupe de sésame, 1/2 cuillerée à café de sauce soja et 1/2 cuillerée à café de nuoc-mâm. Servez avec des crevettes.

Béchamel

POUR 50 CL DE SAUCE

PRÉPARATION : **5 min**

CUISSON : **15 min environ**

- **50 g de beurre**
- **50 g de farine**
- **50 cl de lait**
- **1 grosse pincée de noix muscade râpée (facultatif)**
- **sel, poivre**

1 Coupez le beurre en morceaux. Mettez-le dans une petite casserole à fond épais placée à feu doux et faites-le fondre complètement sans lui laisser prendre couleur.

2 Ajoutez la farine d'un seul coup en remuant vivement avec un fouet. Faites cuire doucement, sans cesser de remuer, pendant 2 minutes, jusqu'à ce que le mélange forme une pâte lisse et blonde.

3 Retirez la casserole du feu. Versez lentement le lait sur la préparation très chaude en remuant sans arrêt pour bien mélanger le lait avec le beurre et la farine.

4 Quand le mélange est bien lisse et homogène, remettez la casserole à feu doux et chauffez le mélange sans porter à ébullition pendant environ 12 minutes, tout en le remuant sans cesse. Assaisonnez avec du sel et du poivre moulu, et ajoutez éventuellement la pincée de noix muscade râpée. Si vous n'utilisez pas la sauce tout de suite, passez un morceau de beurre sur la surface encore chaude, pour éviter la formation d'une peau.

1

2

3

4

Réussir la béchamel

Le lait doit être versé lentement sur le mélange de beurre et de farine (c'est-à-dire le roux) en continuant de remuer pour qu'il s'incorpore sans faire de grumeaux. Si le lait est froid, le roux doit être très chaud quand vous commencez à verser. Si, en revanche, vous utilisez du lait chaud, laissez refroidir le roux avant de procéder au mélange. Si la sauce paraît trop épaisse, rajoutez un peu de lait.

Sauce hollandaise

POUR 25-30 CL

PRÉPARATION : **15 min**

CUISSON : **10 min**

- **250 g de beurre froid**
- **1 c. à soupe de vinaigre**
- **1 pincée de poivre**
- **4 jaunes d'œufs**
- **1 pincée de sel**
- **le jus de 1/2 citron**

1 Coupez le beurre en morceaux et mettez-le au réfrigérateur. Chauffez de l'eau pour un bain-marie. Dans une casserole, chauffez 2 cuillerées à soupe d'eau et le vinaigre avec le poivre. Faites réduire un peu en portant à ébullition. Versez les jaunes d'œufs dans une autre casserole puis ajoutez l'eau vinaigrée en fouettant doucement.

2 Placez la casserole sur le bain-marie (l'eau doit être frémissante).

3 Fouettez le mélange jusqu'à ce qu'il commence à épaissir. Incorporez alors le beurre froid, par petites quantités, tout en continuant de fouetter. Salez.

4 Retirez la casserole du bain-marie. Ajoutez un filet de jus de citron, goûtez et rectifiez l'assaisonnement. Servez avec des poissons cuits au court-bouillon ou des légumes à la vapeur.

Bon à savoir

Comme les autres sauces émulsionnées, la hollandaise n'est pas très stable. C'est pourquoi il faut la consommer dès qu'elle est prête. Si vous la gardez dans un bain-marie tiède, elle pourra « patienter » jusqu'à 30 minutes.

Sauce mousseline

Prévoyez 20 cl de sauce hollandaise et 10 cl de crème liquide. Préparez la sauce hollandaise et fouettez 10 cl de crème liquide. Hors du feu ajoutez la crème fouettée à la sauce, toujours en fouettant doucement. Goûtez et rectifiez l'assaisonnement. L'emploi de cette sauce est similaire à celui de la hollandaise.

Beurre blanc

POUR 25 CL DE SAUCE

PRÉPARATION : **10 min**

CUISSON : **10 min**

- **200 g de beurre**
- **4 échalotes grises**
- **3 c. à soupe de vinaigre de vin blanc**
- **6 c. à soupe de vin blanc sec**
- **sel, poivre blanc**

1 Coupez le beurre en petits morceaux et réservez-le au réfrigérateur. Pelez les échalotes et hachez-les finement. Mettez-les dans une petite casserole à fond épais avec le vinaigre et le vin blanc, mélangez bien et chauffez doucement pour atteindre l'ébullition.

2 Laissez cuire à feu moyen sans couvrir, en remuant de temps en temps pour que le liquide s'évapore en grande partie : il ne doit plus rester qu'une purée épaisse, mais très humide. Filtrez-la à travers une passoire et conservez seulement 2 cuillerées à soupe de liquide.

3 Remettez à feu doux la casserole avec le liquide filtré, puis ajoutez les morceaux de beurre l'un après l'autre dans le liquide bouillant. Fouettez sans arrêt pour que le beurre s'incorpore au fur et à mesure en donnant à la sauce une consistance épaisse et crémeuse.

4 Laissez encore quelques instants à feu très doux en continuant de fouetter pour que la sauce soit bien chaude. Salez et poivrez, puis versez dans une saucière tiède et servez aussitôt, avec des poissons cuits au court-bouillon (brochet, alose).

1

2

3

4

Réussir le beurre blanc

Surveillez attentivement la chaleur dès que vous commencez à incorporer le beurre car, trop chauffée, la sauce se décompose immédiatement. C'est le liquide bouillant qui facilite l'incorporation du beurre : tant qu'il n'est pas évaporé, la sauce ne tourne pas. Pour que le beurre blanc garde sa consistance crémeuse, la saucière doit être juste tiède : rincez-la à l'eau chaude puis essuyez-la soigneusement. Préparez toujours le beurre blanc par petite quantité : jamais plus de 250 g de beurre à la fois.

Sauce béarnaise

POUR 25 CL ENVIRON

PRÉPARATION : **15 min**

CUISSON : **10-15 min**

- **3 échalotes**
- **3 c. à soupe d'estragon ciselé**
- **1 c. à soupe de cerfeuil ciselé**
- **3 ou 4 c. à soupe de vinaigre à l'estragon**
- **2 c. à soupe de vin blanc**
- **1 pincée de sel**
- **2 pincées de poivre mignonnette**
- **3 jaunes d'œufs**
- **125 g de beurre ramolli**

1 Mettez les échalotes hachées et une partie de l'estragon et du cerfeuil dans une casserole à fond épais. Ajoutez le vinaigre à l'estragon, le vin blanc, le sel et le poivre. Chauffez à feu doux et faites réduire des deux tiers. Hors du feu, filtrez (éventuellement) et laissez refroidir.

2 Ajoutez les jaunes d'œufs et un peu d'eau dans la réduction refroidie et battez énergiquement. Placez la casserole dans un bain-marie, à feu doux.

3 Incorporez le beurre en morceaux, petit à petit, en fouettant.

4 Quand la sauce arrive à une consistance crémeuse, ajoutez le reste de l'estragon et du cerfeuil. Goûtez et rectifiez l'assaisonnement. Servez avec des viandes ou des poissons grillés.

1

2

3

4

Rattraper une béarnaise

Pour monter à nouveau une béarnaise qui a tourné, incorporez petit à petit 1 cuillerée d'eau chaude, si la sauce est froide, ou bien 1 cuillerée d'eau froide, si la sauce est chaude.

Une béarnaise tomatée

Cette variante se prépare en ajoutant 1 cuillerée à café de concentré de tomate dans 20 cl de sauce béarnaise. Dans la cuisine traditionnelle, elle porte le nom de sauce Choron.

Sauce tomate

POUR 6 PERSONNES

PRÉPARATION : **20 min**

CUISSON : **20-40 min**

- **1,5 kg de tomates bien mûres (ou 1 kg de pulpe de tomate en dés en conserve)**
- **1 gros oignon**
- **4 c. à soupe d'huile d'olive**
- **1 bouquet garni (1 feuille de laurier, 2 branches de thym, quelques brins de persil plat)**
- **sel, poivre**

1 Si vous utilisez des tomates fraîches, plongez-les pendant 20 à 30 secondes dans de l'eau bouillante, puis mettez-les aussitôt dans un récipient rempli d'eau glacée.

1

2 Égouttez-les et retirez la peau. Coupez-les en deux et pressez-les pour éliminer les pépins et le jus, puis détaillez-les en petits dés. Si vous utilisez de la pulpe de tomate en dés, ces opérations ne sont pas nécessaires.

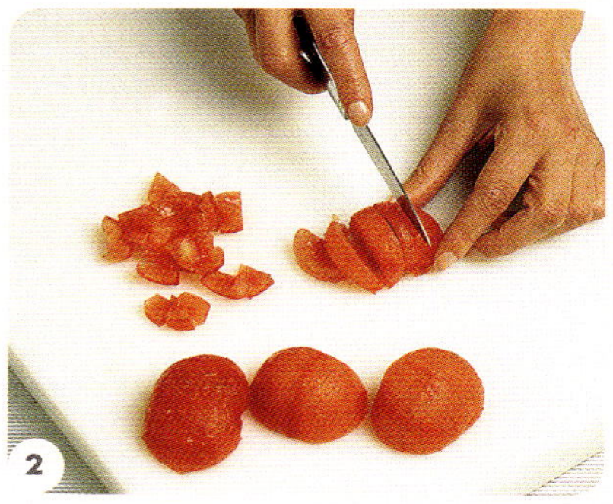

2

3 Épluchez et hachez finement l'oignon. Mettez à chauffer doucement l'huile d'olive dans une casserole, ajoutez l'oignon et faites-le cuire à feu très doux de 5 à 10 minutes en remuant souvent, jusqu'à ce qu'il devienne transparent.

3

4 Versez les dés de tomate dans la casserole, ajoutez le bouquet garni, du sel et du poivre. Mélangez bien puis portez à ébullition. Faites cuire à feu très doux, en remuant, de 20 à 40 minutes selon la teneur en eau des tomates, jusqu'à évaporation complète. Quand le mélange est devenu une purée épaisse, arrêtez le feu. Retirez le bouquet garni, goûtez et rectifiez l'assaisonnement.

4

Bon à savoir

Quand les tomates sont bien mûres, la sauce n'est, en général, pas acide. Si elle a besoin d'être adoucie, saupoudrez-la de 1 cuillerée à café de sucre en poudre. Pour en concentrer le goût, ajoutez 1 cuillerée à soupe de concentré de tomate.

Dégraisser un bouillon

Bon à savoir

Un bouillon dégraissé est une excellente base pour une soupe ou un potage. Si vous manquez de temps pour faire refroidir le bouillon, ôtez le maximum de graisse à l'aide d'une louche, puis passez du papier absorbant à la surface du liquide.

1 Passez le bouillon dans une passoire tapissée d'une mousseline. Faites refroidir le liquide recueilli puis mettez-le dans le réfrigérateur.

2 Une fois que la graisse s'est figée à la surface, retirez-la à l'aide d'une cuillère ou d'une écumoire.

Déglacer

1 Après avoir retiré tous les éléments cuits, versez le liquide de déglaçage prévu (crème, bouillon, vin, etc.) sur les sucs colorés et caramélisés au fond du récipient de cuisson posé sur le feu. Décollez les sucs, à la spatule pour les délayer dans le liquide.

2 Poursuivez la cuisson pendant 3 ou 4 minutes, tout en remuant, pour faire réduire la préparation. Goûtez et rectifiez l'assaisonnement. Vous pouvez éventuellement passer cette sauce au tamis.

Bon à savoir

Pour ne pas alourdir la sauce, il est parfois indispensable de retirer du récipient une partie de la matière grasse avant d'y verser le liquide de déglaçage.

Paner à l'anglaise

1 Cassez 1 œuf dans une assiette et battez-le avec un peu de sel et de poivre et 1 cuillerée à soupe d'huile. Dans une deuxième assiette, versez 150 g de farine ; dans une troisième assiette, mettez 150 g de chapelure.

2 Séchez l'aliment à paner (escalope, filet de poisson, par exemple) avec du papier absorbant. Passez-le des deux côtés d'abord dans la farine, ensuite dans l'œuf battu.

3 Déposez-le aussitôt dans la chapelure et appuyez légèrement pour bien faire adhérer cette dernière.

Brider une volaille

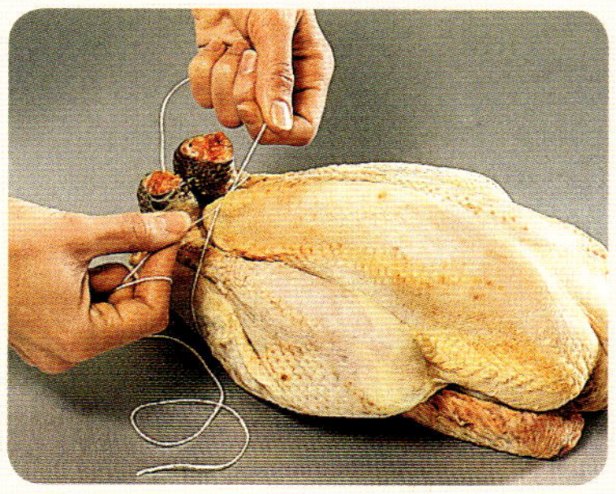

1 Préparez assez de ficelle pour entourer la volaille deux fois en longueur. Posez la volaille sur le dos. Passez la ficelle sous le croupion, remontez les deux bouts et enroulez-les autour des pilons.

2 Passez les deux extrémités de chaque côté du bréchet, sur le haut des cuisses.

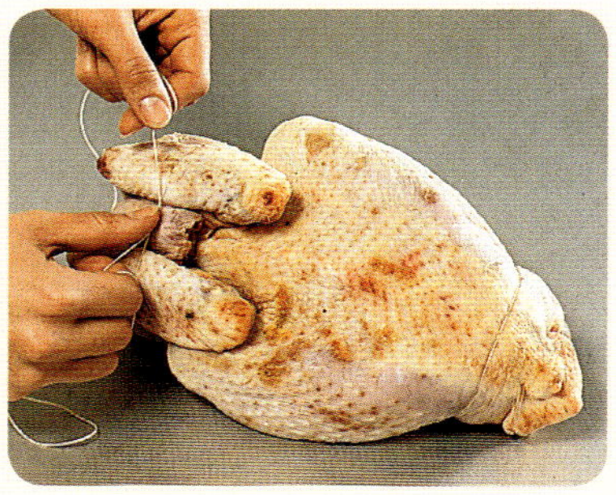

3 Tournez la volaille sur le côté, rabattez la peau du cou entre les ailes, puis passez la ficelle sur les deux ailes en serrant fermement et faites un nœud solide.

Barder une pièce de viande ou une volaille

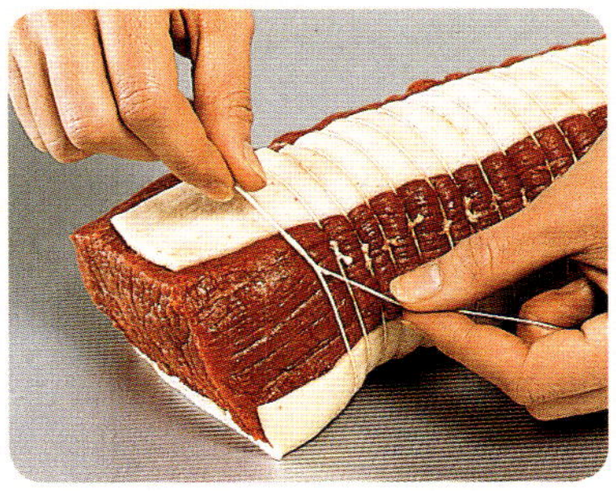

1 Entourez le rôti de la barde en faisant le tour complet ou bien posez une large bande sous le rôti et une autre sur le dessus. Ficelez à intervalles réguliers. Retirez la barde après la cuisson.

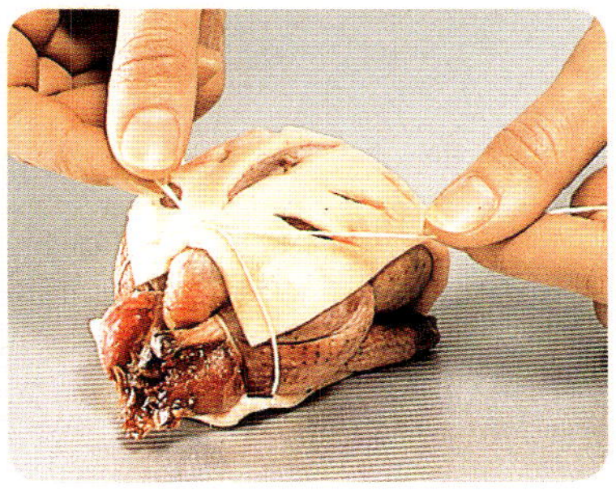

2 Pour une volaille, attachez d'abord les ailes. Découpez la barde à la taille souhaitée, posez-la sur la volaille et ficelez-la en deux ou trois endroits.

Bon à savoir

La barde est taillée dans le lard gras du porc et sert à protéger la viande d'une chaleur trop vive qui pourrait la dessécher.
À la place de la barde traditionnelle, vous pouvez utiliser, pour certaines recettes, de fines tranches de poitrine fumée ou fraîche qui isoleront la viande tout en la parfumant.

Farcir une volaille

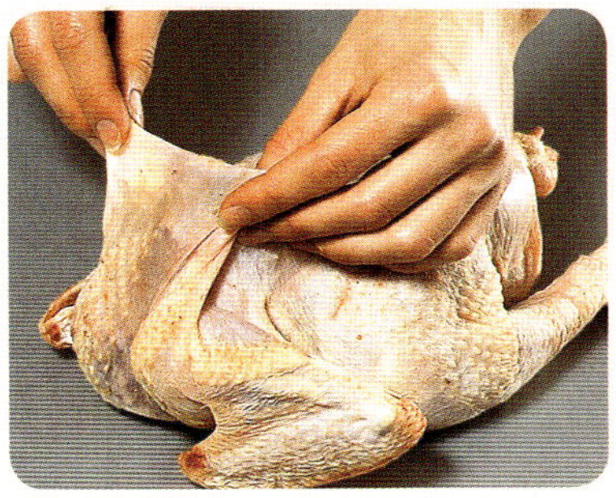

1 Posez la volaille sur le bréchet, rabattez la peau du cou vers le haut, puis cousez-la avec de la ficelle de cuisine.

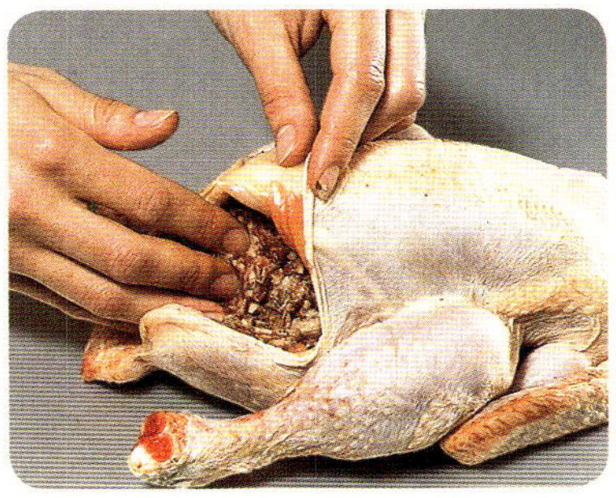

2 Retournez la volaille sur le dos et faites une large incision du côté du croupion. Garnissez la volaille de farce ; laissez un peu d'espace car la farce gonfle en cuisant.

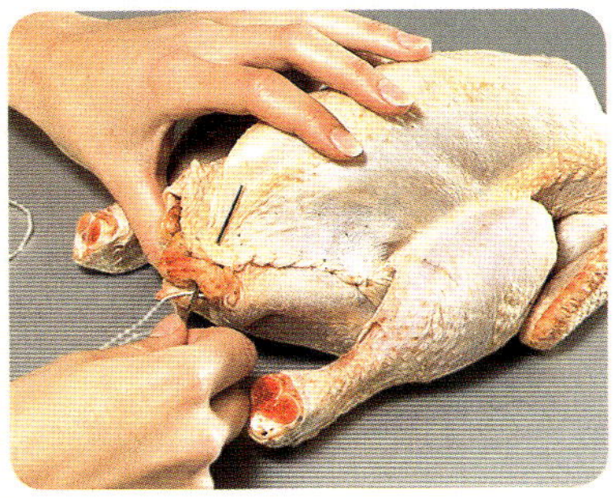

3 Refermez l'ouverture en cousant solidement avec de la ficelle de cuisine. Bridez ensuite la volaille (voir page précédente).

Découper une côte de bœuf

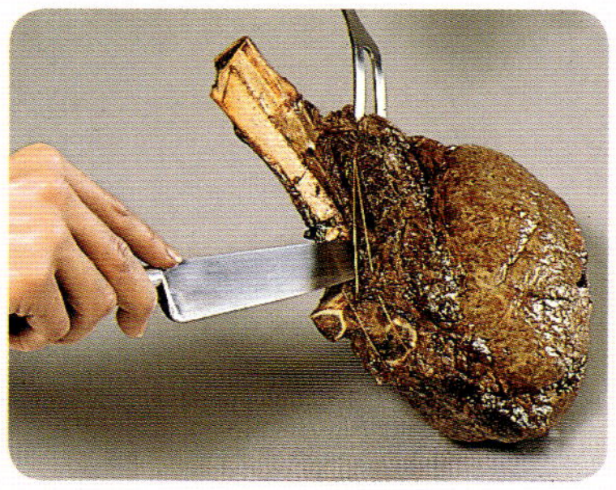
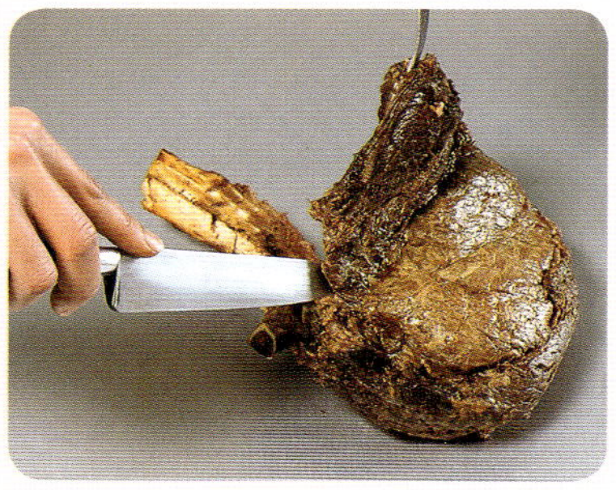

1 Enfoncez une fourchette à deux dents dans le rôti pour bien le maintenir. À l'aide d'un couteau, détachez la viande du côté des vertèbres si votre boucher ne l'a pas déjà fait.

2 Détachez complètement la viande de la côte en vous aidant du couteau.

3 Taillez des tranches régulières, fines ou épaisses, selon votre préférence.

Découper un gigot

1 Après avoir prélevé la petite partie attenante au manche, appelée souris, en la dégageant à l'aide d'un couteau à lame longue, placez le gigot sur la noix (partie la plus bombée). Détaillez la sous-noix (partie opposée à la noix) en tranches fines, parallèlement à l'os.

2 Incisez sans excès de chaque côté du fémur. Dégagez légèrement le fémur de façon à trancher la noix plus facilement.

3 Retournez le gigot. Tranchez finement la noix perpendiculairement à l'os. On obtient ainsi des tranches présentant une partie saignante et une partie cuite à point.

Découper un poulet cuit

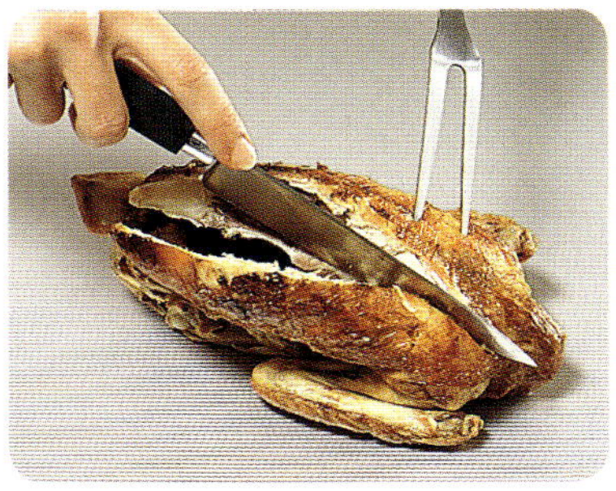

1 Après avoir retiré la ficelle qui a servi à brider, maintenez le poulet avec une fourchette. À l'aide d'un couteau bien aiguisé, incisez la peau et la chair entre la cuisse et le blanc, puis tranchez l'articulation pour séparer la cuisse de la carcasse.

2 Séparez le haut de cuisse du pilon.

3 Dégagez le blanc le long du bréchet, puis tranchez l'articulation de l'aile. Coupez ensuite le blanc en deux.

Découper un canard cuit

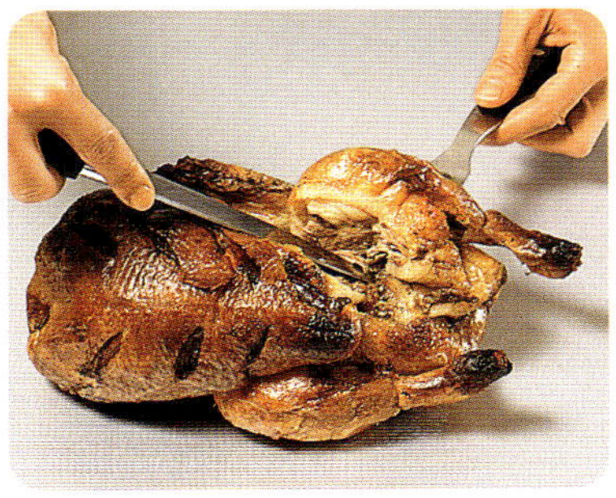

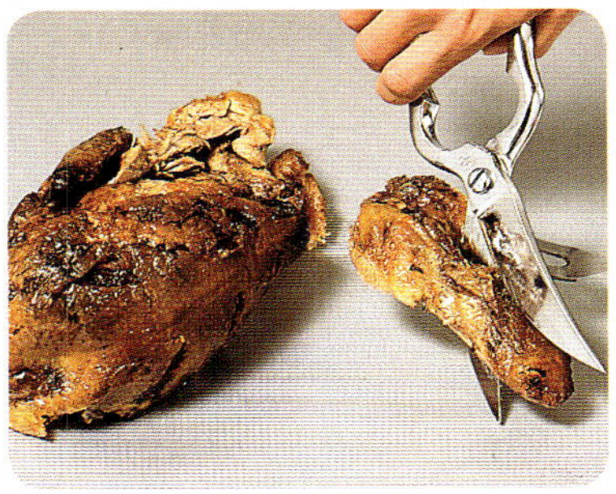

1 Posez le canard sur le dos et maintenez-le avec une fourchette. À l'aide d'un couteau bien aiguisé, incisez la peau et la chair entre la cuisse et le flanc, puis tranchez l'articulation pour séparer la cuisse de la carcasse.

2 Tranchez les articulations des ailes, puis coupez chaque aile en deux à l'aide d'une cisaille à volaille.

3 Coupez la chair des deux côtés du bréchet et dégagez les filets. Détaillez-les ensuite en fines aiguillettes.

Ébarber et écailler un poisson

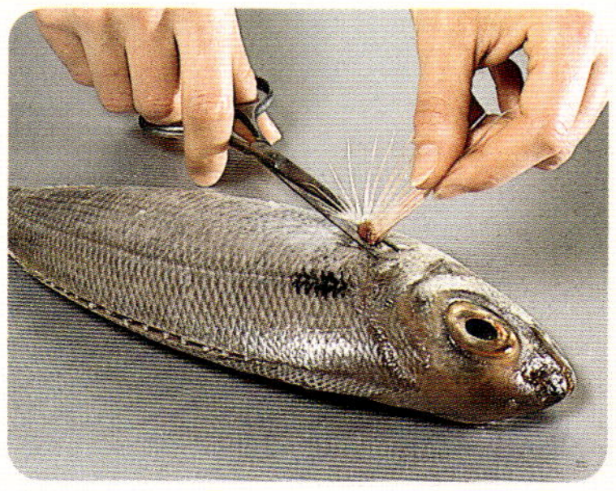

1 Avec de bons ciseaux, coupez les nageoires latérales et la nageoire ventrale, ainsi que les barbes, au ras du poisson. Ébarbez la nageoire dorsale à contresens. Écourtez la queue.

2 Grattez vigoureusement le poisson en passant l'écailleur (ou un simple couteau) de la queue vers la tête. Rincez plusieurs fois le poisson sous l'eau froide.

Bon à savoir

La tête, la carcasse et les barbes du poisson peuvent être cuites dans de l'eau additionnée d'un peu de vin, de sel et de quelques aromates (carotte, oignon, thym, laurier). On obtient un excellent fumet, à utiliser comme base pour une sauce ou pour une soupe. Vous pourrez le congeler en petites portions, dans le bac à glaçons par exemple, pour l'utiliser au fur et à mesure de vos besoins.

Vider un poisson

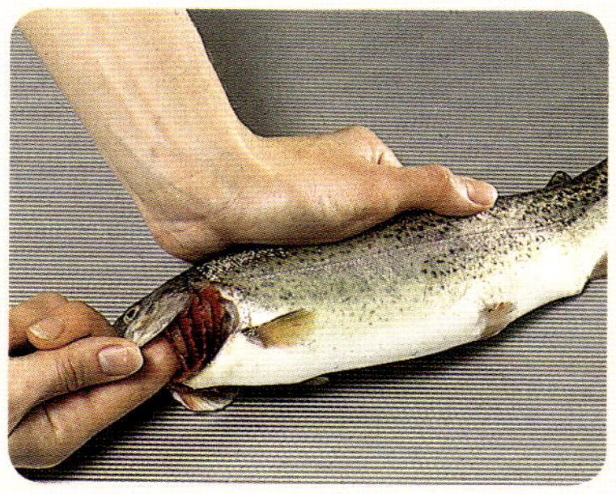

1 Si le poisson est de petite taille, il faut le vider par les ouïes. Introduisez l'index dans l'opercule et tirez doucement d'abord les branchies, puis les viscères.

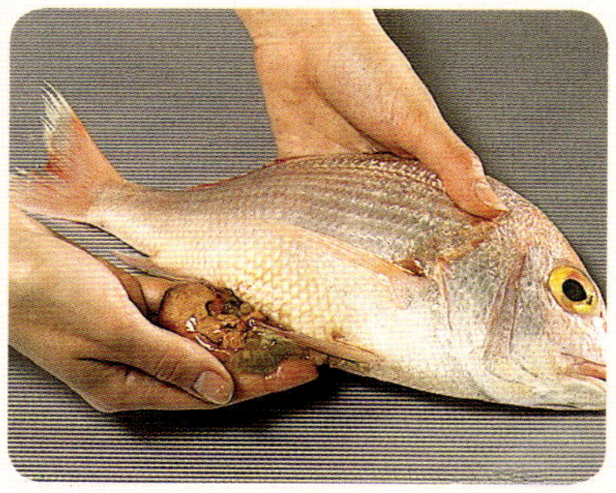

2 Le poisson de taille moyenne, ou gros, doit être vidé par le ventre. Incisez sur quelques centimètres, écartez les bords de l'ouverture et retirez les viscères et les ouïes.

Bon à savoir

Après avoir vidé le poisson, rincez-le et épongez-le soigneusement dans du papier absorbant. Si vous ne le préparez pas aussitôt, rangez-le dans la partie la plus froide du réfrigérateur.

Lever les filets d'un poisson plat

1 Sur un poisson dépouillé (vidé et sans la peau), pratiquez une incision de la tête vers la queue, en suivant l'arête centrale.

2 Commencez à détacher le premier filet du côté de la tête : glissez un couteau entre l'arête et la chair et levez le filet en appuyant bien la lame sur l'arête pour ne pas déchirer la chair.

3 Levez le deuxième filet, situé de l'autre côté de l'arête centrale. Retournez ensuite le poisson et effectuez les mêmes gestes pour lever les deux autres filets.

Lever les filets d'un poisson rond

1 Positionnez le poisson la queue vers vous et pratiquez une incision le long de l'arête dorsale, de la tête vers la nageoire caudale.

2 Faites une incision en biseau derrière la tête, puis détachez progressivement le filet tout en faisant glisser le couteau le long de l'arête.

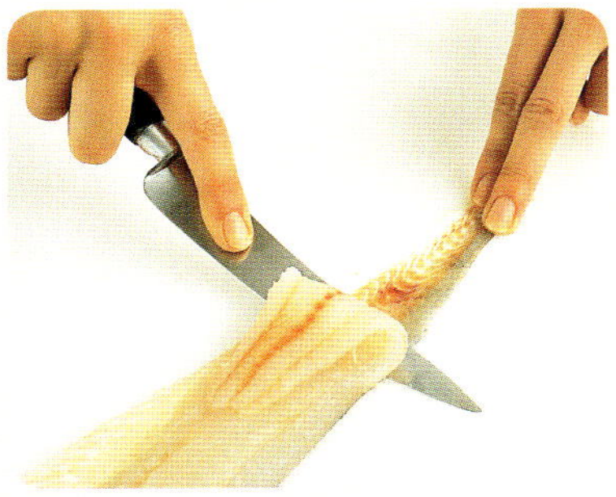

3 Une fois le premier filet détaché, placez le poisson l'arête dorsale contre la planche. Tenez le couteau parallèle à l'arête et faites-le remonter de la queue vers la tête pour lever le second filet.

Farcir un poisson

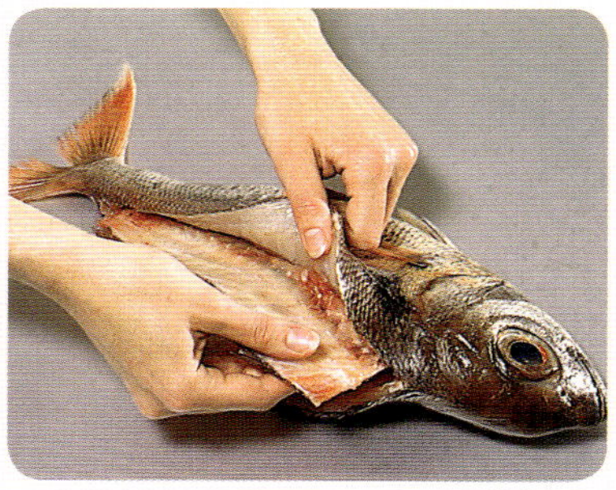

1 En maintenant le poisson par le ventre, pratiquez avec un couteau une incision allant de la tête à la nageoire caudale.

2 Écartez l'ouverture et détachez l'arête centrale. Sectionnez-la au niveau de la tête et de la queue, puis retirez-la.

3 Salez et poivrez le poisson à l'intérieur. Remplissez-le de farce, en tassant bien. Ficelez ensuite le poisson en plusieurs endroits.

Nettoyer des coquilles Saint-Jacques

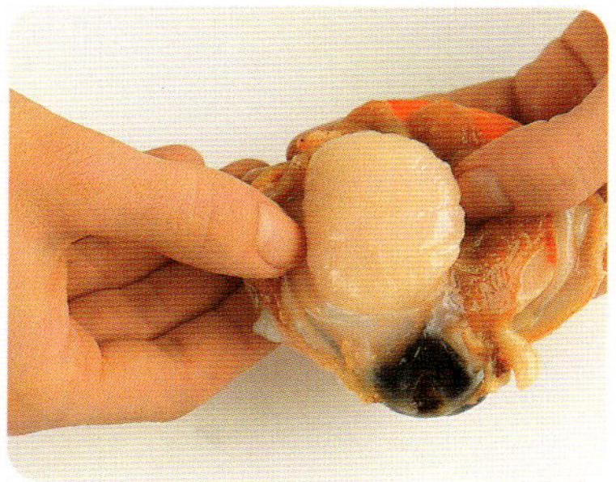

1 Posez la coquille, partie bombée vers le bas, en tenant la charnière opposée à soi. Introduisez la lame d'un couteau entre les deux valves. Cherchez le muscle interne et sectionnez-le en glissant la lame le long du couvercle.

2 Ouvrez la coquille. Passez-la délicatement sous l'eau pour en éliminer le sable. Décollez la noix à l'aide d'une cuillère.

3 Retirez d'une pression des pouces le muscle interne ainsi que la membrane, les barbes et la poche noirâtre. Coupez ensuite la ventouse du corail et laissez la coquille dégorger pendant quelques minutes dans l'eau froide.

Décortiquer un crabe

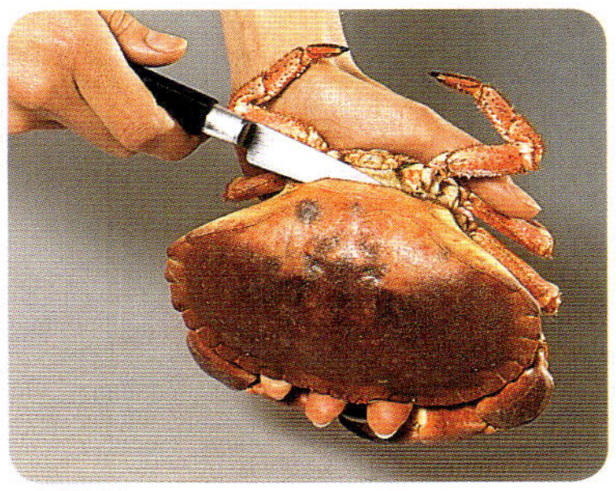
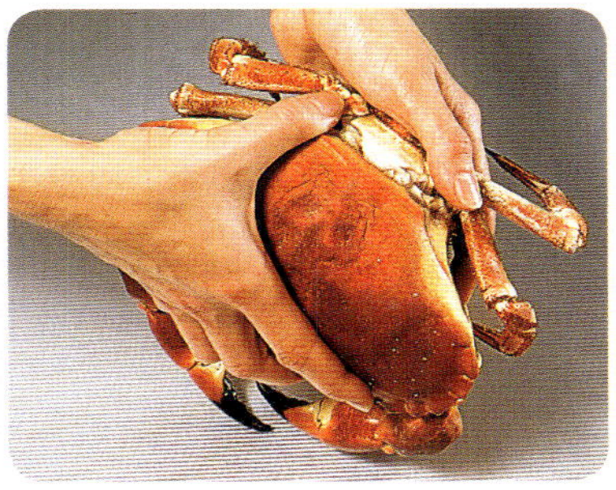

1 Glissez la pointe d'un couteau entre la carapace et le plastron et passez le couteau tout autour.

2 Séparez le plastron de la carapace, posez le crabe sur le dos puis tordez les pinces et les pattes pour les détacher du corps.

3 À l'aide d'une cuillère, retirez la chair du coffre et des alvéoles. Extrayez aussi la matière crémeuse jaune située entre la chair et la carapace. Brisez les pattes et les pinces avec une pince à crustacés et retirez-en la chair.

Canneler un citron

1 Tenez le citron dans une main et, de l'autre, creusez des cannelures rapprochées à l'aide d'un couteau à canneler.

2 Détaillez ensuite le citron en tranches régulières.

Bon à savoir

De la même manière, vous pouvez canneler d'autres fruits ou légumes pour leur donner un aspect décoratif : courgettes, concombre, carottes, oranges.

Préparer une julienne de poireau

1 Coupez les blancs de poireau en tronçons de 5 à 10 cm, puis fendez-les dans la longueur.

2 Posez les lamelles obtenues à plat et détaillez-les en minces filaments.

Bon à savoir

La julienne se prépare avec un ou plusieurs légumes, mais aussi avec d'autres ingrédients : blanc de poulet, champignons, cornichons, jambon, poivron, etc.

Tourner un fond d'artichaut

1 Après avoir arraché la queue de l'artichaut, égalisez le fond pour en enlever toutes les feuilles. Citronnez le tout.

2 Coupez les feuilles aux deux tiers de la hauteur, juste au-dessus du foin.

3 Dégagez le cœur en retirant soigneusement le foin à l'aide d'un petit couteau.

Préparer des œufs pochés

POUR 4 PERSONNES

PRÉPARATION : **10 min**

- **10 cl de vinaigre**
- **4 œufs très frais et bien froids**

1 Versez 2 litres d'eau non salée dans une casserole, ajoutez le vinaigre. Portez à ébullition, puis baissez le feu pour maintenir un frémissement.

2 Cassez 1 œuf dans une tasse. Rapprochez la tasse de la surface de l'eau et versez l'œuf très délicatement pour que le blanc reste proche du jaune. Faites de même avec les autres œufs si la casserole est assez grande. Le blanc enveloppe le jaune en se coagulant.

3 Faites pocher les œufs pendant 3 minutes, sans laisser bouillir. Quand le blanc est coagulé, retirez les œufs à l'aide d'une écumoire et déposez-les dans un saladier contenant de l'eau froide, puis égouttez-les.

4 Avec un couteau ou une paire de ciseaux, ébarbez les petits filaments qui se sont formés autour de l'œuf pour lui donner une forme régulière.

1

2

3

4

Réussir le pochage des œufs

Les œufs doivent être très froids et bien frais. Le blanc se tient alors bien serré autour du jaune. Il ne faut jamais saler le liquide de pochage car le sel liquéfie l'albumine du blanc. Pour pocher plusieurs œufs en même temps, utilisez une grande casserole ou une large sauteuse. Les œufs pochés se dégustent le plus souvent chauds, avec une sauce ou sur un toast.

BIEN CUIRE LA VIANDE

À chaque viande, à chaque morceau son type de cuisson.
Ce tableau récapitule les différentes façons de cuisiner bœuf, agneau, porc et veau selon les morceaux dont on dispose.

Bœuf

MORCEAUX À BOUILLIR

Flanchet, gîte, jarret, macreuse à pot-au-feu, milieu de poitrine, plat de côtes, queue de bœuf, tendron.

Ce sont toutes les viandes dites « à pot-au-feu », que l'on plonge dans un grand volume de bouillon ou de tout autre « liquide » (en général, de l'eau) aromatisé et que l'on cuit longtemps. Il est préférable de mélanger différents morceaux.

MORCEAUX À BRAISER

Gîte, jarrets avant et arrière, jumeau, macreuse, paleron, gîte à la noix, basses côtes et collier.

La viande est d'abord dorée dans de la matière grasse. On ajoute ensuite une garniture aromatique (carottes, oignons, échalotes, etc.) et un liquide de mouillement (eau, bouillon, vin), avant de laisser cuire longuement et à très petit feu (bœuf aux carottes, carbonnade à la bière, ragoût et plats mijotés).

MORCEAUX À POÊLER

Steaks pris dans : araignée, bavette d'aloyau, entrecôte, faux-filet, filet, jumeau à bifteck, hampe, macreuse à bifteck, merlan, mouvant, onglet, plat de tranche (ou tranche), poire, rond de gîte, rumsteck.

La viande est saisie à feu vif dans un peu de matière grasse, ce qui l'empêche de coller.

MORCEAUX À GRILLER

Entrecôte, côte à l'os, faux-filet, filet, flanchet, onglet, rumsteck, tranche.

La viande est saisie rapidement à feu très vif, au barbecue, sous le gril du four, sur un gril en fonte muni de rainures (sur le feu) ; elle reste ainsi tendre et juteuse.

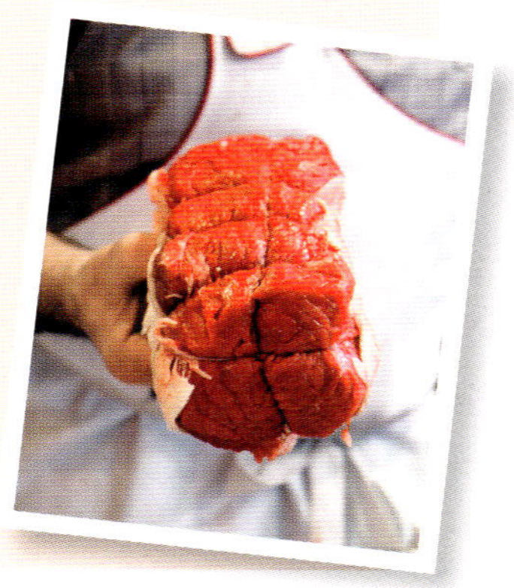

MORCEAUX À RÔTIR	
Aiguillette, aiguillette baronne, filet, faux-filet, mouvant.	Ce sont les morceaux du classique « rosbif ». Pour éviter le dessèchement, le rôti doit être arrosé avec son jus en cours de cuisson. On le sale en fin de cuisson seulement. Il est préférable de le laisser reposer quelques instants dans le four éteint avant de le trancher.
Côte à l'os, gîte à la noix, jumeau à bifteck, macreuse à bifteck, tranche grasse.	Moins chers, ces morceaux restent cependant goûteux. Ils peuvent aussi se cuisiner en grillade.

Veau

MORCEAUX À BOUILLIR OU À BRAISER	
Morceaux dits « à blanquette » : collier, épaule, flanchet, haut de côtes, jarret, quasi, poitrine, tendron.	Comme pour le pot-au-feu, il est préférable de mélanger les viandes et de choisir des morceaux avec et sans os (poitrine et tendron, par exemple).
Collier, épaule, flanchet, jarret, noix, quasi, sous-noix, tendron.	Découpés en gros cubes, ils sont saisis dans de la matière grasse, puis mijotent dans un liquide (vin blanc, bouillon) avec une garniture aromatique. Le jarret de veau, un morceau gélatineux avec un os riche en moelle, est utilisé pour l'osso-buco. Le quasi et l'épaule sont très moelleux, cuits en cocotte, avec une garniture aromatique et des petits légumes.
MORCEAUX À POÊLER	
Épaule, noix, noix pâtissière, quasi, sous-noix.	Ces morceaux fournissent principalement de l'escalope. Lorsque le morceau est coupé dans le filet, on parle de « grenadin », de « noisette », de « mignon » ou encore de « médaillon ».
MORCEAUX À GRILLER OU À POÊLER	
Côtes : côte première, côte seconde, côte découverte, côte filet (prise dans la longe). Filet, tendron.	Le filet de veau peut être vendu entier pour être rôti, ou piécé pour être grillé ou, de préférence, poêlé. Le tendron peut être mariné puis grillé au barbecue. La côte première, appelée aussi «côtelette», est bien charnue. La côte seconde est moelleuse et entrelardée.
MORCEAUX À RÔTIR	
Carré de côtes premières, bas de carré, épaule (entière ou désossée), longe, noix, noix pâtissière, quasi, sous-noix.	La noix et la noix pâtissière sont tendres mais un peu sèches. Il est donc conseillé de les entourer de barde de lard pour apporter du moelleux. La sous-noix sert souvent pour les paupiettes. Le quasi, morceau épais du muscle fessier, est l'un des meilleurs à rôtir.

Agneau

MORCEAUX À BOUILLIR

Gigot.

C'est principalement le fameux « gigot bouilli à l'anglaise », cuit dans un bouillon frémissant avec des légumes, des oignons et d'autres aromates.

MORCEAUX À BRAISER

Collier, épaule, gigot, haut de côtes, poitrine.

L'épaule et le gigot entiers peuvent mijoter doucement en cocotte. Les autres morceaux – et notamment le collier, charnu et savoureux –, coupés en gros cubes sont parfaits pour les blanquettes, ragoûts, daubes, navarin, mais aussi pour les tajines et couscous.

MORCEAUX À GRILLER OU À POÊLER

Côtes premières, côtes secondes, côtes découvertes, côtes filet et côtes de gigot (tranche découpée dans la pointe du gigot), épigramme.

Il s'agit de toutes les « côtelettes ». Elles peuvent être grillées, de préférence après avoir été badigeonnées d'huile. La « noisette », détachée de l'os d'une côte première ou d'une côte filet, est moelleuse et savoureuse, grillée ou poêlée. L'épigramme gagne à être mariné dans de l'huile et des herbes (ou du curry), avant d'être cuit.

Bavette, côtelette filet, filet, filets mignons, mutton chop (ou double côte filet), noisettes d'agneau (débitées dans le filet), selle anglaise (ensemble des côtes filet non séparées).

Pensez à sortir la viande du réfrigérateur environ 1 heure avant de la cuire pour éviter les chocs thermiques. Ne la salez pas en début de cuisson et ne la piquez pas pour qu'elle ne perde pas trop de jus. Privilégiez les cuissons courtes pour garder une viande tendre et moelleuse. Celle-ci se sert rosée ou à point.

MORCEAUX À GRILLER

Épaule, selle.

Ces morceaux sont parfaits coupés en cubes et cuits en brochettes (avec ou sans marinade).

MORCEAUX À RÔTIR

Carré (l'ensemble des côtes non séparées), épaule, gigot raccourci, gigot (c'est-à-dire le gigot raccourci et la selle, partie haute de la hanche), souris (partie attenante au manche du gigot).

Le carré, le gigot raccourci et le gigot sont les morceaux de choix à rôtir. L'épaule, moins onéreuse, reste aussi savoureuse. La souris est idéale pour des repas en petit comité, où le gigot serait trop imposant. Pour que la viande soit tendre et uniformément rosée, laissez-la reposer quelques minutes dans le four éteint, porte entrouverte. La cuisson au four à basse température (120 °C, soit therm. 4) permet d'obtenir une viande très moelleuse.

Porc

MORCEAUX À BOUILLIR	
Carré (ensemble des côtes non séparées), filet (longe et pointe).	Ce sont des morceaux à cuire dans du lait.
Échine, jambonneau, palette, poitrine, travers.	En version « demi-sel », ces viandes sont à dessaler avant cuisson pour réaliser ensuite palette aux haricots blancs, potée auvergnate, jambonneau poché au bouillon…
MORCEAUX À POÊLER OU À BRAISER	
Côtes premières, côtes secondes, filet mignon, pointe.	Le filet mignon, à la chair maigre mais très tendre, correspond au filet chez le bœuf. Il se cuit à la poêle coupé en tranches ; entier, il est braisé en cocotte. Les côtes sont plus maigres et plus sèches. Elles gagnent à être marinées avant cuisson, ce qui les attendrit. Celles prises dans la pointe sont plus charnues et plus grasses.
MORCEAUX À GRILLER	
Carré de côtes, échine, palette, rouelle de jambon.	Les grillades, à cuire au barbecue ou au gril du four, sont prélevées sur la palette et le carré de côtes. Il est préférable de les badigeonner d'huile avant cuisson. Ces morceaux, de même que la rouelle, peuvent se cuire en brochettes, de préférence après avoir mariné. Les côtes prises dans l'échine, tendres, entrelardées et savoureuses, sont parfaites grillées au barbecue.
MORCEAUX À RÔTIR OU À BRAISER	
Carré de côtes, échine, longe, palette, pointe.	Pour ces morceaux classiques à rôtir, on démarre la cuisson à four chaud, pour bien saisir la viande, et on la poursuit à four moyen. Les rôtis pris dans l'échine ou la palette sont plus gras mais très moelleux. Ces morceaux peuvent également être braisés en cocotte.
Jarret (jambonneau), rouelle de jambon.	Le jarret, charnu, osseux et gélatineux, est parfait pour être braisé en cocotte, tout comme la rouelle de jambon, tranche épaisse de 5 cm d'épaisseur.
MORCEAUX À RÔTIR OU À GRILLER	
Travers (côtes coupées dans le sens transversal).	Il est cuit au barbecue ou rôti. L'idéal est de le faire mariner au préalable ; les saveurs sucré-salé (sauce soja, miel) lui réussissent particulièrement bien.

LES MOTS DE LA CUISINE

Abaisser : étendre et aplatir de la pâte au rouleau à pâtisserie. On dit aussi « étaler ».

Appareil : mélange d'éléments divers entrant dans la composition d'un plat avant cuisson ou réfrigération.

Bain-marie : procédé culinaire destiné soit à maintenir au chaud un appareil, soit à faire fondre des éléments (gélatine, beurre) sans risque de les brûler, ou à cuire très doucement des mets à la chaleur de l'eau bouillante. Son principe consiste à placer le récipient dans lequel se trouve la préparation dans un autre récipient plus grand contenant de l'eau en ébullition.

Barde : mince bande de lard gras dont on enveloppe une pièce de viande, de gibier ou une volaille pour éviter le dessèchement à la cuisson.

Battre : travailler énergiquement un élément ou une préparation pour en modifier la consistance, l'aspect ou la couleur. Pour monter des œufs en neige, on les bat avec un fouet dans un bol, pour les mélanger dans une terrine, on les bat en omelette avec une fourchette.

Blanchir : soumettre des aliments crus à l'action de l'eau bouillante, nature, salée ou vinaigrée, puis les rafraîchir et les égoutter avant de les cuire vraiment. Ce blanchiment permet de raffermir, épurer, éliminer l'excès de sel, enlever de l'âcreté, faciliter l'épluchage, réduire le volume des légumes.

Blondir : colorer légèrement une substance en la faisant rissoler doucement dans un corps gras. L'opération concerne surtout les oignons et les échalotes, mais on blondit également la farine dans du beurre fondu pour confectionner un roux blond.

Bouquet garni : choix de plantes aromatiques, ficelées en petit fagot, qui donnent du goût aux préparations. Généralement, le bouquet garni se compose de 2 ou 3 tiges de persil, d'une brindille de thym et d'une ou deux feuilles de laurier (séchées).

Brider : passer, à l'aide d'une aiguille à brider, une ou deux brides de ficelle à rôti à travers le corps d'une volaille (ou d'un gibier à plume) pour maintenir les pattes et les ailes le long du corps pendant la cuisson. Voir aussi Atelier de cuisine p. 594.

Brunoise : mode de découpe des légumes en dés minuscules, de 1 ou 2 mm de côté, et résultat de cette opération, que ce soit un mélange de légumes divers ou une certaine quantité d'un seul légume.

Canneler : creuser des petits sillons en V, parallèles et peu profonds, à la surface d'un fruit à l'aide d'un couteau à canneler (voir aussi Atelier de cuisine p. 601). On peut aussi canneler la surface d'une purée ou d'une mousse, à l'aide d'une spatule ou d'une fourchette. Les abaisses de pâte sont dites « cannelées » lorsqu'elles sont découpées avec une roulette conçue à cet effet.

Caraméliser : transformer du sucre en caramel en le chauffant à feu doux. Enduire un moule de caramel. Glacer de caramel des fruits déguisés, des choux. « Caraméliser » veut dire aussi faire colorer sous le gril le dessus d'une pâtisserie poudrée de sucre pour lui faire prendre couleur. En outre, certains légumes, dits « glacés », sont légèrement caramélisés dans une casserole avec du sucre et une petite quantité d'eau ou de beurre.

Chemiser : tapisser la paroi et/ou le fond d'un moule soit d'une couche épaisse d'une préparation permettant au mets de ne pas coller au récipient et de se démouler facilement, soit de divers ingrédients qui font partie intégrante du plat. Les moules sont parfois chemisés de papier sulfurisé beurré. Voir aussi Foncer.

Ciseler : pratiquer des incisions obliques peu profondes à la surface d'un poisson rond. L'opération accélère la cuisson et fait pénétrer l'assaisonnement. Les légumes et fines herbes « ciselés » sont taillés en menus morceaux, en fines lanières ou en dés minuscules.

Clarifier : rendre clair et limpide un bouillon, un sirop, une gelée, par filtrage ou décantation. La clarification du beurre consiste à le faire fondre au bain-marie, sans remuer, afin d'en éliminer le petit-lait qui forme un dépôt blanchâtre.

Colorer : rehausser ou changer la couleur d'une préparation (crème, appareil, sauce) à l'aide d'un colorant naturel (jus de betterave, concentré de tomate, caramel, etc.). Colorer une viande consiste à la caraméliser en surface en la saisissant à feu vif dans un corps gras ou en la soumettant à une chaleur rayonnante.

Concasser : hacher ou écraser une substance plus ou moins grossièrement. On concasse en petits dés la chair de tomates préalablement mondées et épépinées, ou le persil, le cerfeuil et l'estragon, sur une planche, de quelques coups de couteau rapides.

Crémer : ajouter de la crème fraîche à une préparation (potage, sauce) pour en parfaire la liaison et le velouté, lui donner de l'onctuosité, en adoucir le goût.

Déglacer : faire dissoudre à l'aide d'un liquide correspondant à l'apprêt (vin, crème fraîche, etc.) les sucs contenus dans un récipient ayant servi à un rissolage, à un sauté ou à une cuisson au four, afin de confectionner un jus ou une sauce. Voir aussi Atelier de cuisine p. 593.

Dégorger : faire tremper plus ou moins longtemps, dans de l'eau froide (vinaigrée ou non), en la renouvelant plusieurs fois, une viande, une volaille ou un abat pour en éliminer les impuretés et le sang. On fait dégorger un poisson de rivière pour faire disparaître le goût de vase. On fait également dégorger en les saupoudrant de sel certains légumes (concombre, chou) à saveur marquée et à forte teneur en eau.

Dégraisser : diminuer l'excès de graisse d'un produit, d'une préparation ou d'un récipient de cuisson. Voir aussi Atelier de cuisine p. 593.

Dessaler : éliminer, en partie ou totalement, le sel contenu dans certains aliments conservés en saumure. Le dessalage s'effectue par immersion dans l'eau froide.

Dorer : badigeonner une pâte au pinceau avec de l'œuf battu, éventuellement délayé avec un peu d'eau ou de lait ; cette « dorure » permet d'obtenir, après cuisson, une croûte brillante et colorée.

Dresser : disposer harmonieusement sur un plat les éléments d'une préparation.

Ébarber : couper avec des ciseaux les nageoires d'un poisson cru. Voir aussi Atelier de cuisine p. 598.

Écailler : débarrasser un poisson de ses écailles. Voir aussi Atelier de cuisine p. 598.

Écumer : enlever l'écume qui se forme à la surface d'un liquide ou d'une préparation en train de cuire (bouillon, sauce, etc.) à l'aide d'une écumoire ou d'une cuillère.

Effiler : éplucher des haricots verts en cassant les extrémités et en retirant les fils éventuels. Couper en fines lamelles dans le sens de la longueur les amandes, les pistaches, etc.

Émincer : couper en tranches, en lamelles ou en rondelles plus ou moins fines, mais d'égale épaisseur, des légumes, des fruits ou de la viande.

Émulsionner : provoquer la dispersion d'un liquide dans un autre liquide (ou dans une matière) avec lequel il n'est pas miscible. L'émulsifiant le plus utilisé en cuisine est le jaune d'œuf.

Escaloper : détailler en tranches plus ou moins fines, taillées en biais, une pièce de viande, un gros filet de poisson, de la chair de homard ou certains légumes.

Évider : retirer la chair d'un fruit sans en abîmer l'enveloppe. Éliminer la partie intérieure des pommes (péricarpe, pépins) à l'aide d'un vide-pomme.

Farcir : garnir l'intérieur de pièces de boucherie (épaule, poitrine, etc.), de volailles, de gibiers, de poissons, de coquillages, de légumes, d'œufs, de fruits d'une farce, d'une purée ou d'un appareil quelconque, le plus souvent avant cuisson, mais aussi pour des apprêts froids.

Fariner : recouvrir un aliment de farine, ou poudrer de farine un moule ou un plan de travail.

Flamber : arroser un apprêt salé en cours de cuisson (ou bien un dessert chaud) d'un alcool (ou d'une liqueur) préalablement chauffé et que l'on enflamme aussitôt.

Foncer : garnir le fond et les parois d'une cocotte, ou d'une terrine, de lard, de couennes ou d'aromates. On fonce une abaisse de pâte en l'adaptant bien à la forme et à la taille du moule, soit en la découpant à l'aide d'un emporte-pièce, soit en passant le rouleau à pâtisserie sur les bords du moule après garnissage pour faire tomber l'excédent. Voir aussi Chemiser.

Fondre : liquéfier par la chaleur un produit, par exemple du beurre. Pour éviter que le produit ne brûle, on a parfois recours au bain-marie. « Fondre » signifie aussi faire cuire à couvert certains légumes dans un corps gras, sans autre mouillement que leur eau de végétation.

Fouetter : battre vivement une préparation, pour la rendre homogène, à l'aide d'un fouet, manuel ou électrique : par exemple des blancs pour les monter en neige, de la crème pour la rendre compacte et légère, etc. Voir aussi Battre.

Fourrer : garnir d'éléments cuits ou crus l'intérieur d'un mets salé ou sucré.

Frapper : refroidir rapidement une crème, une glace, une liqueur, un appareil, un champagne, un fruit.

Frire : cuire un aliment, ou terminer sa cuisson, par immersion dans un corps gras porté à haute température. L'aliment (il s'agit surtout de petites pièces crues ou cuites) est souvent enrobé de farine, de pâte à beignets, de pâte à crêpes, de pâte à choux, etc., ce qui lui donne une belle croûte colorée.

Garnir : remplir d'une préparation un fond de tarte, un moule, une poche. Ajouter des éléments pour orner un plat de service.

Glacer : obtenir à la surface d'un mets une couche brillante et lisse. Enduire régulièrement une pièce cuite au four de jus ou de fond, au cours ou en fin de cuisson, pour qu'une mince couche brillante se forme sur le dessus. Cuire des légumes (petits navets, par exemple), avec de l'eau, du sel, du beurre et du sucre jusqu'à ce que le liquide de cuisson se transforme en sirop et les enrobe d'une pellicule brillante et caramélisée. Mettre à rafraîchir sur de la glace pilée une préparation à déguster très froide.

Graisser : enduire d'un corps gras une plaque à pâtisserie, l'intérieur d'un moule pour éviter que les préparations n'attachent pendant la cuisson et pour faciliter leur démoulage. Selon le corps gras utilisé, on dit aussi « huiler » ou « beurrer ».

Gratiner : cuire ou finir de cuire une préparation au four, afin qu'elle présente en surface une croûte dorée.

Hacher : réduire un aliment (oignons, herbes aromatiques, zestes d'agrumes) en très menus fragments, à l'aide d'un couteau ou d'un hachoir.

Huiler : enduire d'une fine pellicule d'huile les parois d'un moule, une plaque pour empêcher un aliment d'adhérer.

Incorporer : adjoindre un élément à une préparation, et les mélanger intimement (farine et beurre, par exemple).

Julienne : préparation d'un ou de plusieurs légumes taillés en bâtonnets (voir aussi Atelier de cuisine p. 602). La julienne est utilisée pour diverses garnitures, notamment des potages et des consommés.

Larder : ajouter du lard à une viande ou à certains poissons pour leur donner du moelleux et du goût.

Lever : prélever les morceaux d'une viande, d'une volaille, d'un poisson ou d'un légume (voir aussi Atelier de cuisine p. 599). Se dit d'une pâte qui augmente de volume sous l'effet de la fermentation.

Lier : donner une consistance supplémentaire à un mets en fin de préparation à l'aide de farine, de jaunes d'œufs, de crème fraîche, par exemple.

Macérer : faire tremper des éléments crus, séchés ou confits plus ou moins longtemps dans un liquide (alcool, liqueur, sirop, vin, thé) pour que celui-ci les imprègne de son parfum.

Malaxer : travailler à la main, parfois aussi à l'aide d'un robot, une substance comme le beurre ou une pâte pour la ramollir ou l'assouplir. Les ingrédients de certaines pâtes sont longuement malaxés pour que celles-ci deviennent homogènes.

Mariner : mettre à tremper dans un liquide aromatique un ingrédient pendant un temps déterminé, pour l'attendrir et le parfumer.

Mijoter : faire cuire lentement des mets, généralement en sauce, ou terminer leur cuisson.

Monder : retirer, avec la pointe d'un couteau, la peau d'un fruit (amande, pêche, tomate) que l'on a d'abord plongé quelques secondes dans de l'eau en ébullition.

Monter : battre au fouet manuel ou électrique des blancs d'œufs, de la crème fraîche ou une préparation sucrée, pour que la masse de l'apprêt emmagasine une certaine quantité d'air, ce qui fait augmenter le volume en donnant une consistance et une couleur spécifiques.

Mouiller : ajouter un liquide (de l'eau, du bouillon, du vin) dans une préparation pour la faire cuire ou pour confectionner la sauce.

Paner : enrober un mets de chapelure ou de panure avant de le faire frire, sauter ou griller. Voir aussi Atelier de cuisine p. 594.

Parer : supprimer les parties non utilisables (parures) d'une viande, d'une volaille, d'un poisson ou d'un légume au moment de sa préparation. Égaliser les extrémités ou le pourtour d'une tarte, d'un entremets, etc.

Passer : mettre dans un chinois ou une étamine, pour les filtrer, un bouillon, une sauce, un sirop ou une gelée qui demandent à être très lisses.

Pétrir : malaxer avec les mains, ou à l'aide d'un mixeur ou d'un batteur, de la farine avec un ou plusieurs éléments afin de mélanger intimement les ingrédients et d'obtenir une pâte lisse et homogène.

Pommade : travailler du beurre en pommade, c'est malaxer du beurre ramolli pour lui donner la consistance d'une pommade.

Réduire : diminuer le volume d'un liquide (fond, sauce) par évaporation, en maintenant celui-ci à ébullition, ce qui augmente sa saveur par concentration des sucs et lui donne davantage d'onctuosité ou de consistance.

Réserver : mettre de côté, au frais ou au chaud, des ingrédients, des mélanges ou des préparations destinés à être utilisés ultérieurement.

Revenir : laisser colorer plus ou moins intensément, à feu vif, une viande, une volaille, un poisson ou un légume dans un corps gras fortement chauffé.

Rissoler : faire colorer jusqu'à une caramélisation superficielle une viande, une volaille ou un légume dans une sauteuse, une poêle ou une cocotte, en utilisant un corps gras fortement chauffé. Le rissolage d'une viande constitue un début de cuisson par concentration des sucs.

Saisir : commencer la cuisson d'un aliment en le mettant en contact avec une matière grasse très chaude ou un liquide bouillant, afin de provoquer la coagulation instantanée des parties superficielles.

Suer : cuire dans un corps gras, doucement, un ou plusieurs légumes, souvent taillés menu, pour leur faire perdre en partie ou complètement leur eau de végétation et concentrer leurs sucs dans la matière grasse.

Tamiser : passer de la farine, de la levure ou du sucre à travers un tamis afin d'en éliminer les grumeaux.

INDEX DES RECETTES PAR INGRÉDIENT

A

B

D

E

L

M

N

O

INDEX DES RECETTES DE A À Z

TABLE DES ÉQUIVALENCES FRANCE – CANADA

Poids	55 g	100 g	150 g	200 g	250 g	300 g	500 g	750 g	1 kg
	2 onces	3,5 onces	5 onces	7 onces	9 onces	11 onces	18 onces	27 onces	36 onces

Ces équivalences permettent de calculer le poids à quelques grammes près (en réalité, 1 once = 28 g).

Capacités	5 cl	10 cl	15 cl	20 cl	25 cl	50 cl	75 cl
	2 onces	3,5 onces	5 onces	7 onces	9 onces	17 onces	26 onces

Pour faciliter la mesure des capacités, une tasse équivaut ici à 25 cl (en réalité, 1 tasse = 8 onces = 23 cl).

CAPACITÉS ET CONTENANCES

Capacités		Poids
1 cuill. à café	0,5 cl	3 g de fécule / 5 g de sel fin ou de sucre en poudre
1 cuill. à dessert	1 cl	
1 cuill. à soupe	1,5 cl	5 g de fromage râpé / 8 g de cacao en poudre, de café ou de chapelure / 12 g de farine, de riz, de semoule, de crème fraîche ou d'huile / 15 g de sel fin, de sucre en poudre ou de beurre
1 tasse à café	10 cl	
1 tasse à thé	de 12 à 15 cl	
1 bol	35 cl	225 g de farine / 260 g de cacao en poudre ou de raisins secs / 300 g de riz / 320 g de sucre en poudre
1 verre à liqueur	de 2,5 à 3 cl	
1 verre à bordeaux	de 10 à 12 cl	
1 grand verre à eau	25 cl	150 g de farine / 170 g de cacao en poudre / 190 g de semoule / 200 g de riz / 220 g de sucre en poudre
1 bouteille de vin	75 cl	

CRÉDITS PHOTOGRAPHIQUES

Fabrice Besse © coll. Larousse (stylisme Noëmie André) : pages 7 mil et d, 16-17, 32-33, 39-43, 46-47, 62-66.

Fabrice Besse © coll. Larousse (stylisme Audrey Cosson) : pages 59-61, 94-97, 107-109, 156-159, 177-179, 231-233, 266-269, 317-319, 383-385, 444-447, 488-491, 536-539.

Fabrice Besse © coll. Larousse (stylisme Christl Exelmans) : pages 57, 149, 221, 297, 305, 351, 497.

Guillaume Czerw © coll. Larousse (stylisme Alexia Janny) : pages 8, 76-77, 80-81, 110-111, 114-115, 118-119, 124-125, 128-129, 132-133, 152-153, 174-175, 192-195, 223 mil et d, 224-225, 248-249, 252-253, 258-261, 264-265, 276-277, 282-287, 294-295, 300-303, 314-315 g et mil, 324-325, 330-331, 338-339, 342-343, 352-353, 394-395, 398-399, 402-403, 414-415, 432-433, 448-449, 494-495, 516-517.

Caroline Faccioli © coll. Larousse (stylisme Corinne Jausserand) : pages 91, 101, 185, 217, 291, 299, 333, 419, 535.

Caroline Faccioli © coll. Larousse (stylisme Sabine Paris) : pages 6, 9, 11, 13, 22-23, 27, 29, 36-37, 50-55, 67-69, 72-73, 78-79, 86-87, 92-93, 102-103, 113, 135, 138-139, 162-163, 180-183, 190-191, 198-199, 208-209, 214-215, 218-219, 240-241, 272-273, 280-281, 288-289, 315 d-316, 329, 348-349, 354-355, 366-367, 372-373, 387-379, 386, 392-393, 422-423, 428-429, 468-471, 474-477, 493, 515 g et mil, 523, 528-529, 546-547, 572-573.

Marie-José Jarry © coll. Larousse (stylisme Bérengère Abraham) : pages 18-19, 30-31, 35, 213, 309, 427, 487, 583.

Jean-François Mallet © coll. Larousse : pages 134, 164-165, 200, 364-365, 380-381, 387, 430-431, 462-463, 466-467, 472-473.

Françoise Nicol © coll. Larousse (stylisme Manuela Chantepie) : pages 360-361, 530-533.

Massimo Pessina © coll. Larousse (stylisme Rosalba de Magistris) : pages 7 g, 21, 25, 49, 58.

Olivier Ploton © coll. Larousse : pages 4, 212, 440.

Olivier Ploton © coll. Larousse (stylisme Bérengère Abraham) : pages : 48, 120-121, 441 g, 443, 459, 574-577.

Olivier Ploton © coll. Larousse (stylisme Blandine Boyer) : pages 438-439, 570-571.

Olivier Ploton © coll. Larousse (stylisme Émilie Chrétien) : page 514.

Olivier Ploton © coll. Larousse (stylisme Valérie Vermeeren) : pages 15, 44-45, 71, 83-85, 104-106, 122-123, 130-131, 146-147, 150-151, 155, 169, 171, 188-189, 197, 201, 237, 247, 255, 257, 262-263, 271, 311, 320-321, 323, 327, 340-341, 346-347, 358-359, 368-371, 377, 388-391, 396-397, 400-401, 408-409, 412-413, 416-417, 420-421, 436-437, 482-483, 498-501, 540-541, 548-549, 556-557.

Amélie Roche © coll. Larousse (stylisme Alexia Janny) : pages 75, 89, 137, 141, 145, 176, 187, 205, 207, 243, 279.

Pierre-Louis Viel © coll. Larousse (stylisme Valéry Drouet) : pages : 88-99, 116-117, 126-127, 142-143, 160-161, 166-167, 172-173, 203, 210-211, 222-223 g, 227-230, 235, 239, 244-245, 250-251, 274-275, 292-293, 306-307, 312-313, 334-337, 344-345, 357, 362-363, 405, 407, 410-411, 424-425, 434-435, 441 mil et d, 451-453, 455, 457, 460-461, 465, 478-481, 484-485, 502-507, 509, 511-513, 515 d, 519-521, 525, 527, 542-545, 550-553, 555, 559, 561-565, 567, 569, 578-579, 581.

Photogravure Nord Compo, Villeneuve-d'Ascq
Imprimé en Chine par Toppan Leefung Printing
Dépôt légal : octobre 2013
311848/01 – 11023617 août 2013